JULIANE BOBROWSKI

Ottilie Müntzer

Roman

Union Verlag
Berlin

ISBN 3-372-00272-5

1. Auflage

Lizenz-Nr. 395/3922/89 · LSV 7001
Printed in the German Democratic Republic
Gesamtherstellung: Union-Druck, Halle (S.)
Gestaltung: Eva und Bernd Haak
700 315 3
00980

I

Ich beobachte ihn schon seit ein paar Tagen. Immer zur gleichen Zeit kommt er hinter dem Latrinenhaus hervor und geht mit dem Kübel zum Bach hinunter. Er hinkt ein wenig. Ich kann mir denken, was er im Kübel hat. Er kommt von den Ställen. Er mistet sie aus. Zwei- oder dreimal kommt er in größeren Zeitabständen hierher an den Bach. Wären die Ställe voll, müßte er öfter kommen. Aber jetzt stehen kaum ein paar Kühe darin und zwei oder drei Schweine. Und sehr viel Vieh war es auch früher nicht.

Da kommt er schon wieder ums Haus herum. Aber er geht mich doch nichts an. Ich will nur hinaussehen, auf die Gärten und den gelbgrauen Stein des Kirchenchores links und den graugrünzerfressenen des Latrinenhauses rechts von meinem Fenster. Und auf den Bach, dem man nicht ansieht, daß er von hier ab eben stinkt. Und den Kirchhof, den sehe ich auch noch. Und ich kenne das alles sehr gut.

Nicht nur, weil ich nun schon drei Wochen hier lebe. Ich warte auf Markus und auf die Antwort auf meinen Brief nach Leipzig, an die herzogliche Kanzlei. Ich werde sehen, was früher hier ist, und mich danach richten. Markus versprach, mich zu holen, sobald die Dinge sich beruhigt hätten.

Ich war vierzehn, als ich dieses Haus zum erstenmal betrat. Ich war neunzehn, als ich es wieder verließ. Ich war dann zwei Jahre fort und ein halbes. Jetzt komme ich zurück, und ich finde niemanden mehr, den ich kannte. Sie nahmen mich auf und fragten nicht. Ich mußte meinen Namen nicht nennen. Das war auch möglich. Warum sollte in einer Zeit, in der sie es verlernt haben nachzudenken, nicht auch das möglich sein? Daß man hilft? Auch dies Haus ist ein Wunder. Seine Fassade ist schwarz, der Verputz rissig und krank, das Tor scheint nur noch an einem Dorn in den Angeln zu hängen.

Ich habe einst gesehen, wie fest dieses Tor war. Ich habe gesehen, wie schwer es der Schwester Pförtnerin fiel, es zu öffnen. Der Konvent, in dem ich lebte, ist fort. Aber das Haus wurde nicht geplündert. Die Bauern haben nichts getan und nichts die Soldaten. Die göttlichen Gerechten haben es in Ruhe gelassen und auch die Wiederhersteller der göttlichen Ordnung. Den meisten andern Konventen ging es schlechter. In diesen Jahren haben alle gelitten, die Orden aber doppelt. Warum? Haben sie schwerer gesündigt?

Die leeren Bögen der Kapellen sah ich oft, und daneben, an einem wackeligen Galgen, den Rest eines Menschen. Und die Steine glimmten noch. Wer kann das verstehen, wenn ich vor solchen Dingen mehr erschrak als vor den stillen Kadavern in den Feldern?

Ich bin hier geborgen, ich mag nicht fragen. Immerhin wäre es möglich, sie wissen, wer ich bin, es war nicht schwer, meine Post zu öffnen. Aber noch müssen sie sich zurückhalten. Ich bin schwanger. Und man darf nicht das Kind im Mutterleib töten. Nicht einmal, wenn es das Kind des Erzteufels wäre. Oder vielleicht ist sogar Herzog Georg des Köpfens müde. Und überhaupt – ich werde nicht warten, bis die Schwestern mich den Soldaten übergeben. Markus wird eher kommen.

Im Moment sind die Schwestern sehr freundlich zu Hannes und mir. Und die Gerichte sind vielleicht mehr damit beschäftigt, den Schaden festzustellen und die Geschädigten miteinander zu vergleichen, soviel Krieg kann man ja nun nicht gegeneinander führen, um auch das zu bereinigen, also Vergleiche müssen her, Reichsstadt mit dem Grafen, den Freiherrn mit dem Freiherrn nebenan, Gut mit Gut um soundso viel Bauern und soundso viel Steuerausfall in diesem Jahr. Die Ernte steht, aber niemand wird sie einbringen. Und jetzt wird Ordnung geschaffen. Man führt Prozesse, vergleicht Bilanzen, bucht Verluste aus, nimmt Anleihen auf. Man muß den Mut nicht sinken lassen, Bauern werden schon wieder geboren werden. Immerhin fällt langsam auf, daß das Totschlagen doch keine so gute Empfehlung war. Nicht einmal, das sieht man jetzt, eine bequeme Lösung.

Irgendwas wird immer gelernt, es fragt sich nur, ob es den Aufwand lohnt.

Ich bin in Sicherheit. Dahin zu kommen ist auch ein kleines Wunder. Da muß keiner wissen, wer du bist. Wenn du da stehst, mit dem Kind in der Hand und dem Kind im Bauch, und die Soldaten reiten vorbei ... wenn sie vorbeireiten. Aber von einer Minute zur andern kann ein Mann tot sein wegen eines Lederbeutels oder neuer Schuhe oder weil er einfach das falsche Gesicht hatte. Und dann eine Frau, geschaffen von Gott doch nur für das eine ... ein Ding, das man hernimmt. Mein Bruder hätte bei einer solchen Schar sein können. Was geschieht dann, ist das Reich Gottes so nahe herbeigekommen, wie du behauptet hast, als dein Kopf noch fest saß, als du noch reden konntest, mag sein, es ist so, denn die Schrecken nehmen kein Ende. Sagtest du nicht, die Schrecken müßten kommen?

Markus hat mir zugeredet hierherzugehen, er hatte mich irgendwo zwischen Mühlhausen und sonstwo gefunden. Das war wohl so vor drei Wochen, es verwischt sich schon alles, wir träumen, während wir wachen, wie sonst könnten wir das ertragen? Und hier tun alle, als habe sich nichts verändert. Als gäbe es draußen keinen Tod. Aber jeder weiß, daß es ihn gibt und daß er noch ein Weilchen losgelassen sein wird, bis der Herr den gehorsamen Hund Tod wieder an die Kette pfeift, der manchmal wüten muß, damit er sich müde arbeitet. Und der sich mal satt fressen muß, an uns. Wären sie nicht aufgestanden, wie hätte er soviel Futter gefunden ... Hannes spielt, und die Sonne scheint. Das Grün ist schon erschöpft und müde von all der Hitze und all dem Staub der regenlosen Tage. Und auch Hannes ist tot.

Ich kann nicht an alle unsere Freunde denken, die irgendwo tot liegen. Aber an Hannes denke ich, weil hier mein Sohn spielt, sein Patenkind. Der Sohn eines Erzteufels, der immerhin regiert hat. Und der noch eine Tochter bekommen wird oder noch einen Sohn. Man vergißt immer nur, was man will, und ich will nicht vergessen. Du hast mir immer vorgehalten, ich vergäße zu rasch. Und dann aber auch, ich behielte immer das, was dir nicht paßte. Und wie wäre es, wenn eben das jetzt gut wäre? Daß ich auch das noch weiß? Daß überhaupt noch einer etwas weiß?

Du kannst dir doch denken, was jetzt anfängt. Die einen verschweigen und verlästern alles, die andern sprechen alles heilig ohne Unterschied. Die einen predigen es von der Kanzel und reden es aus den Büchern, die andern flüstern es hinter der Hand und hinter den Zäunen. Und mittendrin steck ich und will wirklich wissen, was wirklich geschah.

Du wirst nicht mehr genannt sein unter Leuten, die sich für anständig und rechtgläubig halten, gleich, ob nach der Version Luthers oder der römischen. Aber wer kann verlangen, daß ich vergesse, was so menschlich war, deine Haut, deine Stimme, deinen Schritt, ich will einfach nicht, um den Teufel und all seine Versprechungen nicht, die er allesamt gehalten hat, wie ich sehe. Wie ist das, Thomas, bekommt man einen neuen Kopf oder braucht man keinen mehr, da, wo du bist?

Markus bemüht sich sehr um mich. Ich weiß nicht, ob es nur aus Freundschaft gegen dich, den Toten, ist. Wäre es nicht nur das, es wäre auch nicht schlimm. Aber es fällt mir schwer, ihn dann ernst zu nehmen, dies zarte Pflänzchen neben dir Baum. Ich muß mich immer erst erinnern, daß dieses zarte Pflänzchen da lebt, und du bist tot. Und daß es in den letzten Jahren mehr als einmal Gelegenheit hatte, dir voranzugehen. Aber – Markus, hungrig auf einer Landstraße, denke ich, der wäre im Graben geblieben. Du hättest den nächsten Wagen requiriert. Aber das stimmt nicht, ihr wart beide gut freund mit den Landstraßen, und ich habe von euch gelernt.

Wenn Markus schneller da ist als die Post, warte ich nicht mehr, sondern reise mit den Kindern ab nach Hamburg. Markus hat dort Familie, sagte er, und sogar etwas Vermögen, er wäre überhaupt mehr aus Vergnügen an der Sache bei uns gewesen, nicht aus Not. So wie Catull Gedichte schrieb. Davon wird man höchstens verrückt oder aus der Stadt geschmissen.

Catull ist nicht verrückt geworden, und Markus Stübner ist nicht umgekommen.

Da kommt der Mann wieder. Und seit Mühlhausen denke ich, jeder sähe nach mir, dabei war ich auch dort den meisten Leuten sehr gleichgültig, es waren einfach zu viele. Wir haben gedacht, jetzt könnten wir wirklich einmal anfangen, das wäre noch besser als die Allstedter Provinz. Aber das war nicht besser, und der Mann hat sich nur gereckt, ich, hinter meinem Fenster, bin ihm so gleichgültig wie entzogen. Was gehn ihn des Hauses Bewohner an, was geht ihn der nächste Tag an, was die nächste Sekunde ... so, nur so ist man glücklich, Ottilie, merk dir das. Leben und umfallen, irgendwann, und wegsein.

Es geht mir wirklich gut, ich habe zu essen, ich kann mich niederlegen, wann ich will ... es geht mir viel besser, als es den Menschen geht, die mit uns gestritten haben oder die einfach von alldem überfahren wurden, und die jetzt in Not sind, weil wir...

Nein.

Das nehm ich nicht auf mich.

Und wir haben auch nicht angefangen. Es hatte auch nicht so kommen, schon gar nicht so enden sollen. Das wollen sie alle nicht mehr wahrhaben, seit du tot bist. Sie haben dir eine aufsehenerregende Hinrichtung von erzieherischer Bestialität veranstaltet und weisen nun alle Schuld dir zu, als wärest du Gottes Sohn. Hast du das gemeint, als du sagtest, wir müßten alle wie Christus werden? Nun, was du gemeint hast, wird verborgen bleiben, damit wird niemand Schindluder treiben, niemand wird es verstehn. Aber hättest du je geglaubt, daß ich es verstünde? Nicht mit dem Kopf, das ist zu wenig, ich spüre es mit dem ganzen Körper. Du verlierst, und zuerst bist du erschrocken und verzweifelt, dann aber verlierst du noch mehr, und je tiefer du fällst, um so mehr Raum ist da, immer noch etwas, durch das du fällst, immer noch bist auch du ein Etwas, ein Ich. Du kanntest all das schon, als wir uns trafen. Und deine Reden begriff ich oft nicht, weil ich nicht begriff, daß ich schon verlor. Ich verlor zuerst lauter Dinge, die mir im Kloster so gut gefallen hatten, daß ich eigentlich ihretwegen eintrat: Herrschenkönnen, Befehlendürfen, Gefürchtetwerden, Geschmeicheltwerden, Sich-durchsetzen-um-jeden-Preis – Vergeltenkönnen ... Aber du nimmst das alles ja auch auf dich. Du warst der Stärkste unter ihnen, du hattest das Verlieren gelernt, dir wird auch das nicht schaden. Man wird dich dafür nicht tiefer hassen und nicht glühender lieben, wenn dich denn überhaupt jemand, der dich nicht kannte, je geliebt hat. Die meisten liebten doch nur den Prediger, dessen Worte ihnen zu Willen waren. Aber die sind tot oder verschollen, viele wollen auch nicht mehr dabeigewesen sein, und jene, die sich möglicherweise noch bekennen würden, tun es nur unter der Bedingung, daß man sie selbst als Helden ehrt. Und sei es im geheimen. Eitelkeiten mitten im Zusammenbruch, lach nicht, die Leute sind so, sie brauchen das. Sie merken es gar nicht, wenn sie damit lächerlich werden.

Du wolltest nüchtern bleiben, inmitten lauter Besoffener der himmlischen Gerechtigkeit. Aber sag das jetzt einem. Und eben das will ich sagen. Ich hab Tinte und Zeit. Ich mach's für Markus, vielleicht für die Kinder, aber erst mal für Markus. Weil er vielleicht doch dich sucht, wenn er zu mir kommt. Und weil das einerseits gut ist, andererseits mir aber auch weh tut – ich möchte gern als ich selbst mit ihm gehen, wenn ich denn gehe. Aber dieses winzige Alsob, dieser stille, harmlose Vorbehalt, tut mir nicht gut. Damals in Allstedt war das anders.

Also gut. Sieh, Thomas – irgendwann, wenn die Moden sich ändern, werden wir sowieso wieder aus den Archiven gezerrt, nicht weil wir besser oder anders geworden wären, gegoren vielleicht wie alter Wein, sondern einfach nur, weil das hübsche Geschichten von gestern sind, die man sich erzählen kann, die mit der Zeit zu Märchen wurden. Aber da nichts nie kommt, wird das eben kommen, man halte davon, was man mag, und so muß ich, wenn ich schreiben will, auch damit einverstanden sein.

Einverstanden mit der Mühe des Erinnerns.
Einverstanden mit dem Schmerz des Verlierens.
Einverstanden mit der endlichen Vergeblichkeit.
Einverstanden mit dem Trotzdem-vergessen-Werden.
Einverstanden mit der zweifelhaften Kunst, Tote zu erwecken.

Man sagt, solche Toten seien den Lebenden, die sie einst waren, nicht mehr ähnlich, sie seien Zerrbilder, nicht unbedingt schrecklich, aber immer anders. Da aber niemand mehr da ist, der sie kennt und der vergleichen könnte, macht das nichts.

Ob man dich als Toten auch mißbrauchen könnte? Sicher. Wer tot ist, ist frei. Man kann sein Andenken benutzen wie ein Handtuch. Es ist sogar Gott so ergangen, als er Christus war.

Ich werde also schreiben, und ich weiß nicht, was ich finden werde, wenn ich aufhöre. Möglich, ich finde meine eigene Armut und ein großes Erschrecken. Aber wenn man nur mit Sicherheiten suchen will, soll man nicht suchen. Wer nicht auf alles gefaßt ist, soll nichts beginnen, hast du einmal gesagt. Du meintest die Art, wie man glauben solle. Aber zwischen Glauben und Denken war ja bei dir nie ein Unterschied.

Ich bin eine geborene von Gersen. Das ist nicht sehr bedeutend, wenn man weiß, daß solche »Von« in Mengen die Güter und Gütchen Sachsens bewohnen, daß sie außer über ein paar Hühner und Schweine und Felder und, wenn sie Glück haben, über ein paar mehr oder weniger satte Hintersassen nichts zu verfügen haben. Einer erbt in der Regel den Hof samt dem Dorf, die andern Söhne müssen sehen, wie sie im Leben weiterkommen, als Juristen oder Barbiere oder auch als Priester. Wenn man mehr als eine Tochter hat, geht alles, was nach der einen kommt, ins Kloster. Und das möglichst früh, um Scherereien, sprich Liebeleien, zu vermeiden. Sicher hätten die meisten Familienväter nichts dagegen einzuwenden, auch diese Töchter zu verheiraten, aber – wer nimmt denn schon eine Braut ohne Geld. Also bleibt das Kloster, das zwar auch nicht umsonst, aber doch nicht so teuer wie eine standesgemäße Mitgift ist. Die Einkünfte der Klöster in dieser Sache verteilen sich nämlich etwas besser und breiter. Es gibt viele Leute, die solche unfreiwilligen Bräute Christi bedauern. Ich weiß nicht, ob die Abgeschlossenheit allein ein Grund dafür sein kann. Erstens – so abgeschlossen ist man dann auch wieder nicht, und zum andern geht es den Mädchen meist besser, als es ihnen auf einem Hof zwischen Stall und Kindbett je gegangen wäre. Es hat etwas für sich, abends in ein sauberes Bett zu steigen, statt in einen Haufen fauliges Stroh sich zu wühlen, und es hat etwas für sich, stets saubere Kleider zu haben statt der immer dreckbespritzten solcher adeligen Stallmägde. Sie kannten den Mann nicht, das war alles, worauf sie verzichteten – ansonsten aber war ihr Leben, denke ich, eher reicher. Die Nonne lernte schreiben und lesen – ein Mädchen draußen nicht, ganz zu schweigen von Latein und Theologie und Literatur und Musik und Malerei und überhaupt. Hatten die Männer ihre Universitäten, so hatten wir wenigstens die Klöster.

Das alles sollte »Mann« bedenken, wenn er die armen verschleierten Wesen bedauert – die ihm entzogen sind.

Der Priester in meinem Dorf erzählte mir denn also auch, weiß ich, warum, daß der Ordensstand der schönste überhaupt und auch der angesehenste wäre, denn dort nur gäbe es noch wahre Frömmigkeit und Sitte, und jeder Mönch und jede Nonne sei Königen überlegen. So sei es vor vielen hundert Jahren vom klugen Kaiser Konstantin in Rom beschlossen worden, und so sei es immer noch der Brauch in allen christlichen Ländern.

Das alles sagte ich eines Tages meinem Vater. Und, daß ich denn also ins nächste Kloster eintreten wolle.

Was tut ein Vater, wenn die einzige Tochter sich vor ihm aufbaut und verlangt, was man sonst als Vater gewöhnlich befiehlt? Was macht man, wenn das Kind selbst Schicksal spielen will, statt sich dem Herrn seines Schicksals, dem Vater, zu unterwerfen, wie es Sitte wäre? Die Welt des Respektes, der heiligen Grenzen, des göttlich geforderten Gehorsams gegen Artikel Vier, »du sollst deine Eltern« und so weiter, bricht zusammen, die Weltordnung gerät am Ende ins Schleudern. Die Chancen zu vergrößern, muß man nur tun, was man für richtig und bekömmlich hält.

Der pflicht- und rechtsbewußte Vater weiß aber, daß er seine Tochter oder auch dem Sohn gegenüber nun die Rechts- und Sachlage mit aller Dringlichkeit klarzustellen hat, das bedeutet: mit dem Stock, mit dem Riemen oder was sonst gerade zur Hand ist. Da mein Vater dies aus unerfindlichen Gründen unterließ, und sich statt dessen aufs Disputieren verlegte, war sein Mißerfolg schon eingeplant.

»Nun lassen Sie mich doch, Herr Vater, wenn ich merke, es ist nichts für mich, kann ich doch in zwei Jahren wiederkommen, dann ist es fürs Heiraten immer noch Zeit.«

Ich kam nie wieder nach Hause.

Niemand kam zu meiner Einsegnung. Mein Vater schrieb mir nur und entließ mich förmlich aus seiner Vormundschaft, dabei bemerkte er noch, daß der Pfarrer den Satz von den Bräuten Christi und seiner eigenen Stellvertretung in einem ganz eigenen Sinne ausgelegt habe und inzwischen mit einem hübschen Mädchen verschwunden sei. Mutter Agnes, meine Vorsteherin, gab mir diesen Brief, den einzigen meines Vaters, zu lesen. Da hatte ich also schon Lesen gelernt. Und was ich von Priestern halten sollte, schien der Dame Agnes ganz gleich.

Ich war gern in dem Kloster. Mir gefiel das meiste, was ich tat, auch die niederen Arbeiten gefielen mir, die wir nicht alle den Laienschwestern überlassen sollten. Selbst wenn das Schwester Agnes' Privatregel für uns gewesen sein sollte, so kann ich auch heute noch nur dankbar dafür sein, denn es ließ den Hochmut der Gebildeten nur schwer aufwachsen, wenn ihnen im Waschen und im Kochen die »dummen Gänschen« eindeutig überlegen blieben. Dennoch – es ärgerte mich, daß so wenige Schwestern, die lesen konnten, die Bibliothek benutzten. Schwester Agnes hielt sie nichts weniger als unter Verschluß, wie das in anderen Häusern Brauch sein mochte. Und so kam es natürlich, daß sie ihre Lieblinge unter jenen Mädchen suchte und fand, die ihr Angebot zu würdigen wußten. Ich gehörte sehr bald zu ihnen, und so machte ich auch meine ersten Erfahrungen mit dem Neid.

Man nannte mich die Prinzessin, und es gab Damen, vor allem ältere, die meinten, sollte Mutter Agnes einmal die

Nase von allem voll haben, würden wir eine sehr junge Äbtissin bekommen. Jugend gilt in einem Kloster zwar als ein Schmuck, nicht aber als eine Empfehlung.

Mutter Agnes überhörte dergleichen Sticheleien. Sie korrigierte statt dessen meine lateinischen Arbeiten und machte mich auf Bücher aufmerksam, die sie ebenfalls noch für wichtig hielt – was nicht ihre Pflicht war.

Und obwohl sich das, wie angedeutet, auch unter Nonnen, scheinbar ist dies ein typisch weibliches Merkmal, nicht ohne weiteres verstand, sollte Ottilie eine gebildete Frau werden. Jedenfalls hatte Frau Agnes das vor.

Ansonsten und was die andern betraf – nein, Prinzessinnen waren die nicht, die unsere Zimmer und Säle und Gärten bevölkerten, diese Kinder armer Ritter und nicht ganz so armer Bürger und der letzten freien Bauern im Land. Zwar hätten sie hier mit Leichtigkeit alle Prinzessinnen sein können, aber es war ihnen nichts dran gelegen, das Waschhaus sah immer mehr Hauben als die Schreibstube, und im Stickzimmer saßen immer mehr nette Mädchen als vor den Pulten in der Bibliothek. Um Frauen wirklich kennenzulernen, dachte ich, muß man also erst ins Kloster gehen. Wie nicht alle Männer studieren wollen, so wollen auch nicht alle Frauen lernen.

Und es ist eigentlich doch das gleiche, ob man ein Kleid näht oder einen Kommentar schreibt. Am besten wäre es, wenn sie alle beides könnten, und nichts besser, nichts wertvoller gälte als das andere, wenn nichts von beiden verdienstvoller wäre, sondern alles entweder wichtig und nützlich oder umsonst und vertan, gleich, wieviel Titel dem hinterherschepperten. Daß Verdienst etwas sein müsse, das man mit sich selbst abmacht, wie heißt das doch: daß die linke Hand nicht wisse, was die rechte tut. So wär's richtig, denke ich, aber was ich sehe, ist anders. Mädchen, die ihre Bereitschaft wegschmeißen in einem sklavischen Dienen und Dulden, Männer, die, ihren Bauch vor sich herschiebend, auf die Verdienste ihrer Jugend pochen und meinen, immer noch recht haben zu müssen, weil es einmal niemand besser wußte als sie ... Sicher, es gibt auch die andern, aber die ärgern mich ja nicht.

Ich habe es also probiert, alles zu tun. Ich schreibe meine Erinnerungen eigenhändig, und neben mir auf dem Fußboden spielt ein Ergebnis meiner sonstigen Erfahrungen, Hannes, mit Puppen, die ihm die Schwestern aus einer Weihnachtsgruppe geschenkt haben. Und für wie viele hab ich in den Jahren von Allstedt und in den Monaten in Mühlhausen kochen müssen ... nein, sie haben nicht recht gehabt, die klugen Schwesterchen, mir ist kein Bart gewachsen – höchstens sträuben sich mir etwas öfter die Haare, mag sein.

Aber ich muß dann auch an Schwester Heiliges Kreuz denken, die wir Rosel nannten und die es in meinem Leben zu Bedeutsamkeit brachte. Sie gehörte der Fraktion der Stick- und Waschmädchen an, obwohl sie Vollschwester war wie ich selbst. Sie war ein dürres, sommersprossiges Geschöpf mit strähnigem Flachshaar, und sie sagte es jedem ins Gesicht, daß man nur mit einem Mann und nur außerhalb der Mauern glücklich werden könne. Da sie aber nun einmal hierhergeraten sei, werde sie eben versuchen, auch hier so normal wie möglich zu leben.

Das bedeutete für sie zunächst wohl einmal, daß man sich aufzuführen hatte wie eine Gans. Eine gackernde, gluckende, zischende Gans, je nach Laune und Erfordernis. Vor den Wasserfällen ihres Mundwerks mußte man sich ebenso in acht nehmen wie vor einem wirklichen Sturzbach – aber sobald der fällige Regen herunter war, durfte man sich auch ganz unbesorgt in die Sonne ihrer aufgeklärten Gefühle legen.

Rosel und ich unterhielten ein zwar nicht intimes, aber doch recht vertrautes Verhältnis. Jeden Sonntag in aller Frühe kam sie, mich zu wecken. Sie riß das Fenster auf, auch im Januar, zog mir die Bettdecke herunter, die Kissen unterm Kopf fort – die Decke warf sie über einen Stuhl und mit den Kissen bombardierte sie mich, bis ich mich ergab und also aufstehen wollte. Da aber hatte sie es schon fertiggebracht, meine Pantoffeln an einer für mich uneinsichtigen Stelle zu verstecken, damit ich ihr befehlen sollte: Schwester Heiliges Kreuz, reiben Sie mir sofort die Füße, damit ich's nicht noch etwa in meinem heiligen Kreuz kriege, bei der Kälte – oder so ähnlich hatte das zu geschehen. Woraufhin sie dann artig meine Füße massierte, bis diese fast glühten, ich genug bekam, »Rosel, meine Pantoffeln« brüllte und sie Sekunden später bereits an den Füßen hatte. Wann man mich denn nun als Märtyrerin anerkennen werde, fragte Schwester Monika, meine Nachbarin, nach einiger Zeit teilnahmsvoll. Ich lachte nur und meinte, wenn damit eine doppelte Portion Erdbeeren zu Weihnachten oder ein Topf Wurst in den Osterfasten zu verdienen wäre, wolle ich mir die Sache überlegen, im Augenblick aber sähe ich weder das eine noch das andre für möglich und wahrscheinlich an und hätte so auch für solche Unternehmungen kein rechtes Ziel.

Manchmal besuchte Rosel auch Vorträge, warum, blieb mir lange ein Rätsel, bis ich herausfand, daß es sich, auf die Pulte gelehnt, wunderbar dösen ließ. Wenn wir Freistunden hatten, sonders in der warmen Jahreszeit, tobte sie am liebsten durch die Zimmer, teilte allen mit, daß jetzt alle Tulpen blühen oder die Kirschen reif wären, saß Augenblicke später schon selbst im Baum ... Wenn ihr nicht seid wie die Kinder, werdet ihr vom Reich nichts spüren.

In dieser Hinsicht war Rosel dann schon zu beneiden. Ich hoffe, daß sie es immer noch sein darf. Daß sie nicht unterdes grausam erwachsen werden mußte. Daß sie noch immer in irgendeinem Garten umherjagt und sich eigenhändig Nachtisch holt. Ich hoffe all das, weil es sich sehr wahrscheinlich anders verhält.

Erwähnt werden muß aber auch – vor allem, da es eine solche Jahreszeit war, in der sie für mich wichtig wurde – Rosels Verhältnis zu den kalten Monaten. Im Herbst wurde sie von Woche zu Woche stiller, je mehr Laub von den Bäumen segelte. Dann kamen die Weihnachtsvorbereitungen und -bräuche, womit sie wieder Beschäftigung hatte, und niemandem wäre es eingefallen, ihr auch nur eine davon abzunehmen, wußten doch alle Bescheid.

Dann aber, nach dem Fest, war es um ihre Fassung regelmäßig geschehen. Kein Essen war gut genug, außerdem war Fastenzeit sowieso schrecklich, die Luft in den Räumen war immer abgestanden, ihr Zimmer viel zu kalt, das Bettzeug zu rauh, die Schwester Beschließerin gäbe ihr absichtlich solch schlimmes Zeug, außerdem, die Wäsche wäre auch nie sauber ... überall flöge Ruß herum, das sei gräßlich und eines solchen Ortes so unwürdig wie der billige und verdorbene Weihrauch, von dem man Kopfschmerzen kriege ... und trotz des Wetterns auf die Fastenzeit war selbstverständlich niemand im Hause fromm genug. So hielt sie sich über die Monate aufrecht, dem Frühling entgegen, der doch kommen mußte und der oft so qualvoll langsam kam, viel langsamer, als es die Fluten der Erwartung in Rosels Seele ertragen hätten. Sie stiegen und fanden kein Bett – und so war Rosel unleidlich bis zur ersten Wärme.

Wir ertrugen das. Und es war nicht leicht zu ertragen, nicht nur Rosels Unleidlichkeit wegen. Aber da Mutter Agnes es für ihre Pflicht hielt, auch der armen Rosel das Leben leicht zu machen, fügte sie sich einem Großteil ihrer Launen, und die Wochen nach Weihnachten wurden zu den strengsten des Jahres. Ließ man auch sonst einmal eine Gebetsstunde aus – während »Rosels Regiment«, wie wir diese Zeit nannten, wurden sie mit barbarischer Genauigkeit gehalten, entsprechend knapp waren dann auch die Freistunden. Aber Rosel überstand mit Mutter Agnes' diskreter Hilfe und unserm knirschenden Einverständnis die Winter immer wieder.

Wir aber überstanden sie auch, und es gab wirklich keinen einzigen vernünftigen Grund, warum Ottilie eines Tages zornentbrannt davonlief, einem windigen Predikanten hinterher.

Es ist ja auch so nicht wahr. Ich war nicht zornig, als ich ging, und ich ging nicht einmal sehr heimlich. Und ich ging auch nicht dem Predikanten hinterher, etwas anders war das denn doch alles. Nur besonnener als mein Eintritt in Glaucha war mein »Austritt« eben nicht.

Wie sagte Schwester Agnes in solchen Situationen immer? »Wenn du willst, kannst du gehen, mein Kind. Nur um eines bitte ich dich dann: Komm nie wieder.«

Ich bin hier.

Immer wenn es schlimm in der Welt zugeht, bekommen die frommen Christen zu tun. Sonst reden sie lieber vom Wetter. Oder sie streiten um Buchstaben und Lesarten. Aber immer wenn es heiß hergeht, sind sie plötzlich wie ausgewechselt, entdecken sie ihre Talente.

Da werden adlige Damen plötzlich zu aufopferungsvollen Krankenschwestern, und hochnäsige Bürgerinnen haben ein- oder zweimal eine vage Erinnerung an die Tagelöhnerfamilie nebenan im Dach. Und abgeschlossen lebende Nonnen stürzen sich unvermittelt wie weiße oder auch schwarze Vögel in die ausbrechende Seuche und scheuen sich weder vor Wunden noch Beulen.

Wir haben die Ruhr in Glaucha, das Erdgeschoß des Hauses ist voller Kranker, die Zeit hat endlich ein bißchen Rache geübt für den gelungenen Versuch, sie zurückzudrehen. Leider wird es eine sehr gelinde Rache bleiben.

Ich bin nicht zu den Schwestern gegangen, ich habe nicht gefragt, ob ich helfen könne. Sollen die frommen Christen allein damit fertig werden. Sie sind noch immer mit den Katastrophen fertig geworden, wenn sie sie erst einmal fabriziert hatten.

Irgend etwas, denke ich manchmal, kann mit diesem Christentum nicht stimmen. Wenn die Gesunden den Arzt nicht brauchen, sollen sie sich doch freuen – statt dessen hat man den Leuten immer wieder eingeredet, wie krank sie doch wären und wie sehr sie den Arzt brauchten – auch wenn sie keinen nötig hatten.

Und ging es ganz und gar nicht, so hat man sie eben krank gemacht. Nur, um ihnen helfen zu dürfen.

Was wollen sie eigentlich, diese guten Christen, die da in einer Welt der Kranken leben? Die bessere Welt der Gesunden wohl nicht, sonst hätten sie sie wohl schon. Einen besseren Tod, das mag sein. Und die Garantie eines Jenseits, in dem alle Probleme sich dann von selber lösen. Der Mensch ist schwach, der Mensch kann nichts – nicht mal Verstand kann er haben, das ist schon Sünde, siehe Genesis am Dritten, das ist es doch, wie man's auch dreht und wendet. Es ist gut, zu helfen. Es ist nicht gut, wenn erst die eigene Existenz die Hilfe überhaupt nötig macht. Es waren fromme Leute, die auf uns eingeschlagen, die die Leichen unbegraben am Wege liegengelassen haben. Wir können froh sein, daß es nur die Ruhr ist, nicht die Pest.

Thomas erzählte mir einmal, er habe einen böhmischen Ketzer, dem er begegnete, gefragt, wie denn er sich das Leben nach dem Tode vorstelle. Der Ketzer, sagte er, habe darüber nur gelacht und gemeint, darüber mache er sich nun wirklich keine Sorgen. Was er hingegen in diesem Leben nicht erreiche, das bekomme er auch nach dem Tode nicht, denn um besser zu werden, lebe er. Woher er das wisse, fragte Thomas. Das stünde in einem sehr alten Buch, das älter sei als die Evangelien, als Buch leider verloren, aber es werde im Gedächtnis vieler wahrer Christen aufbewahrt, viele Menschen wüßten noch davon und lebten danach. Jesus selber, sagte der Ketzer, habe es schreiben lassen, es sei in vielem den Evangelien ähnlich, aber die wären eben später gekommen und hätten daraus nur abgeschrieben, was sie nicht verstanden hätten. Der Ketzer hatte Thomas dann noch mehr von diesem Buch und seinem Inhalt erzählt, und seither, sagte Thomas, habe er eine etwas weniger ehrfürchtige Vorstellung von dem Leben nachher. Und sei auch etwas ernüchtert in bezug auf die Hoffnungen einer jenseitigen Gerechtigkeit. Ihm gefalle die Konsequenz eines Handelns aus Einsicht in dieser Welt weitaus besser. Er fände es auch menschlicher und damit auch christlicher im eigentlichen Sinn, die Probleme der Menschen hier und auf der Erde zu lösen. Die Jenseitströstungen der Kirche wären ihm seither fremd gewesen.

Ob er auch Gewalt brauchen würde, um solche Dinge zu entscheiden? In dem Buch stehe doch auch der Satz, daß man dem Kaiser geben solle, was dem Kaiser gehöre. Aber dem gehört nicht alles, sagte Thomas.

Wie aber ist es dann gekommen, daß die Menschen meinen, ihnen geschähe nach dem Tod Gerechtigkeit oder, noch schlimmer, erst müsse die ganze Erde zerstört werden, ehe eine gute Erde kommt? Wer hat damit angefangen? Und warum verfolgte die Kirche die andern so?

Allerdings damals, im Kloster, machte ich mir darüber kaum Gedanken. Ich lebte gut, hatte genug zu tun für Hände und Verstand und überließ mich im übrigen dem Tag und der Stunde. Denn alles, was ich erlebte, erschien mir eigentlich vorläufig, nichts konnte ich mir denken, das endgültig sein könne, denn die Tage wechselten und die Gesichter und Launen auch, alles brannte herunter wie die Kerzen auf den Altären und stand dann neu und frisch da, wie die Blumen mitten im Winter. Vielleicht erhob sich eines Tages gar das Haus ... so dumm war ich also.

Saß mitten in der schönsten Endgültigkeit und bildete mir ein, hier säße der Wandel, nur, weil ich älter wurde. Da hatte ich nun Sprachen und Theologie und Literatur getrieben, Musik gemacht, von allem ein wenig, und nichts hatte mir, vielleicht mit Ausnahme der Musik, wirklich gefallen, und ich ahnte nicht, daß es von nun an stets dasselbe sein würde bis an mein selig Ende ... dabei gab es doch genug, was mich hätte mißtrauisch machen können. In der Theologie hatte ich erfahren, daß zwar der Vater des Glaubens die Nachprüfung sei, der Sohn dem Vater aber immer nach dem Leben trachte. Zu sehr sollte man nicht prüfen. Dabei war eigentlich nichts wirklich unantastbar, es hatte nur eben so zu sein. Ich wundere mich heute, daß ich damals so wenig Fragen hatte – ein Beispiel vielleicht, wie sehr man einen Menschen von der Befolgung seiner Interessen ablenken kann, selbst, wenn er mitten in seinen Mitteln säße. Ich trieb dann Literatur an den alten Hymnen oder Gedichten, die mir trotz mancher Unbeholfenheiten des Lateins immer noch würdiger erschienen als manche moderne Weise. Ottilie jedenfalls lebte in ihrem Kloster in vollen Zügen, als sie neunzehn wurde. Das war zweiundzwanzig im Advent.

Und zu Weihnachten bekamen wir einen neuen Kaplan.

Er wohnte nicht in der Klausur, auch nicht in der Nähe. Aber er hielt sich, nicht anders als seine Vorgänger, bald näher zur Abtei. Und niemand sonst schien sich für den Neuen zu interessieren. Warum auch. Ein Priester – die kannte man. Ein Mann – das war schon etwas anderes, möglich, daß das Interesse doch so weit ging, um jeder Schwester eigene Anregungen zu verschaffen, die sie dann mit der nächsten ausprobieren mochte, wenn sie wollte. Solche Verhältnisse waren im Hause vollkommen üblich, niemand, auch kein Priester, hatte daran Anstoß zu nehmen. Sobald das geschah, hatte er zu gehen.

Denn dank dieser Erlaubnis blieb die Stimmung im Hause heiter, es gab mehr Lachen als Weinen, und wenn geweint wurde, dann gab es niemanden, der sich freute.

Keuschheit – das war der Preis, den wir für die Angebote der Kirche zahlten – wenn er dann zu hoch wurde ... wer wollte die Kirche des Wuchers bezichtigen.

Den Neue schien auch kein Asket zu sein. Er ging in der Abtei aus und ein, er schämte sich überhaupt nicht, daß es Nacht war, wenn er kam ... und Morgen wurde, ehe er ging. Um so mehr überraschte es mich, als er mich, kurz vor dem Epiphanienfest war das, im Beichtstuhl zurückhielt.

Ob er dasselbe schon vor mir bei andern Schwestern versucht hatte, habe ich nie erfahren. Ich habe auch nie danach fragen mögen.

»Schwester Ottilie, es kann doch nicht sein, daß Sie nur solche Kleinigkeiten zu beichten haben.«

– Doch, ehrwürdiger Vater, das kann sein. Ich fühle mich wohl, und also habe ich nicht gesündigt. –

Ich schwieg.

»Schwester Ottilie ...«

»Nichts weiter, mein Vater. Es geht mir doch gut.«

»Sind Sie hier, um sich wohl zu fühlen? Daß es Ihnen gut geht?«

– Ich denke doch, Predikant. Du bist doch auch nicht hier, um dich zu quälen. Oder soll ich Agnes fragen? –

Wieder schwieg ich.

– Nur das, Predikant, zählt doch: Ob es dir gut geht, ob du dich wohl fühlst bei dem, was du tust. Das kann im Bett sein oder mitten im Kampf oder auch unterm Galgen. –

»Nun gut, Schwester, wenn Sie durchaus nicht wollen.«

– Und ich will durchaus. Nur das nicht, was du gerade willst. Und jetzt absolvier mich, dafür wirst du hier bezahlt. Oder absolvier mich nicht, denn da hast du ja recht. Was man nicht als Sünde anerkennt, dafür braucht man auch keine Absolution. Solch eine Beichte ist dann ein Witz. Und wenn deine Macht, mein Predikant, an meinem Schuldbewußtsein hängt, dann tut's mir aber leid für dich.

»Was würden Sie tun, Schwester, wenn Sie jemandem Unrecht getan haben?«

»Hingehen und die Sache gutmachen – oder mich wenigstens entschuldigen.«

»Wenn alle so dächten wie Sie, Schwester«, sagte er endlich, »wär ich hier überflüssig, aber – viele Dinge wären einfacher.«

»Manche sicher auch schwieriger, mein Vater. Manchmal fällt es eben viel schwerer, zuzugeben, was man angestellt hat, als ins Dunkel eines Beichtstuhls zu sprechen.«

»Den meisten wohl das Sprechen überhaupt.«

»So wie Ihnen, mein Vater, der Sie mich nach den Taten meiner Schwestern fragen, aber Ihre eigenen vergessen.«

»Das wäre ja wohl nicht dasselbe«, antwortete er, aber für diesmal würde er mich und die Schwestern wohl in Ruhe lassen. Ich erhob mich von der Kniebank und verließ Beichtstuhl und Kirche – unabsolviert. Es war auch nur eine Frage der Zeit, wann dieser Priester wieder ging, dachte ich. Schwester Agnes würde sich das nicht lange gefallen lassen.

Aber ich fing an, mir Gedanken über Sünde zu machen. Sie entsteht in den Köpfen und dann erst in den Taten der Menschen. Wenn man dann aber bedenkt, daß und was für skurrile und seltsame Dinge in den Köpfen dieser Leute geschehen, damit auch nur eine einzige »sündhafte« Tat sichtbar wird – und wenn man dann darüber nachdenkt, woher diese Ideen überhaupt kommen und wer dafür gesorgt hat, daß sie als sündhaft und nichtswürdig empfunden werden –, dann fällt plötzlich auf, daß es einen Unterschied zwischen Sünde und Schuld geben muß. Daß das nicht ohne weiteres dasselbe ist.

Schuld ist eine Sache zwischen Menschen, man hat jemandem Unrecht, großes oder auch nur kleines, zugefügt, man hat irgend etwas ohne Not in Unordnung gebracht – und nun muß man es in Ordnung bringen, und, falls man das nicht mehr kann, wenigstens sich selbst das Unrecht eingestehen und dafür sorgen, daß man es auch jedem andern ohne Peinlichkeit eingestehen kann. Was aber Sünde ist, bestimmt das Ritual. Das kann mit dem Leben zu tun haben, das muß aber nicht mit ihm zu tun haben – das kann auch Schuld sein, aber das muß nicht Schuld sein. Sünde ist, wenn ich eine geweihte Hostie einfach so aufesse. Das hat aber mit dem Leben überhaupt nichts zu tun. Sünde ist aber auch, wenn ich meine Nachbarin liebe. Das ist keine Schuld, aber es ist Sünde. Was also ist Sünde. Was also ist Sünde und warum ist Sünde? Weil eine Kirche vom schlechten Gewissen der Leute gut leben wollte, erfand sie die Sünde – nein, sie erfand sie nicht, sondern sie erbte sie. Früher brachten die Menschen Lämmer und Ziegen zur Sühne für etwas, das sie nicht einmal erkannten. Dann brachten sie Geld, dann blieb es beim Geld, aber dann forderte die Kirche mehr. Nein, also mit dieser Sünde war ich ganz und gar nicht einverstanden. Und ich glaube, daß ich in einem strengeren Kloster auch sicher eine unglückliche Nonne geworden wäre.

Sünde ist also ein Gespenst, der Schatten der Schuld, mit dem man Kinder fürchten macht. Und damit niemand den Unterschied merke, setzen sie beim Sprechen den Unterschied aus, behandeln sie beides gleich und nebeneinander. Dennoch – Schuld ist das, was wirklich geschieht – Sünde ist das Kapital, das einer draus schlägt. Indem er meint, er könne was ungeschehen machen, ohne daß es gutgemacht werden müsse. Die Schuld vergeben wir einander, heißt es im Paternoster, und nur das ist dann wirklich vergeben. Da steht nicht: unsere Sünden, sondern unsere Schulden. Das aber mag keiner lesen, denn von den Sünden lebt man gut, in Rom und auch in Wittenberg. Wenn auch dort nicht ganz so prächtig, wie man hört, hat doch der Bruder Martin öfter mal kein Geld im Beutel. Und da den Leuten niemand den Unterschied erklärt, sondern jeder Priester peinlich darauf achtet, daß er verwischt werde, wird es auch immer Leute geben, die sich einbilden, Sünder zu sein.

Aber ich nicht bei denen.

– Herr, ich danke dir, daß ich nicht bin wie einer von denen. – Der Mann ist glücklich zu nennen, der nicht zu den Unverständigen geht noch sich mit Verquerem abgeben muß. – Psalm Eins, Vers Eins in deiner Übersetzung. In Allstedt hattest du angefangen. Und was da war, ich verbrannte es in der Nacht von Mühlhausen. Warum ich es verbrannte, weiß ich nicht. Aber soll doch Zeiß außer mir der einzige bleiben, der etwas wußte. Sollst du für die andern nicht auch noch in diesem Gebiet zum Widerpart werden.

Aber ich glaube, ich bin dir in Glaucha meist nichts schuldig geblieben. Erinnerst du dich?

»Schwester Ottilie, daß Sie hier sind, in diesem Kloster, Sie, die doch ihre Schwestern und deren Sünden so warm verteidigt, wie nicht einmal Agnes – ich denke, das ist auch eine Sünde. Keine Schuld, denn es gibt kein Gesetz, das Sie verletzt hätten – aber eine Sünde.«

»Nein, das ist keine, denn es schadet keinem, ich wollte es so, und ich will es so. Und erzählen Sie mir doch nicht, mein Vater, Sie wollten als Schuld nur gelten lassen, was einen Paragraphen hat.«

»Und wenn Sie das eines Tages nicht mehr billigen?«

»Würde ich mich entsprechend anders verhalten.«

»Sie machen mich neugierig, Schwester, Sie nehmen die Dinge so einfach. Ist das nicht zu einfach?«

»Mein Vater, wenn man die Dinge nicht nimmt, wie sie sind, dann kommt man bald dahin, selbst das Natürlichste und Wertvollste als schmutzig und zweifelhaft anzusehen. Weil das Bedürfnis, diese Dinge mit Schmutz und Zweifel zu beladen, dem unbefangenen Ansehen stets entgegensteht.«

»Jetzt machen Sie mir aber angst. Woher nehmen Sie solche Gedanken, Schwester?«

»Aus meinem Kopf und meinen Augen.«

»Und ich denke, Sie sollten nicht hierbleiben.«

Woraufhin er verschwand. Ich bekam ihn im Kloster nicht wieder zu Gesicht und kehrte zu meinen Büchern und zu meinen Schwestern zurück. Bis eines Tages Rosel kam. Es war im Februar, mitten in der Fastenzeit, und es war längst dunkel. Ich hatte noch ein wenig gelesen und wollte eben ins Bett steigen, als Rosel plötzlich ins Zimmer trat – ohne, wie es der Brauch verlangt, vorher anzufragen. Ich sah sie erstaunt an, denn auch ihre Erscheinung war verändert. Sonst gab sie sich um diese Zeit meist gedrückt und klein – hier aber stand sie wie ein Botenengel aufgerichtet, wie ein Künder des Gerichts.

»Kann ich mit dir reden?«

»Aber natürlich, wann du willst, Rosel.«

»Hast du Wein da?«

»Aber Rosel – wir haben Februar, und du ...«

»Scheißegal. Gib her.« Ich gab ihr das Glas, denn eine Prinzessin in einem Kloster hat dergleichen Genüsse eben da. »Was ist denn passiert?«

»Der Kaplan ist weg.«

»Das weiß ich seit gestern. Noch etwas?«

»Was machst du nun, Ottilie?«

»Wieso ich – das ist doch wohl mehr deine Sache.«

Das war nun einer der wenigen Augenblicke in meinem Klosterleben, in dem ich wirklich Schuld auf mich lud. Ich begegnete aber Rosel damals in der besten und lautersten Meinung, daß sie es wäre, die an den leichten und doch gewichtigen Worten des neuen Kaplans einen nicht mehr nur frommen Gefallen gefunden hatte. Und daß sie nun eben verzweifelt war, daß er fortging. Ich kam mit meinen Vermutungen denn auch der Wahrheit sehr nahe, nur verhielt es sich noch ein bißchen schwieriger.

Rosel war in den Kaplan verliebt, das war richtig. Aber da sie um ihr Aussehen wußte, hatte sie auch begriffen, daß dies Gefühl einseitig geblieben. Und zugleich hatte sie nicht übersehen, meinte sie, daß der Kaplan seinerseits Aufmerksamkeit auf eine der Schwestern gerichtet habe – sie meinte, ich wäre die Erkorene, und kam, mich nun zu trösten.

Zu trösten unter ihrem eigenen Schmerz.

Leider enttäuschte ich ihr Bedürfnis nach Trösten ebenso wie ihr Bedürfnis nach Trost, darin bestand meine Schuld.

»Na dann trink mal aus und geh schlafen, Roselchen. Vergiß nicht, daß wir, deiner Frömmigkeit zuliebe, drei Stunden früher als sonst aufstehen dürfen.«

Der war also frei, der zog durch die Welt. Und ich saß hier. Aber ich hatte auch nicht die gleiche Wahl. Ich zog nicht frei durch die Welt, sondern meine Wahlmöglichkeiten hießen: Beichtstuhl oder Gebärstuhl, Klosterküche oder Familienküche, Klosterbett oder Ehebett. Ja, Ottilchen, und was wolltest du nun wirklich von den beiden?

Vielleicht was ganz anderes, Leben.

Bißchen wenig und bißchen vage.

Wenig? Vage – vielleicht, aber wer weiß das schon, bevor er es erfährt, was das ist: Leben.

Mag sein.

Und ich hab doch gelebt, in den zwei Jahren mehr gesehen als die Katharina in fünfzig sehen wird.

Na, na – zu der kommt doch die Welt. Die muß nicht hingehen.

Und ich mußte, und deshalb hab ich Glück gehabt.

Ich nenn das Glück. Ich sitze hier und schreibe und weiß, wo ich mich abends niederlege. Das ist Glück, das gehört zum Glück. Während ich schreibe, gehen Frauen hinterm Pflug und schwingen die Sense, denn die Ernte ihrer toten Männer muß eingebracht werden, es gibt keine Stundung, nicht einmal bei Unwetter gäb's das, wie denn nach einem Aufstand. Ihr hättet ja zu Haus bleiben können. Mir fehlen ein paar Möbel und Kleider, aber ich habe Milch für mein Kind. Kleider und Möbel werden wiederkommen – aber wie viele Kinder verhungern.

Am nächsten Tag ging ich zu Mutter Agnes.

»Es kommt nicht darauf an, wieviel Meilen einer um die Welt rennt. Die nur in Gasthöfen hausen, kennen die Welt nicht besser als die, welche nie ihr Dorf verlassen. Die Welt, die Erde, ganz zu kennen, reicht die Zeit unseres Lebens auf ihr nicht aus. Wir müssen uns mit einem Ausschnitt begnügen, wenn auch unsere Sehnsucht immer das Ganze sucht. Unsere Sehnsucht ist so natürlich wie unsere Begrenztheit, denn das eine ist das Bild unseres Geistes, das andere das Zeichen unserer Körperlichkeit. Wenn wir also die Welt wirklich kennenlernen wollen, so müssen wir unsern Geist anhalten und lehren, damit er aus den nahen Bildern uns Auskunft gebe über die fernen. Und so, wie wir das Ferne erkennen, sollen wir im Nahen dann leben.«

»Na ja – aber es sollte doch nicht geradezu verboten sein, den Ort auch mit dem Körper zu wechseln.«

»Da hast du recht, wir sollen uns den Ort, an dem wir sein wollen, schon wählen. Wenn wir aber gewählt haben, sollen wir nicht wie die Hasenpfoten hin und her wackeln, sondern als Menschen mit Charakter zu unserer Wahl auch stehen, dadurch bekunden, daß wir mündig und verantwortlich waren, als wir gewählt haben. Und da mag es dann schon gut sein, um uns zur Sorgfalt zu ermahnen, daß es ein wenig schwer gemacht wird, die Wahl zu ändern.«

»Wir sollen also vorher überlegen, ob wir ins Kloster gehen wollen oder nicht.«

»Ja – aber sieh doch mal: Wenn du in die Lebensform, die du gewählt hast, hineingehörst, dann sind Verbote dir doch ziemlich gleichgültig. Und was unsere Lebensform angeht – schau, es gibt Frauen, die als Kinder ins Kloster gegeben wurden, es nie verließen – aber die Welt kam zu ihnen, Könige und Weise, sie holten sich Rat bei ihnen, sie machten für die Könige Politik, die Könige ließen sich von ihnen beim Wirtschaften helfen – und eine davon kennst du sogar ein bißchen besser, das ist diese Hildegard, die in Bingen lebte. Und – hat dir nicht gefallen, was sie schrieb – ach, du wirst es nicht verstanden haben.« Agnes lachte, ein wenig gutmütig, ein wenig herablasssend aber auch. Hier, vor diesen klaren Augen, vor dieser klaren Stimme, fühlte ich mich nicht als Prinzessin.

»Aber es gibt doch viele, die wollen es eben einfach einmal versuchen – und dann die vielen, die eigentlich gar nicht wußten, was sie sollten – wie Rosel.«

»Ich freue mich über deine Ehrlichkeit, Ottilie. Ja, ich weiß – und was meinst du, warum ich Rosel beinahe jeden Wunsch von den Augen ablese? Ich kann die Schuld ihrer Eltern nicht tilgen, aber ich will es dem Kind leichter machen, sie zu tragen. Und was deinesgleichen angeht – am besten wäre es, man öffnet euch die Universitäten. Da dem aber nicht so ist, habt ihr es schwer. Ihr seid ein neues Geschlecht, nicht mehr fügsam wie wir, noch nicht frei. Aber ob das genügt, jeder Nonne die Pforte offenzulassen – ich weiß es nicht. Kann es nicht auch sein, daß diese offene Pforte die Ruhe des Ortes verschlingt, daß sie hereinströmen, weil wir ja doch etwas bieten, und hinausfluten, weil es ja eines gibt, das wir im allgemeinen nicht bieten ...«

»Ich will aber nicht fort.«

»Ach – ich dachte, doch.«

»Ich wollte nur hören, was Ihr von alldem haltet. Von unserem Leben hier.«

»Dann weißt du jetzt aber noch immer zuwenig. Ich kann dir jetzt auch nicht alles erklären, später vielleicht, aber das nächste erst einmal – was dir im Kopf spukt, ist doch der

Kaplan – und daß ich ganz offensichtlich mit ihm ... na gut, lassen wir das, es weiß ohnehin jede Nase hier im Haus, hab ich recht? Ich bin eure Äbtissin, also sagt ihr nichts. Weißt du, Ottilie – ich bin, wo ich sein wollte. Ich wollte hier leben, hier wollte ich herrschen, der Orden hat es mir gegeben, ich gebe mich dem Orden. Meine Arbeit, meine Sorge, meinen Geist, all das gebe ich dem Orden – aber diese eine Ecke, die muß er mir lassen. Das ist der Preis, um den Schwester Agnes auch weiterhin ihren Dienst versieht. Wäre ich nur Schwester wie du, würde ich wohl nicht mehr wollen als eine nette Freundin – aber wer mehr tut, wer mehr verantwortet, soll auch mehr genießen, meinst du nicht ...« Sie lachte wieder, wohl über meine Verlegenheit.

Ich war Anfang Zwanzig, sie eine Frau in den Dreißigern, schmal, schlank, eine Brünette mit einem länglichen Gesicht, einer schmalen, langen Nase und dunklen Brauen über braunen Augen. Dunkles, glattes Haar darüber, darin noch kaum ein silberner Faden, ein paar Falten um den Mund, um die Augen, vom Befehlen, vom Wachen vielleicht. Braune Augen ohne Weichheit, eher ein spöttisches Funkeln darin, eine Sicherheit dahinter, die mir fast die Luft nahm. So müßte man werden können, dachte ich – und wenn man so werden könnte, ohne Nonne zu sein ...

»Was also soll ich tun, Mutter?«

»Immer was dir dein Herz befiehlt, du weißt doch, dein Herz ist bei deinem Schatz – ach, Ottilie, du weißt im Augenblick wohl wirklich nicht, wohin, hab ich recht? Und du willst auch keine tröstenden Worte von mir hören, sondern handfeste Ratschläge, nicht wahr? Also – wenn du gehen willst, wenn dir unser Leben nicht mehr genügt – dann tu nach deinem Willen. Du mußt aber dann auch wirklich wissen, was du willst, sonst verwechselst du die Stimmen und wachst eines Tages auf und bist in der falschen Zeit und am falschen Ort.«

Jetzt stand sie vor mir, groß und leicht und doch so schwer von Dingen, die ich kaum ahnte, die sie aber kennen mochte wie sich selbst, wie mich, besser vielleicht. »Übrigens«, fuhr sie fort, »falls du meinst, ich hätte den neuen Kaplan weggeschickt; das war nicht nötig. Er hat sich ganz auf seine eigene Rechnung schlecht genug benommen. Der Rat hat ihn weggeschickt, das war nicht zum erstenmal. Und falls er nicht vernünftig wird, geht es so weiter bis ans Lebensende. Die sind so, die wollen nicht zur Ruhe kommen – häng dich nie an so einen ...«

Wenn ich mich nicht täuschte, war sie traurig, aber ihre Stimme klang nur ein wenig gepreßt, jetzt schon wieder klar, »das wär zu bunt, um schön zu sein. Wohin er geht? Nach Allstedt, ich hab da eine Freundin, die wird ihm helfen, sonst helf ich ihr nicht mehr. Siehst du, das macht man dann, man hilft denen noch ... aber du wirst das ja vielleicht nie kennenlernen.«

Endlich verstand ich.

»Und was ist mit den Gelübden?«

Eine Handbewegung.

Soviel wert.

Eine Handbewegung vom Tisch.

Merk dir das, Ottilie.

Jeder im Hause kannte die unverschlossene Pforte, die zum Friedhof führte. Dieser Friedhof war ein Treffpunkt derer von draußen und derer von drinnen, denn an manchen Tagen blieb auch die äußere Pforte ohne Schlüssel – die Bewohner des Ortes mußten ihre Toten auch begraben. Da gab es dann also flüchtige Besuche, da wurden Geschenke übergeben, die nicht durch die Hand der Kellnerin gehen sollten – Agnes sah es nicht, ich wußte nicht, ob sie es gern übersah.

Überhand nahmen die Besuche dennoch nicht, weil sie auf den Friedhof beschränkt bleiben mußten und die Schwestern sich sehr mädchenhaft vor diesem Lagerplatz der Toten grausten. Ich muß zugeben, daß er mit seinen karstigen Wegen und den zerzausten Hügelchen, den schiefen Kreuzen und den grünen Steinen nicht gerade einen gepflegten Eindruck machte, aber grauenerregend war der Anblick eigentlich nicht. Ich sehe ihn wieder vor mir, während ich schreibe, und jetzt strahlt er in meinem Empfinden eher Ruhe aus. Ich mußte wohl erst genug unbegrabene Tote sehen, um die Schönheit eines Friedhofes würdigen zu können.

Da bin ich also drübergelaufen, und es hat mich damals auch gegruselt, wenn ich auch keine drei Weihrauchfässer ausgeschnüffelt und nicht in Weihwasser gebadet habe. Und auch nicht Kreuze geschlagen habe, als wäre ich eine Windmühle. Das aber nur darum nicht, weil ich überzeugt war, daß es nichts helfen könne, wenn da ein Teufel hauste. An Zeichen glaubte ich – an Zauber nie. Und jetzt gruselt mich nichts mehr, und ich kann all die schönen Bücher, die man aus Angst vor dem Tod über den Tod und das Leben und beide zusammen noch schreiben wird, ungelesen stehenlassen. Für mich hat sich diese Angelegenheit durch Anschauung erledigt. Es wird nie schön werden, und das Leid wird bleiben – aber es ist nicht das Leid des Toten. Dennoch meinen die Leute bei sich noch immer, der Tote müßte Trennungsschmerz empfinden wie sie selbst – aber vielleicht interessieren ihn die Dinge schon gar nicht mehr, die ihm eben noch die liebsten waren? Daß es gar nichts mehr gibt, glaube ich aber nicht, denn wenn uns etwas nicht vorstellbar ist, dann ist es der Umstand, nicht mehr zu sein, und das, obgleich ja unsere Toten zum Beispiel uns überhaupt nicht mehr sichtbar umgeben – dennoch sind sie unserem Gefühl eher entrückt als gestrichen, sind uns nur fern gerückt, nicht fort. Und das hält sich gegen alle Anfeindungen und gegen alle Nachmessungen – da kann etwas daran sein, wenn alle Menschen, wenn jedes Empfinden das so festhält, gleich, was es sich in seinem Verstand zurechtmacht – ich meine, auch dem eingefleischten Gottlosen bleibt hier der Ausblick auf ein Mehr an Sein nicht mehr erspart.

Na gut, lassen wir das. Bleiben wir auf dem Kirchhof, bleiben wir noch einen Moment im Kloster. Es ist der letzte.

Eines Tages fand ich in meinem Schränkchen einige verdächtige Dinge: ein Kleid, eine kleine Haube, ein Paar Schuhe, ein warmes Manteltuch, ein Beutelchen, in dem Münzen klirrten. Und einen Schlüssel.

Ich wußte, zu welchem Schloß.

Niemand hatte mit mir gesprochen, niemand hatte mir etwas in die Hand gegeben, sie lebten weiter hier, aber ich hatte nun zu gehen.

»Schwester, was ist nun?«

»Ich weiß nicht.«

»Sie können nicht Ihr Leben lang nicht wissen, Ottilie. Irgendwann müssen Sie mit dem Wissen anfangen. Also, warum dann nicht jetzt.«

– Also jetzt. –

Und da stand ich, entschlossen scheinbar und doch unsicher wie nie zuvor, vor diesem Schränkchen. Ich zog mich um. Ich stieg in die Schuhe, die meinen Füßen unbequem erschienen, kein Wunder, wenn man jahrelang Sandalen trug, das Kleid beengte meinen Körper, der sich an die Weite der Kutte gewöhnt hatte, am vertrautesten war noch das weite Tuch. Ich steckte das Haar hoch und befestigte das Mägdehäubchen. Ich nahm den Beutel und den Schlüssel und verließ zum letztenmal in meinem Leben das Zimmer. Ich wußte, niemand würde mich aufhalten.

Es war früh am Morgen, eben hob sich das Dämmern, das erste matte Licht tastete sich durch die Gänge, hob Vertrautes kurz hervor, ließ es zurücksinken. Ich ließ all das ja hinter mir. Den langen, hellen Flur, die Figuren, die Koniferen im Kreuzgarten, der jetzt winterbraun lag.

Auch der Friedhof war noch Heimat, den ich jetzt durchlief, mit seinen Kreuzen und Steinen, zwischen denen letzte Morgennebel hingen. Noch fünf Schritte, noch drei, dann begann die Fremde. Ich hatte Angst. Niemand wartete auf mich, niemand würde mich zurückholen, es gab keine Wärme mehr für mich. Nur noch die Wärme der Sonne, vielleicht ein oder zwei Nächte in der Wärme eines gemieteten Bettes – dann nur noch die Sonne. Es gab keinen Plan für die nächsten Stunden, keinen für den nächsten Tag. Ich war allein, ich hatte allein sein wollen.

Zum erstenmal in meinem Leben würde ich keine Ansprüche stellen dürfen. Die Tochter war vergessen, jetzt war auch die Prinzessin in den Brunnen gefallen. Mit zitternden Händen öffnete ich die Pforte, die vom Friedhof nach draußen führte. Ich überlegte nicht mehr, was ich tat, es tat sich von selbst, aufschließen, öffnen, hinausgehen, zuschließen, den Schlüssel wieder über die Mauer werfen – draußen stehn.

Wenn denn schon nichts werden kann, legt sich auch die Angst. Und ich fand einen Kaufmann, der, früh am Tage, die vermeintliche Magd nach Allstedt mitnahm – gegen ein wenig Geld, versteht sich, da es einen Umweg bedeutete. Es ging also alles ganz einfach und leicht. Es fängt immer einfach an. Wer jede Wahl verlor, hat jede frei, das muß man auch erst begreifen.

Und da stand ich dann.

Es war am Vormittag, ich stand auf einem schlecht gepflasterten Platz in einem stillen, geduckten Städtchen. Falls hier mal Markttag war, hielten sie den wohl hier, denn die Gassen und Wege, die davon wegführten, sahen mehr wie Feldwege aus, denn wie die Straßen einer Stadt. Eine Landstadt zur Saatzeit, kaum ein Mensch war zu sehen, man hörte nur ab und zu die Stimmen der Frauen, wenn sie die Hühner oder die Kinder riefen.

Was ist hinter diesem Marktplatz und seinen geduckten Häuschen?

Eine Kirche sah ich und noch eine. Die Türme stachen in den dunstigen Himmel. Und weiter hinten gab es sicher einen Teich und dabei stand ein graues Schloß, in dem kein Fürst mehr wohnte. Nur noch ein Verwalter.

Und irgendwo hier hauste auch der Kaplan.

Und er war der einzige Mensch, der mir jetzt weiterhelfen konnte. Weil er der einzige Mensch war, den ich außerhalb des Klosters kannte – und der mich kannte. Mehr gab es dazu nicht zu sagen, nicht zu denken.

Ob er das ebenso empfinden würde, wie ich es empfand? Oder ob er denken würde ... aber das war auch überhaupt nicht mehr wichtig. Wenn er nur half.

Ein Vormittag nach einem morgendlichen Regen.

Die Sonne scheint.

Es war, glaube ich, das Ende des Februar, es roch schon nach Erde und Frühjahr.

Hühnergegacker, Kinder- und Frauenstimmen hinter den Wänden der graugelben Häuschen.

Der Teich, den ich mir nur dachte.

Die Kirchtürme hinten und das Schloß.

Also Allstedt, wo ich erst einmal bleiben wollte.

Und wenn nicht – was dann?

Den Pfarrer findet man in der Kirche. Also ging ich dorthin und fand eine nicht mehr benutzte, die andere aber offen und darin sogar einen Menschen, der gelangweilt an den Paramenten des Marienaltars herumzupfte. – Ottilchen, vergiß bloß das Kreuzmachen und das Kniebeugen nicht, du wirst beobachtet, du bist fremd – du wirst sogar scharf beobachtet.

»Kann ich den Pfarrer sprechen?«

Ein verkniffenes Gesicht mustert mich, kleine Augen forschen in meinem Blick. Er weiß nicht, wohin er mit mir soll. Wo ich hingehöre. Also wird er den Pfarrer holen, schon, damit der mich einordnet und dem armen Küster die Ruhe der Seele wiedergibt.

»Den alten oder den jungen?«

Natürlich den alten. So leicht legt man Ottilchen nicht herein. Ich habe Nachrichten für ihn, von einer Schwester.

Haferitz taxierte mich ziemlich von oben und sagte, er wisse nicht, welche Schwester ich meinte, er hätte nur Brüder.

»Woher bist du denn ausgerissen?«

Das väterliche Du soll wohl herablassend klingen. Immerhin steh ich noch hier, und er ist nicht wütend.

»Aus Glaucha.«

Da ist die Agnes Vorsteherin, die kennt er. Also weiß er auch, daß er mich nicht zurückschicken soll. Wo ich denn die Empfehlung von Frau Agnes hätte.

Ich habe nichts, und ich tue auch nicht so, als hätte ich etwas verloren.

»Dann weiß ich schon.«

Wie ich denn hieße. Und wo ich geboren wäre. Und seit wann ich denn im Kloster gewesen wäre und seit wann nicht mehr. Seit gestern. Da wäre ich aber sehr zielgerichtet hierhergekommen. Ob ich ihm sagen könne, warum.

»Der neue Pfarrer hier sagte, ich könne kommen.«

Jetzt schluckte er aber doch.

»Das werden wir gleich haben.« Er kommt hinter seinem Tisch hervor und geht zur Tür.

»Du bleibst hier, bis ich wiederkomme!«

Sicherheitshalber wird von außen noch der Schlüssel umgedreht. Er holt also den Kaplan. Und er wird ihn fragen, ob das richtig sei, ob er wirklich gesagt habe ... und falls er das bestätigt, kommt er in Teufels Küche. Und falls er leugnet, kommt Ottilie an denselben Platz. Was die Agnes macht, ist ihre Sache. Seine Sache ist, die entlaufene

Nonne so rasch wie möglich wieder loszuwerden. Auch wenn der Luther, dessen Kurfürsten das Gebiet gehört, nicht ganz so hart darüber denkt. Es ist und bleibt doch peinlich.

Ich könnte aber doch in einer Küche arbeiten – nein, ins Freudenhaus wollte ich noch nicht.

Manchmal werden Augenblicke lang.

Der Schlüssel gibt die Tür frei, Haferitz kommt zurück, Ottilie hat sich nicht vom Platz gerührt. Hinter Haferitz betritt der Kaplan den Raum.

»Kennst du den Vogel, Thomas?«

Die Schwester in Magdkleidern spannt den Willen an, verhält den Atem, es kommt jetzt, wie es kommt, und es ist nichts zu beeinflussen.

»Ja. Das war einmal Schwester Ottilie, Familie kenne ich nicht, aus dem Kloster Glaucha.«

»Sie sagt, du hättest sie aufgefordert, dir nachzukommen.«

»So direkt habe ich das nicht getan, aber ...«

»Was: Aber, Thomas?« Jetzt bleibt Haferitz wohl ein Kloß im Halse stecken. Mag der Luther denken, was er will, das Recht steht immer noch auf einer andern Seite.

»Als wir zuletzt miteinander sprachen, war sie entschlossen, im Kloster zu bleiben. Wie ich sehe, hat sie ihren Entschluß geändert, aber Agnes hat sie gehen lassen. Sie will sie nicht zurückhaben. Ich denke, wir müssen uns nicht fürchten, Bruder Simon, sondern können tun, was wir für richtig halten.«

»Und das Gesetz?«

»Das Gesetz ist auch Agnes bekannt.«

»Eben. Wenn sie sich nicht dran hält – sie ist hinter ihren Mauern sicher. Aber wir, Thomas ...«

»Ich habe mich noch nie um Gesetze geschert, die weit weg waren. Wir stehn in Kursachsen, und hinter uns steht jetzt ausnahmsweise mal der Luther selbst.«

»Meinst du? Ich meine, daß der Luther und irgendein Allstedter Kaplan nicht dasselbe wären. Und ich denke, du möchtest die Stelle hier noch ein bißchen behalten.«

»Das will ich schon – aber wir werden einen Weg für beides finden müssen.«

»Und wie?«

»Das laß mal meine Sorge sein.«

»Du mit deinen Bekanntschaften. Meinetwegen, aber wenn es Gerede gibt, fliegst du raus, dafür sorg ich, ob mit oder ohne Felicitas, verstanden?«

Dann standen Thomas und ich auf der Straße. Im ersten Aufatmen wollte ich dem Priester da neben mir die Hand küssen. Aber der war wohl nicht in der gnädigen Stimmung, sie mir zu reichen.

»Was mach ich nun mit dir?«

Es war wieder dieses herrische Du.

»Wer ist diese Felicitas?«

»Eine Dame, die dir zwar helfen könnte, es aber nicht tun wird. Weil sie mich kennt. Ich werde mich also hinter Zeiß stecken müssen, der Simon macht sich ja schon jetzt vor Angst fast in die Hosen. Aber zunächst mal: Wo bring ich dich unter?«

»Vielleicht könnte ich irgendwo arbeiten – und auch wohnen, das gäb's doch. Und etwas Geld hätte ich auch noch.«

»Du bleibst am besten erst mal unsichtbar. Die Leute hier merken zu schnell, woher eine Fremde ist, sie sind mißtrauisch und sehr, sehr gläubig, sie mögen keine ausgerissenen Nonnen. – Wo ist man vor dem Teufel sicher?« Ich lachte. »Unter seinem Schwanz.«

»Also bleibst du erst einmal bei mir.« Er sah, daß ich stutzte, und fügte hinzu: »Aber bild dir nichts ein. Du kannst für mich arbeiten, wenn du willst.«

So zog ich in die Türmerwohnung, genoß die wunderbare Aussicht auf die weite Ebene und die fernen Hügel und hatte ansonsten den Mund zu halten und einen Schlafplatz in der Küche. Diese Küche aber war sehr eng wie die ganze Wohnung. Außer der Küche gab es noch eine Kammer und eine etwas größere Stube, der Küchenherd heizte alles. Wenigstens hingen über meinem Kopf keine Glocken mehr, seit Jahren war die Kirche aufgegeben, Johannis reichte aus. Hier gab es kein Kupfer, erst weiter fort, nach Mansfeld hin, also gab es hier auch keinen Reichtum und kein Wachstum der Bevölkerung. Und so hatte man Wigberti wieder geschlossen, Wohnungen darin eingerichtet und Speicher. Die Wohnungen standen leer, in den Speichern jagten sich die Mäuse.

Ich war wieder eingesperrt. Stand unter der Aufsicht eines Priesters, der sich aufreizend korrekt verhielt. Wenn ich mich waschen wollte, ging er aus der Küche. Wenn ich schlief, kam er nicht hinein. Er beachtete mich nicht, ich arbeitete und schwieg wie in einem Kloster mit strenger Observanz. Es war schlimmer als in Glaucha.

Das ging so, bis eines Abends Besuch kam. Der erste, der sich hinter dem Kaplan durch die niedrige Tür schob, war Haferitz, den kannte ich, und er tat denn auch sehr unnahbar. Der zweite war ein Mann in den Vierzigern, der sehr gut, aber weltlich gekleidet war und außerdem eine schwere goldene Kette trug. Den kannte ich nicht, er aber betrachtete mich langsam von unten nach oben und von oben nach unten. Dann ging er hinter den beiden an mir vorüber in die Stube.

»Putz dich ab und komm rein«, befahl der Kaplan.

Ich gehorchte. Ich betrat die Stube. Der Kaplan und Haferitz standen neben dem Tisch, obgleich genug Stühle vorhanden waren. Der Mann mit der Amtskette saß.

»Das ist Seine Gnaden Zeiß, Stellvertreter des Kurfürsten in dieser Stadt.« Ich machte meine artigste Reverenz. »Setz dich hin und verhalt dich ruhig«, befahl der Kaplan.

»Ihr beide solltet euch auch setzen, was soll denn das Theater.« Zeiß hatte eine angenehme Stimme.

»Und das ist dann wohl Ottilie, die du meiner Frau zugedacht hast.« Zeiß musterte mich noch einmal. »Na ja – hübsch ist sie, da hast du nicht gelogen. Ordentlich ist sie auch, das seh ich an deiner Wohnung – ich merk zumindest den Unterschied. Was kann sie noch?«

Ich durfte antworten.

»Lesen kann ich, und Schreiben, Latein, Musik und etwas Rechnen, und Sticken und Nähen kann ich auch.«

»Also das, was man so im Kloster lernt.« Ich nickte.

»Da müßte ich dann nur noch mit meiner Frau sprechen.«

»Hast du das noch nicht getan?«

»Na denkst du, ich mach ihr den Mund wässerig, und dann passiert nichts? Lieber sag ich ihr erst nichts und präsentier ihr dann das Geschenk komplett – oder meinst du nicht?«

»Ja, ja, schon gut.«

»Thomas«, Zeiß räusperte sich ein wenig, bevor er weitersprach, »wenn die Ottilie so viele Vorzüge hat und so wenig Nachteile, wie ich sehe – warum behältst du sie dann nicht selbst?«

»Aber Hans ...«

»Wieso? Verheiratet wird sie doch irgendwann. Warum denn nicht gleich?«

»Aber Hans – die Leute ...«

»Och, die Leute – seit wann interessieren dich die Leute? Aber wenn sie dich denn schon interessieren – meinst du nicht, daß eine gutbürgerliche Hochzeit ihnen das Maul stopft? Und dann ein Kirchgang zu Haferitz, und das Ganze öffentlich gemacht – meinst du, du wärest der erste, der das probiert?«

»Ich weiß, daß ich's nicht bin, Hans. Aber gerade ich ...«

»Ja, gerade du. Nicht wahr, Simon«, wandte er sich dem Pfarrer zu, »du hättest doch auch nichts dagegen, wenn unser Freund Thomas hier einen richtigen Hausstand gründet. Vielleicht hört das Vagabundieren dann endlich einmal auf, Herr Müntzer.«

»Da habt ihr euch aber geirrt, wenn ihr meint, ich würde vorsichtiger werden, meine Herren. Es geht mir doch auch nicht darum, unvorsichtig zu sein, sondern um ganz etwas anderes, daß ihr das nicht begreift.«

»Wir haben das schon begriffen. Und wir verlangen auch nicht, daß du uns von nun an bloß noch Honigplätzchen predigst – wir haben uns schon so an deine Kritik gewöhnt, Thomas, die kannst du uns nicht wegnehmen und heiraten ...«

»Danke für deinen Spott, Hans, aber ich muß nicht heiraten. Schließlich hab ich Felicitas. Ich brauch die Nonne nicht.«

»Wenn das so ist, bin ich morgen bei Felicitas – dann wird die sich aber freuen, daß du ihr so treu bist.«

»Simon, was meinst du denn eigentlich – würdest du an meiner Statt das tun, was der Hans vorschlägt?«

»Warum denn nicht? Ich bin nur schon zu alt für solch einen Zufall. Aber – ich wüßte auch, was man mit einer hübschen Frau macht ...« Zeiß lachte. »Da hast du's; Thomas, auch Haferitz steht dir nicht bei.« Thomas lachte nicht. Er sah mich plötzlich an, groß und offen, so, daß ich erschrak. Und dann die andern.

»Könnt ihr auch mal den Mund halten, ihr Waschweiber?«

Es dauerte eine Weile, bis ich bemerkte, daß Haferitz' letzte Bemerkung ihm ganz und gar nicht gefiel. Und ich erinnerte mich: So sprachen zu Haus, bei meinem Vater, die Knechte miteinander über Frauen, und sie fragten nicht, ob eine zuhörte. Thomas hatte das gehört und nicht für gut befunden.

Zum erstenmal sah ich dich tief und gerade an. Zum erstenmal hatte ich einen Blick dafür, wie du aussahst. Du warst nicht sehr groß, dein Gesicht war eher weich als kantig, die Augen braun und seltsam groß. Weiße und weiche Haut hattest du, dunkle, glatte und ein wenig derbe Haare. Da du Geistlicher warst, trugst du keinen Bart. Einen schmalen Mund hattest du, eine gerade Nase, feine, geschmeidige Hände, die streicheln konnten und schreiben, aber auch die Zügel halten und Holz spalten – schlagen konnten sie eigentlich nicht, dazu mußtest du sie zwingen.

Ach, sie sagen, du habest bei deinen Predigten getobt, fällt mir ein – ich habe doch so viele davon gehört – warum ist mir das nie aufgefallen? Du mußtest nicht toben, um gehört zu werden, deine Stimme war geschult und biegsam genug. Es war wohl mehr die Wucht der Worte als ihre Lautstärke, die solche Erinnerungen hinterließ. Jemand, der mich verstand.

Bevor ich mich noch selbst verstanden hatte. Bei solch einem bleiben – möglich – nicht das schlechteste.

Wenn das der Anfang des neuen Lebens war, dann war es einer, der den Aufwand der Flucht vielleicht doch lohnte.

»Bedenkzeit«, bat Thomas.

»Abgelehnt.« Die beiden schüttelten die Köpfe wie zwei Hengste vor dem Wagen. »Du hattest genug.«

»Und was meint die Dame dazu?«

Jetzt hatte ich zu reden. Und wenn ich jetzt nein sagte, war dieser Kaplan unter Umständen sogar dankbar. Dann ging ich eben fort, zu Zeiß' Frau oder doch nach Erfurt ins Bordell. Oder, was Gott verhüte, nach Hause. Der Vater wäre überglücklich. Sicher wußte er durch Agnes längst Bescheid – und auch, was einer flüchtigen Nonne in Herzogsachsen drohte. Er würde mich also ganz schnell und geheim verheiraten.

Heiraten, dachte ich, kannst du auch hier. Da kriegst du wenigstens einen, den du kennst und vor dem dir nicht graust. Den du vielleicht sogar magst.

»Ich würde schon mögen.«

Die beiden grinsten, Thomas stand bestürzt.

Zeiß erhob sich.

»Meine Frau und ich sind also Zeugen, Haferitz, du machst das mit dem Kirchgang, was die Aussteuer angeht, das teile ich mir mit Felicitas, die wollte dich sowieso loswerden, ja, schau nur nicht so dumm, an deinem Gehalt kann man auch noch operieren, nicht wahr, Simon – und so wäre alles geordnet.«

»Dann hol man den Wein aus dem Schrank und drei Becher – nein vier«, verbesserte sich Thomas. »Auf einen gelungenen Kuhhandel trinkt man doch einen.«

Als die zwei fort waren, stellte er sich vor mich, legte seine Hände auf meine Schultern und zog mit den Augen mein Gesicht zu ihm empor.

»Ottilie – ist es, weil du mich liebst?«

»Ich weiß es nicht. Wirklich nicht.« Die Hände ließen meine Schultern los.

»Gut«, sagte er, »du weißt es nicht. So wenig wie die andern vor dir, und einige, die es zu wissen glaubten, waren die schlimmsten, nachher. Es mag also gut sein, daß du nicht weißt. Warum, das wirst du noch begreifen. Übrigens – du kannst jetzt deinen Strohsack aus der Küche nehmen, das Bett ist breit genug für zwei.«

II

Ein Anhänger des Propheten Mohammed, ein Ungläubiger, traf eines Tages einen Christen, der so traurig war, daß er vergaß, den Ungläubigen zu beschimpfen, obgleich er ihn bemerkte. Der Moslem aber sah dies und merkte daran, wie traurig der Christ wohl sein mochte. So faßte er sich denn ein Herz und fragte den Christen nach dessen Leid, welches ihn so bedrückte, daß er gar seine Pflichten gegen die Religion vergäße. Der Moslem wußte es nämlich nicht anders, als daß die Christen zum Verspotten und Belästigen der Andersgläubigen von ihrer Religion her angehalten würden. Er, ein Moslem, würde in solcher Not gerade Trost zu Allahs Füßen suchen. Der Christ sah auf, erblickte den Moslem durch sein verweintes Gesicht sehr wohl, gab ihm aber sogleich Antwort, und damit wiederum einen Beweis, wie tief ihn das Schicksal verwundet. Ach, wie sei er doch mit seinem Weibe nun so unzufrieden geworden, daß nicht ein Tag mehr Eintracht unter ihnen herrsche und er unstet durch die Gassen streifen müsse, denn sein Heim sei ihm verleidet. »Habt ihr einst aus Liebe geheiratet?« fragte der Anhänger des Propheten Mohammed. »Ach ja«, seufzte der Christ, »wir liebten uns unendlich.« Da lachte der Moslem und sprach: »Lieber Freund in Allah, du selbst und dein Weib, ihr beide seid schuld an eurem Leide.« – »Wieso«, fuhr der Christ ihn an, »was fällt dir ein, du beschnittener Hund, habe ich sie doch geliebt.« Der Moslem wich vorsichtshalber ein wenig zur Seite und sagte dann: »Es geht nicht darum, mein Freund. Es liegt daran, wie ihr euch findet, ihr Christen. Ihr stellt einen heißen Topf auf einen kalten Herd und wundert euch, wenn der kalte Herd der Zeit und des Alltags dann den Topf abkühlt, bis er zu Eis wird. Schau, wir machen es anders. Wir stellen einen kalten Topf auf einen kalten Herd –

und legen Feuer an, und geben gut acht, daß es nicht verlösche.«

Wie die Geschichte ausging, weiß ich nicht. Ich möchte auch nicht unbedingt eine Anhängerin dieses Propheten werden. Was Thomas von ihm erzählte, war mir nicht sympathischer als das, was ich bei Paulus las. Jedenfalls, soweit es die Frauen anging. Aber diese Sache gefiel mir. Genauso dachte und fühlte ich damals. Und ich spürte, daß Thomas ähnlich empfand. Wir waren einander also weder zu nahe noch zu fern. Ich bat Thomas um die Laute, er ließ mich spielen, wer weiß, wieviel Frauen schon so in einer Ecke seines Zimmers Laute gespielt hatten. Ich sah eine lateinische Anmerkung und sagte ihm meine Meinung dazu. Er erwiderte nichts, aber er tadelte auch nicht. Ich las, wenn ich die Hausarbeit vollendet hatte. Er gestattete es, störte mich nicht. Ich ging zur Schosserin, das Hochzeitskleid zu probieren, dort traf ich andere Frauen, wir sprachen miteinander, sie wußten, wer ich war und was ich wollte, ich erzählte Thomas davon – er nahm keinen Anstoß.

Bei alledem kam jener Sonntag heran.

Wie immer hielt Thomas den Gottesdienst. Am Ende aber bedeutete er den Männern und Frauen zu bleiben. Haferitz, der in der ersten Reihe den Gottesdienst beobachtet hatte, wie dies die Aufgabe des dienstältesten Pfarrers war, erhob sich und trat vor den Altar. Thomas wandte sich der Schosserin zu, er winkte ihr, sie solle mich in den Chor führen. Indessen legte Thomas Albe, Chorhemd und Stola ab und trat im Alltagsrock neben mir vor Simon Haferitz, das Kreuz hinter ihm und die bunten Fenster. Schosser Zeiß und seine Gemahlin begleiteten uns. Zeiß fragte und vermählte uns wie Tausende Paare zuvor. Ich wurde ganz ohne Tumult und wie jede andere Frau in meine Ehe eingeführt. Und ab morgen würde ich wieder eine Haube tragen. Mit dem Unterschied, daß ich sie zur Nacht ablegen und jemanden nicht Fremden mein Haar und was er sonst wollte zausen lassen würde. Und all das war sehr gut.

Auch, daß ich keine arme Schwester mehr war. Ich besaß Kleider und Wäsche und Geschirr, ich besaß aus großer Güte des Ehepaares Zeiß auch ein paar silberne Becher und einen runden Beutel. Haferitz kam mit zwei Ballen feinster Leinewand.

»Zu schade für Hemden.«

Haferitz grinste. »Aber schön weich für Windeln.«

Im übrigen, meinte er, heiße er für mich jetzt Simon. Und ich solle ja nicht Hochwürden zu ihm sagen, das mache ihn wütend. Da war er aber schon gut freund mit dem von Zeiß spendierten Wein.

Warum war Thomas' Vater eigentlich nicht hier? Sie hätten sich schon vor Jahren überworfen, es ging damals um die Erbschaft der Mutter. Thomas habe damals gegen den Vater prozessieren müssen, seither sprächen sie nicht mehr miteinander. Ob er sonst noch jemanden habe – ja, eine Schwester, die mit einem Handwerksmeister nicht gerade glücklich sei.

»Also, hast du gehört, du mußt immer gleich zu mir kommen ...« Ja, ich hatte gehört und verstanden. Auch Zeiß fürchtete, daß ohne seine Hilfe der Wein und das Bier schal würden. Und die Stube stak voller Leute, die ich alle nicht kannte. Zum Glück waren der Frau Schosserin Nerven von der unzerreißbaren Sorte.

»Du hältst dich da raus, Ottilie, du kriegst solchen Ärger noch früh genug.«

Ich war nicht mehr Herrin der Lage, ich wollte es auch nicht mehr sein.

Vater hätte hiersein sollen, das hätte ihm gefallen. Auch mit Thomas würde er sich verstehen.

»Habt ihr's also geschafft, ihr Verschwörer.«Thomas hob seinen Bierkrug. »Aber den Rest überlaßt ihr wieder mir, ja?« Gelächter. »Das meinte ich nicht – ich meinte die nächsten Verschwörungen.« – »Das wirst du schön bleiben lassen und ein braver Pfarrer werden.«

»Die Katze läßt das Mausen nicht.«

»Und du kennst mich zu gut, Markus, du solltest wieder abfahren.« Dieser Markus war einer von den Jungen.

»Pfff – «

»Apage, Satanas.«

»Habt ihr gehört, Thomas hat den Markus gerade zum Satanas befördert.« – »Was – gehört er dahin?« – »Doch nicht hingeschickt. Dazu gemacht, so genannt.« – »Oho.« – »Na, na. Der doch bestenfalls zum Anwärter.« – »Da kommen noch ein paar davor, mein ich doch auch.« – »Wer denn?« – »Zuerst der Luther.« – »Langsam, wär der nicht gewesen, wir würden hier nicht Hochzeit feiern.« – »Verteidige du ihn auch noch, laß mich bloß mit den Mönchen in Ruhe.« – »Die sollen das Leben erst mal kennenlernen. So wie unser Thomas. Und sich mal trauen – so wie unsre Ottilie.« – »Die dann auch gleich getraut war, hihi, aus war's mit der Freiheit.« – »Thomas, es wird Ärger geben.« – »Morgen, Markus, morgen.«

Ich erhob mich, ich war müde wie ein Hund, ich ertrug den Trubel nun seit dem Morgengrauen. Jetzt ging es auf Mitternacht. Und ich befürchtete, daß unsere Treppe einigen Gästen bereits Schwierigkeiten machen würde. Haferitz quälte sich hoch.

»Am Hochzeitstag ist jede Frau eine Königin.«

Und danach?

Wer noch stehen konnte, erhob sich nun auch. Zeiß stand aufrecht, ihm konnte wohl kein Quantum ernstlich schaden. Die besorgte Miene der Schosserin hellte sich ein wenig auf. Aber auch sie wollte aufbrechen.

»Viel Glück zur Erschaffung des Antichrist – und viel Spaß!« Viele Stimmen grölten auf.

Thomas folgte mir in die Kammer, ließ die Gäste Gäste sein.

»Ach, geh zu ihnen, feiert doch weiter. Ich bin nur müde.«

Ich weiß nicht, wie lange meine Gäste noch saßen und tranken. Wir warfen sie nicht hinaus. Mochten sie sich vergnügen, sie konnten es doch nicht wie wir. Was ich sicher weiß, ist zweierlei. Niemand fiel die Turmtreppe hinab. Und dies: – einen kalten Topf auf einen kalten Herd und Feuer legen. –

Über die Hochzeitsnacht spricht man nicht.

Die Ruhr ist vorüber. Hannes ist gesund geblieben, es ist alles wieder in Ordnung. Die Schwestern kommen herauf und spielen mit meinem Sohn. Sie haben jetzt wieder mehr Zeit.

Auch in Leipzig, sehe ich, hat man Zeit. Ottilie Müntzers alias von Gersens Angelegenheiten sind doch so wichtig nicht in der Flut der Bittschriften und Prozeßakten. Das bedeutet zwar, daß ich lange werde warten müssen, aber es bedeutet auch, daß man mir nicht nachspürt und nicht nachstellt. Und das allein zu wissen ist schon sehr wichtig. Viel wichtiger als die Tücher und Möbel, die ersetzbar sind, wichtiger auch als der schmerzliche Verlust der Bücher und Schriften, die ich in jener Nacht nicht verbrannte und die auch keiner der Freunde mehr mitnahm. Solche Dinge haben doch immer wieder nur ein Schicksal. Sie werden zerstreut sein und zerweht, ein paar wertvollere Drucke wird ein Ratsherr sich nehmen oder ein Pfaffe, es wäre ihm, hätte er's kaufen sollen, zu teuer gewesen. Das übrige wird verludern. Es tut weh, daran zu denken, aber es ist nicht anders, und es wäre das Neueste, verhielten die Menschen sich einmal nach der Vernunft statt nach dem vorgegebenen Muster. Sobald die Drohung des Gesetzes nicht dahinter steht, bricht ein Damm aus Eisen und gibt schmutzige Fluten frei, da wird ein Lebenswerk plötzlich zu Papier, das man verbrennt oder mit dem man sich den

Hintern wischt, man sieht nicht hin, es ist keine Böswilligkeit, man sieht nur nicht hin, was draufstand.

So wird also die Hinterlassenschaft des Predigers Müntzer aus jenen Bruchstücken bestehen, die in wenigen Köpfen fortdauern, als einfach einmal Gehörtes öfter denn als Verstandenes. Vielleicht werden sie das einmal den Kindern wiederholen. Der Martin, der am meisten hörte und wohl auch am meisten verstand, wird auch am meisten vergessen wollen. Er muß, wenn er nicht niedergedrückt werden will von der Schuld seiner unüberlegten Empfehlung. Er wollte nichts als das Chaos verhindern, aber er hat es erst geschaffen. Es ist wieder Ruhe, aber die Mißwirtschaft dauert fort, und es wird sogar ein oder zwei unnötige Mißernten geben – die gehen auf sein Konto.

Das alles aber wird er nicht sehen, sondern sich in seine Theologie verkriechen, in seine neue Kirche, wo es auch viel zu tun gibt.

Da werden also viele Jahre später solche Flugzettel und Briefe und Heftchen, wie wir sie eilig überall drucken und verteilen ließen, zu gesuchten Raritäten werden, gut bezahlt von all den Leuten, die vor Thomas ihre Ohren verschlossen, wenn schon nicht ihre Türen, den Erasmussen, den Willibalds oder auch den Dencks, auch der schmückte sich gern mit dem zur Mode gewordenen Schrecken von gestern. Daß man nicht mehr so genau weiß, warum das entstand, ist doch nicht wichtig. In dem Punkt haben sich alle geirrt, gehört der Irrtum zum Geschäft des Denkens.

Jede Zeit setzt ihr eigenes Maß und kümmert sich wenig um das der vorigen Jahre. Eine Zeit, die verging, kann niemand zurückholen, man kann nur ihre Spuren aufzeigen, ihre Bauten, ihre Urkunden, ihre Trachten vielleicht, ihr Geschirr und ihre Bilder, aber all das ist fern und fremd. Wenn wir glauben, daß wir es verstehen, hören wir das Echo unserer eigenen Stimme. Ich weiß nicht einmal von jenen in meiner eigenen Zeit, die ich nicht sah. Wie will ich die begreifen, die endeten, bevor ich hier begann? Schon der nächste, der dies liest, kann sein, versteht mich nicht mehr. Hat einen andern Kopf, ein andres Maß.

Ich erzähle Märchen. Mit dem guten Sinn und dem richtigen Zweck dessen, der Märchen erzählt. Das Märchen sucht den, der sich darin wirklich gespiegelt findet. So ist es also nicht märchenhaft im Sinne der Verlogenheit, sondern nur frei, zu nennen, was es mag und wie es das mag. Es kann sogar den Tatsachen entsprechen.

Wie es also in Allstedt nach unserer Hochzeit weiterging. Wir waren eigentlich nicht allzu viele. Da waren die Altgedienten, Haferitz, der Drucker Reychardt, Markus und Zeiß, der zwischen der kurfürstlichen Gewalt und unseren Vorstellungen vermittelte, dessen Geschick uns die Nachstellungen der Mansfelder Grafen weitgehend vom Leibe hielt, obgleich unsere ohnmächtigeren Freunde es zu spüren bekamen, daß er uns verschonen mußte. Dennoch – wie die Männer aus den kursächsischen Dörfern, so kamen auch die Bergleute herüber, kamen auf Schleichwegen oder auch nach offenen Rangeleien mit den Gräflichen. Das war der Grund der vielen Ungenannten, die wußten, sie bleiben ungenannt, und denen es nie ums Genanntwerden ging. Die dreißig ersten, dann die hundert, zuletzt die fünfhundert, das ging dann schon zu weit.

Wer von all denen mag noch leben? Haferitz sicher – der ist rechtzeitig abgesprungen. Noch bevor Thomas damals aufs Schloß ging – zum zweitenmal. Zeiß sicher auch, der hat auch noch den Bogen in die Hand bekommen. Von den Unbeugsamen und Unbelehrbaren lebt vielleicht Reychardt noch, Drucker braucht man überall. Jörgen, der Pächter, und Arnold, der Priester ohne Kirche, Bros, der nicht mit nach Nürnberg kommen wollte, auch der Advokat Ludwig, auch die könnten noch am Leben sein, denn in Frankenhausen waren sie nicht.

Hannes, der uns besuchte, bevor er auf seine lange Fahrt nach Waldstein ging, lebt jedenfalls nicht mehr. Ob er, der große Freund, der sich der Zeit in den Nacken schwingen und sie reiten wollte, sich ausdenken konnte, daß die ihn so abwirft? In einen Graben wirft, in einen Wald, darin dann zu verfaulen? Er kam nach Mühlhausen, hätte aber gut in Waldstein bleiben können. Und er ging mit Thomas nach Frankenhausen, vielleicht hatte er da auch schon an so etwas gedacht.

Die Pförtnerin ist gekommen, sie sieht aus, wie man sich eben eine Pförtnerin in einem Kloster vorstellt, und sagt, ein junger Mann warte auf mich. Da ich keine Nonne bin, sagt sie es ohne Geringschätzung. Ich folge ihr also, und da steht Markus, gut gekleidet und nach der Mode frisiert. Daß er gereist ist, verrät nur der Staub auf seinen weichen Stiefelchen.

»Du kommst also aus dem Frieden.«

»Ja, Ottilie, inzwischen ist Frieden. Er ist brutal und fad, wie solch ein Frieden nur sein konnte, und er ist auch so verlogen. Die Heere gehen nach Hause, und die Beutestücke wandern als Erbstücke in die Truhen anderer Familien, vielleicht drei Dörfer weiter. Bald wird auch wieder wichtig sein, welcher Bäcker das frischeste Brot und welcher Küfer den billigsten und dabei trinkbaren Wein hat. Gott und die Gerechtigkeit sind erst mal wieder abgeschrieben. Das Lied kennt jeder, es hat immer denselben Kehrreim. Aber nur so, Ottilie, kommt die Welt weiter von Geburt zu Tod und wieder zu Geburt. Der Alltag siegt, nicht die Fahne, und wenn sie so hübsch war wie eure. Ottilie, ich hab den Eindruck, in deinem Kopf ist noch Krieg. Dabei hat auch der Frieden seine schönen Seiten.«

»Markus – was ist eigentlich aus dem alten Konvent hier geworden?«

»Weiß ich nicht, aber wenn du das wissen willst, dann frag doch einfach.« Markus zieht ein gefaltetes Papier aus dem Hut, es ist ganz unscheinbar, aber ich erkenne an einer Ecke ein Siegelchen.

»In Leipzig warst du also auch.«

Ich nehme das Papier, scheue mich aber, das Siegel zu öffnen. Markus nickt mir zu: »Mach's ruhig. Du hast mehr Freunde, als du denkst.«

Da stehen ein paar Sätze. Die nur bedeuten, daß ich frei bin und kommen und gehen kann, wie ich will und wohin ich will, und daß ich, wenn ich will, auch mit den Mühlhäuser Ratsherren um meine Sache prozessieren kann. Falls ich das bezahle. Der Frieden hat also auch von mir Besitz ergriffen. Ich bin kein Rest Krieg mehr, den man jagt. Denn es darf keine solchen Reste mehr geben. Das Vergessen muß gründlich sein, und was macht rascher still als eine Gnade? Eine Witwe, die man gehenläßt, hilflos, aber auch ungehaßt. Man schafft die Toten von der Straße und meint, damit wäre alles ungeschehn gemacht. Wenn man nur nichts mehr sieht.

»Wie hast du das geschafft?« Markus grinst. »War nicht leicht, aber auch nicht allzu schwer. Sind nicht alle gestorben und haben auch nicht alle vergessen. Manche haben sich verkrochen und wollen nur gefunden werden.« Er will, daß ich ihm folge, daß ich gleich in die Kutsche steige und: ade, liebes Sachsen. Ich deute auf meinen Leib hinunter.

»Von mir aus krieg dein Kind. Aber dann komm mit.«

Das mit dem Konvent ist ganz einfach, er ist nur geschrumpft und wurde ersetzt. – Ach, Sie sind hier erzogen worden? Und das Wohlwollen steigt an gleich den Bächen im Frühjahr. Aber natürlich können Sie hier entbinden. Geben Sie doch Ihre beiden Kinder nachher bei uns in Pension. Wenigstens, bis Sie eine neue Existenz begründet haben. Nein, nein, machen Sie sich ums Geld nur keine Sorgen.

Jetzt hab ich wegen der Ruhr schon fast ein schlechtes Gewissen. – Aber das verstehen wir doch, Sie wollten Ihr

Kind nicht gefährden. Und schreiben Sie doch nur noch einmal nach Mühlhausen, mit unserer Post, na, das ist doch ein starkes Stück von den Herrschaften, ich verspreche Ihnen, daß ich da jetzt etwas unternehme, so wahr ich hier stehe, sagt die Mutter Oberin – und setzt sich. Ich kenne den Mechanismus, der klösterliches Wohlwollen so unvermittelt in Gang setzt.

Jetzt soll also wirklich Frieden sein, und es gab nie eine Ottilie Müntzerin. Ich muß nur noch den kleinen Finger heben. Nicht mal mehr Ja sagen.

Jeder macht mal eine Dummheit.

Also bleib ich jetzt Ottilie. Ottilie Müntzer.

Mit dem Unterschied, daß es jetzt keinem schadet. Die nicht vergessen haben, schweigen. Und Schweigen macht müde. Markus, du behauptest, sie handelten auch. Sie sammelten und suchten sich, nicht alle wären besiegt. In Tirol hält sich Geismeir, und in Westfalen ist wieder Bewegung. Oder auch erst jetzt.

Aber daraus wird doch nichts mehr. Irgendwann muß auch Geismeir aufgeben, und was sind ein paar Versprengte in Westfalen, die nur noch Wut haben und ansonsten Stroh im Kopf? Als es in Allstedt begann, wußten wir besser als die, was wir wollten.

Wenig wäre doch besser als gar nichts.

Nein. Das ist wieder so eine aufgeweckte Leiche. Die nur noch ein bißchen mehr Leid schaffen wird. Der Sinn ist weg, die Kraft verbraucht, das sind nicht mehr Kinder der Gerechtigkeit, das sind Monstren. Das sind Gespenster, schrecklich, lästig, dabei lächerlich. Lumpenkarneval, bizarr und obszön, hurra, laßt uns die Welt kopfstellen. Markus – du warst immer mit uns, du hast alles gesehen und gehört – und jetzt unterscheidest du nicht den wirren Nachhall einer Glocke vom vollen Geläut der Kathedralen?

Das fing anders an.

Ich will dich erinnern. –

Das fing an mit zwei abgerissenen und wohl auch nicht ganz nüchternen Gestalten, die eines Morgens in meine Küche torkelten.

»Um Himmels willen, Leute, brennt's denn, oder ist die Pest im Anzug, daß ihr den Pfarrer aus dem Bett holen müßt?«

Es sei sehr eilig.

»Nie so eilig, daß es nicht zwei Stunden Zeit hätte, dann ist der Pfarrer auf dem Amt.«

Thomas hatte zugehört und stand, im Hemd, in der Tür. Er kam zu mir in die Küche und setzte sich auf einen der Schemel, zog, da der Boden eben gewischt und noch feuchtkalt war, die langen, nackten Beine kreuzweis auch noch auf den schmalen Sitz. Mochten sich die beiden doch genieren. Wenn sie das fertigbrachten.

»Was ist los?«

»Wir – also ...«, die beiden Figuren schielten zu mir herüber.

»Ich wollte sowieso nach der Frau Soundso sehen, weißt du, die gestern Fieber hatte ...«, weg war ich.

Stunden später, als ich zurückkehrte, fand ich die beiden nicht mehr vor. Dafür einen erregten Thomas, einen ratlosen Markus, einen abwartenden Haferitz und einen zu Taten, schien es, aufgelegten Reychardt.

»Muß ich dann eben schnell sein«, sagte Reychardt gerade.

»Laß dir was einfallen, Thomas, morgen früh weiß es ganz Sachsen.«

»Danke, Reychardt – aber eigentlich sollte der sich was einfallen lassen, der das angerührt hat – und es dann mir in die Schuhe schiebt.«

»Du hast es ihnen auch nicht gerade schwergemacht.« Haferitz war dann also zur Kritik entschlossen.

»Wann und wo, Simon, hab ich dazu aufgerufen ...«, er bemerkte mich und sagte: »Du, Ottilchen, setz dich mal und hör zu, aber setz dich erst, das faßt dein armer Kopf sonst nicht – stecken die doch mir nichts, dir nichts die kleine Feldkapelle bei Mallerbach in Brand, haben ein paar Mäuse und ein paar Ringelnattern damit erschreckt, dazu das Geld armer Leute verbrannt, nämlich all die Weihgaben, und natürlich den Landfrieden verletzt, worauf unter Umständen der Galgen steht, also einen wunderschönen Vorwand gegeben jedem, der uns von nun an in die Suppe spucken will, gottlose Menschen und Kirchenschänder kann man uns jetzt nennen, ohne zu lügen. Und dann kommt das hierher und verlangt, hörst du, verlangt, daß ich ihnen helfe. Es wär ja meinetwegen und so weiter ...«

Mir wurde kalt.

»Und was machen wir jetzt, Thomas?«

»Reychardt druckt mir ein paar Flugblätter, auf denen ich den Leuten den Unterschied zwischen einem neuen Leben und Kirchenschändung einschärfen kann – so gut die eben noch hören, ihnen auch klarmachen, welcher Unterschied zwischen Gerechtigkeit und Landfriedensbruch besteht. Und ansonsten geh ich zu Zeiß, der muß vermitteln, bevor die Wellen zu hoch schlagen.«

»Der wird dich gleich dabehalten.«

»Warum, Markus? Wir sind einigermaßen freund – und anders als mit diesen Hitzeschädeln kann ich mit ihm gut reden. Und wenn du mir einen Gefallen tun willst, Markus, dann mach dich auf und fahr über die Dörfer und beruhige mir die allzu Aufgeregten, nichts ist so schlimm wie ziellos aufgeregte Hühner. Ich will nicht am Ende verlieren wie die andern, der Fritz und der Hans und der Konrad.« Thomas erhob sich.

»Ich geh dann mal los«, sagte er. Und er ging. Wenig später ging auch Markus, ich glaubte zu spüren, daß er etwas sehr Genaues vorhatte – und daß er nicht sagen wollte, was. Wir blieben und die Zeit verging, eine Stunde, noch eine, drei, vier Stunden, es ging schon auf den Abend.

Nach zwei Stunden empfahl sich der Drucker, er müsse an seine Arbeit, nach drei ging Haferitz, nur nicht bei mir erwischt werden, Thomas hatte ja schon alles auf sich genommen. Immer haben sie sich zuletzt hinter deinem Rücken versteckt, und das ging bis nach Görmar, bis vor den Mühlhäuser Wall.

Gegen sechs kam Markus zurück.

»Hol die Weiber zusammen«, sagte er, »gleich, sonst gibt's ein Unglück.«

»Nanu – was sollen die Weiber helfen können?«

»Frag nicht soviel...«

»Ist er verhaftet?«

»Ich weiß es nicht, Ottilie, ich weiß nur, man sieht und hört nichts.«

»Das muß kein schlechtes Zeichen sein.«

»Die Männer stehen vor dem Schloß, Thomas hätte längst zu ihnen herauskommen und sie beschwichtigen können, aber er kommt nicht, deshalb fürchten wir...«

»Immerhin sehr besonnen von euch, daß ihr ihn nicht zu holen geht – oder ist nicht Besonnenheit der Grund? – Und was versprichst du dir nun von uns Frauen?«

»Daß man mit euch spricht – die Frauen vorm Schloß, das ist ungewöhnlich, das macht Eindruck.«

»Ach, und du meinst, die kommen so einfach mit, wenn ich sie frage.«

»Dann flunker doch, sag, man wolle ihnen die Männer umbringen – irgendwas wird dir doch einfallen.«

»Also gut, da euch ja nichts mehr einfällt.«

Ich weiß bis heute noch nicht, warum ich es eigentlich tat, aber ich ging. Ich nahm einen Knüppel aus unserm Holzvorrat mit und ging – Ottilie mit dem Scheit, ein gräßlicher Anblick. Aber es half. An der ersten Ecke waren wir fünf, an der zweiten schon zehn, auf dem Markt an die hundert, dreihundert endlich auf dem Schloßplatz. Wir riefen nicht, wir sangen nicht, wir standen nur dort und warteten. Und in den Gassen hinter uns warteten die Männer.

Zeiß kam.

Im ersten Augenblick empfand ich es als wohltuend, daß Zeiß selbst kam. Aber nur im ersten Augenblick, bevor ich sein verschlossenes Gesicht, die spöttischen Lippen deutlich sah. Die Frauen stießen mich und drängten mich: Sprich du mit ihm, du kennst ihn doch.

Aber ob er mich jetzt kannte...

Mut ist, wenn man fertig wird mit seiner Angst.

Immer wieder, immer von neuem.

»Gebt den Gefangenen heraus.«

»Ich habe keinen Gefangenen hier, Frau. Von wem also sprichst du?«

»Von meinem Mann.«

»Wer ist dein Mann?«

Aber Zeiß, der Becher und: Wenn du mal Ärger hast..., alles vergessen, gehört das zu deinem Amt, zu deiner Würde? Ich zog nun selbst die Mundwinkel herab, Zeiß merkte es und wurde nun doch etwas zugänglicher.

»Dein Mann ist nicht gefangen, Ottilie. Wir haben gut und gründlich miteinander gesprochen – aber wenn du solchen Wert darauf legst, daß er jetzt nach Hause komme, ich werde ihn nicht halten – ich werd es mir doch nicht mit dir verscherzen. Wenn du schon die ganze Stadt mitbringst – Thomas ist ja eher zu bedauern.«

Und er ging wieder zurück. Und er hatte nicht leise gesprochen.

Wenig später kam er mit Thomas, zeigte spöttisch mit weiter Geste über die Frauen hinweg und sagte zu ihm: »Wenn du da durch bist, hast du, glaub ich, mehr geleistet als in den Stunden hier. Viel Spaß.« Drehte sich auf den Fersen um und lief ins Tor.

Thomas kam, nein, er ging durch die sich teilende Menge hindurch, er sah niemanden an, die Frauen zerstreuten sich verwirrt, keine Rufe, kein befreites Lachen, sie gingen einfach fort, keiner sah sich mehr um, ich blieb allein auf dem Platz, und endlich bewegte ich mich mehr mechanisch als gewollt in Richtung unseres Turmes. Und ich wünschte, ich käme nie an.

Thomas saß am Tisch, stützte das Kinn auf die Hände und sah mich an.

»Wie seid ihr darauf gekommen?«

»Markus meinte...«

»Ach – und du tust alles, was Markus sagt.«

»Er sagte, es gäbe sonst ein Unglück.«

»Das hat's ja nun gegeben. Zeiß lacht sich halbtot, und, wenn wir Glück haben, lacht morgen halb Wittenberg.«

»Markus meint, du könntest verhaftet sein.«

»Und wenn schon, das könnt ihr mir schon überlassen, damit hab ich umzugehen gelernt – aber da gab's auch keine ängstliche Ottilie neben mir, du hast recht, da war alles einfacher.«

»Thomas...«

»Schwach geworden? Ich werd dich nicht mehr überfordern. Und jetzt will ich nichts mehr von dir hören.«

Wir sprachen nicht mehr miteinander. Was er wollte, schrieb er auf, was ich benötigte, schrieb ich ihm. Ich kochte, wusch, machte sauber wie immer, wir aßen am selben Tisch und schliefen im selben Bett, aber er spürte mich nicht und sah mich nicht. Manchmal, wenn mich das Schweigen ersticken wollte, sagte ich auch etwas, aber er hörte einfach nichts. Und wenn ich weinte, wies er mich mit einer Handbewegung hinaus.

Ich vergrub mich in Selbstvorwürfen. Ich hätte jämmerlich versagt, jede andere, Felicitas, Agnes und wer weiß noch alles, hätte sich besser benommen, hätte mehr Ruhe und Verstand bewahrt. Ich war am falschen Platz, wenn ich schon beim erstenmal versagte. Prinzessin ... ein Hühnchen bist du, Ottilie.

Aber ein Huhn hat das Recht auf seine Angst, und so wurden die Vorwürfe zu Wiederholungen, und die Wiederholungen wurden mir leid. Beim nächsten Mal würde ich mich sicher besser benehmen, aber jetzt war einmal Punkt für dieses Mal. In der Stille dieser Woche wurde aus der Zerknirschung des Anfangs Wut und aus der Wut wurde Kraft, und aus der Kraft wollten Taten werden. Mochte Thomas, wenn es ihm gefiel, mich wie Luft behandeln – ich würde dann eben an einem andern Platz um so körperlicher anwesend sein.

Ich hatte mich bisher nur gelegentlich um die Belange der Allstedter Frauen gekümmert. Und von den Frauen auf den Dörfern wußte ich so gut wie überhaupt nichts. Also begann ich, Thomas' Boten meinerseits Zettel zuzustecken. Ich wollte Verbindungen knüpfen, Frauen neugierig machen. Und es gelang. Die Frauen kamen, viele natürlich aus der Stadt, aber endlich schickten auch die Dörfer Abgesandte. Und ich bekam zu tun und mit mir die Herren vom Bund, der sich inzwischen prächtig entwikkelte, der eigene Notare hatte, eine eigene Kasse, einen Postdienst und alles andere fast, das man so braucht. Ludwig, Thomas' persönlicher Advokat, bekam an manchen Tagen mehr Arbeit von mir als von Thomas aufgetragen. Es ging um sehr Alltägliches und um sehr Kniffeliges, wie Erbgeschichten, kleine Betrugsversuche bei Mitgiftsachen, um schleifende Rückzahlungen, weil der Gläubiger ja eine Frau war, um Renten, die die Verwandten ihren Witwen vorenthielten, um die Sicherstellung von Waisen, die möglich war, aber von den Familien mit gutem Grund »vergessen« wurde – niemand kümmerte sich eben um das, was nicht eben brannte. Frauen ... Kinder ... irgendwie würde das schon gut gehen, solange sie nicht verhungerten ... und die Kirche war ja auch noch da. Nicht alles auf die Kirche, meinte Ottilie dagegen, und auch nicht alles auf die Bundeskasse, oder Thomas muß die Beiträge erhöhen, daß sie fast Steuern gleichen. Besser, sie helfen sich untereinander – und wenn man erst ein bißchen Druck machen muß mit einem Rechtsverdreher.

»Nimm dir mal 'nen eigenen Advokaten«, sagte Thomas eines Tages zu mir, als meine Küche wieder voller Weiber stak und ich Ludwig, der nebenan bei Thomas saß, herüberrief. Das war, nach mir unendlich scheinender Zeit, das erste Wort, das er wieder an mich zu richten geruhte. Woraufhin ich mir das Recht nahm, diesen ersten Satz nun meinerseits zu überhören.

Der Streit hatte also gerade zu reden begonnen, als Martenius uns zum erstenmal besuchte. Besser – ich wußte nicht, wer dieser lange Mensch war, der sich da eines Morgens in meine Küche schwang, der die welligen, dunklen Haare herumflattern und kreisen ließ, seine große Nase in meine Töpfe steckte und wieder herauszog, Mantelsack und pelzbesetztes Mäntelchen in die Ecke schmiß, mich anstrahlte, als wär er was ganz Besonderes und eine fürchterlich gute Überraschung, und mehr feststellte als fragte: »Und du bist also die Ottilie.«

Dann ließ er die Augen in der Küche umherschweifen, fand alles viel zu eng und zu klein, fragte dann aber: »Kann man hier irgendwo schlafen?«

Mir erschien solche anonyme Vertrautheit befremdlich. Aber da ich nur vielsagend schwieg, dauerte es eine Weile, bis er verstand.

»Ich bin der Hannes Martenius«, sagte er, »hat Thomas dir denn nicht gesagt, daß ich komme?« Ich schwieg auch dazu, dieser Mensch mußte nicht sofort in unsere inneren Angelegenheiten eingeführt werden. »Seltsam«, meinte dieser Martenius, »meinen Brief hat er doch beantwortet.«

Ich ließ es dabei. War Aufklärung nötig, mochte Thomas sie geben, er hatte es so gewollt. Ich rührte weiter unbeeindruckt in meinen Töpfen – vielleicht etwas zu unbeeindruckt, aber das merkte er offensichtlich nicht.

»Wird er wohl vergessen haben«, gab sich der Fremde die Antwort auch schon selbst, »ist ja kein Wunder bei dem Durcheinander.« Er ging in die Stube und begann Thomas' Bibliothek zu mustern. Dann kam er zurück.

»Manchmal schon«, sagte ich. Hannes nahm sich daraufhin einen der Küchenstühle, faltete seine lange Gestalt darauf, und als Thomas vom Amt kam, wußte ich einiges mehr von diesem Menschen und Thomas und der Vergangenheit.

In Quedlinburg waren sie sich begegnet, die Familie Martenius war eingesessen und wohlhabend, die Familie Müntzer aus Stolberg zugezogen und nur mäßig begütert. Die Kinder trafen in der Lateinschule aufeinander, Thomas sorgte für eine prompte Erledigung der Aufgaben, Hannes sorgte für mehr materielle Annehmlichkeiten. Hannes hatte noch eine Schwester, die einen Handwerksmeister heiratete, und es gab auch noch einigen Wirbel in Quedlinburg, Hannes mußte fliehen. Er ging dann, Thomas war längst in Zwickau, in Prag, überhaupt in Böhmen, in Beuditz, nach Italien – und nun kam er eben von dort, hatte einen Umweg gemacht, um Thomas einmal wiederzusehen. Eigentlich wollte er nämlich nach Westen, nach Köln, um sich dort in irgendeinen Handel einzukaufen, »und wär's Kappes«, scherzte er. »Überall ist doch mehr los als in eurem netten Sachsen. Einmal Messe oder zweimal und dann Ruhe, das ist mir zu wenig. Aber hier um Allstedt habt ihr liebe Menschen wohnen, das muß man euch lassen – oder ist das nicht ganz so zufällig.«

Ich hatte nicht den Eindruck, daß ich noch viel erklären müsse. Aber, daß überall mehr los sei als in Sachsen, wollte ich denn doch nicht so einfach hinnehmen. Immerhin wäre ohne den Luther, hier in Sachsen, überhaupt nichts geschehen und gar nichts Neues gekommen, das gäbe sogar Thomas zu, obwohl der sonst den Luther gar nicht möge. Ja, meinte Martenius, das wäre schon so gewesen, aber nun habe sich das auch festgefahren, man wisse nun, wo Luther seine Grenzen habe, und bei den Humanisten sei die Meinung nun schon wieder geteilt. Und der Streit würde im Westen und im Süden geführt, nicht hier in Sachsen.

»Sagt einmal – gab es eine Zeit, in der Thomas den Luther mochte?«

O ja, die hätte es gegeben. Er hätte ihn am Anfang sogar bewundert und wäre zu ihm nach Wittenberg gekommen, und der Luther hätte ihn ebenfalls gemocht, hätte ihm die erste gute Stelle seines Lebens, in Jüterbog damals, verschafft, und die zweite, noch bessere, wo er auch hätte bleiben sollen, in Zwickau, auch noch. Sogar auf die deutschen Mystiker hätte Luther ihn erst gebracht – dies dann freilich mit einem etwas andern Ergebnis, als er gehofft. Dann kam der Weg nach Böhmen, zu den Knappen und den Ketzern – och, Ottilie, hast du gemeint, der hätte in Böhmen Reformation studiert, das hatte er in Wittenberg doch billiger. Und wie es jetzt aussehe, das wisse er, Martenius, eben nicht, aber das wolle er erfahren. Ja, die Erfolge außen, das wäre ganz schön, aber was Thomas davon hielte und was er zuletzt beabsichtigte, das wolle er eigentlich lieber wissen. Denn er habe aus Italien Vorstellungen und Erfahrungen mitgebracht, und vielleicht könne Thomas etwas davon brauchen.

»Was habt Ihr in Italien gemacht?«

»Erstens: wenn du noch einmal Ihr sagst, werd ich böse. Was ich, zweitens, gemacht habe? Geschachert, studiert, geredet, geliebt, gesoffen ... was man so macht, wenn man lebt.«

»Studiert auch?«

»Den Wurm hat dein Mann mir in den Kopf gesetzt, daß man auch überall was für den Geist tun müsse. Also hab ich mir das gesagt sein lassen – und in Bologna bin ich, aus Versehen, sogar mal Professor gewesen, ich kenn mich nämlich in den Rechten ein bißchen aus, das war mal sehr wichtig für mich, und dann ist es eine liebe Beschäftigung geblieben, lieber als die Theologie, die ich eigentlich nur Thomas wegen gelernt hab.«

Da kenne er sich also auch aus.

»Ja, da auch«, bestätigte er, während er sich wieder geraderenkte, seine Knie massierte und dabei das Gesicht verzog, »aber eigentlich bin ich Kaufmann, das kann ich jedenfalls am besten von allen Dingen, die ich kann.«

Von Bescheidenheit schien er nicht viel zu halten.

»Übrigens, was die Theologie angeht, da hör du bloß auf deinen Mann – das ist ein verdammt guter Lehrer. Erstens weiß er eine Menge mehr als die üblichen Schulmeisterlein, die sich mit dem Kurs bis zum Examen zufriedengeben, zweitens weiß er das nicht nur trocken dahin, sondern hat seine sehr lebendigen Erfahrungen damit gemacht, und wenn er was sagt, dann hat er's probiert, drittens ist er so wenig borniert und beschränkt, daß es ihm nichts ausmachen würde, morgen auch bei den Türken zu dozieren.«

»Dann ist er also ein Ungläubiger ...«

»Na, es sollte mich doch wundern, wenn der noch glauben müßte.«

Dann kam Thomas, fand den Freund, und ich hörte die beiden am andern Morgen ziemlich betrunken, aber sehr fröhlich die Treppen hinaufkeuchen. Und in den nächsten Tagen fanden wir keine Zeit für Gespräche mehr.

Gudrun, ein Mädchen aus der Nachbarschaft, wollte heiraten. Der Bräutigam war der Familie recht, und seiner Familie die Braut – aber die Häuschen der beiden faßten kaum noch die eigenen Kinder. Sie kamen zu mir. Und ich hatte weder Geld noch eine Wohnung. Ich bat Thomas um eine Kollekte für die zwei. Und nahm mir vor, auch für die Frauen eine Kasse anzuschaffen, wie sie der Bund längst besaß.

»... wenn du das vielleicht bewerkstelligen könntest ...«

»Ich werd sehen«, sagte Thomas.

Drei Sonntage später konnten die beiden Hochzeit feiern. Es fand sich ein Zimmer in einem nicht so vollen Haus, und da der junge Mann verdiente, konnten sie später vielleicht selbst bauen. Haferitz stiftete mit Hilfe der Bundeskasse die ersten Möbelstücke.

Die Witwe Maria kam mit einem Erbschaftsvertrag, der zwei Drittel des Erbes ihren Schwägern überließ. Darunter die beiden Läden ihres verstorbenen Mannes, für sie blieb nur der Hausrat. Sie hatte ihre Zeichen drunter gesetzt, es war nichts mehr zu machen. Ludwig sah es sich an, dann Martenius. Beide schüttelten die Köpfe. »Hättest nicht unterschreiben dürfen.« – »Sie haben gesagt, es wär alles zu meinem Besten.« – »Selber lesen macht klug.« – »Ich kann doch nicht lesen.« Wer denn von den Frauen überhaupt lesen könne, fragte Martenius. Es gäbe nicht viele, sagte ich. Und der Bund bekam eine Frauenschule. Ich saß über den Vorbereitungen, wurde müde und kam nicht voran.

»Schwierigkeiten?« Ich nickte.

»Wenn du aber auch von hinten anfängst ...«, und der magister artium Müntzer eröffnete mir seine erzieherischen Erfahrungen. »Fang immer mit Sachen an, die sie kennen. Nein, erklär ihnen nicht, wozu es Buchstaben gibt, sag einfach, das ist ein Huhn und nun kuckt mal, wie das an der Tafel aussieht. Und spar dir alle klugen Sprüche, das ist keine Klosterschule, wo man die Mädchen oder Knaben zum Lernen prügeln muß, da sitzen Leute, die lernen wollen. Die schon wissen, welchen Wert das alles hat. – Tu einfach so, als ob auch du noch nicht lesen und schreiben könntest.«

»Kann ich aber.«

»Und kannst du nicht. Wenn du den Dingen nicht wie neu begegnen kannst, kannst du sehr wenig, was immer du weißt.«

»Wissen ist also nicht wichtig?«

»Sehr wichtig sogar. Aber es kommt noch was vorher. Gute Nacht.«

Zu Ostern wurde unser Kind geboren. Das Jahr war hingegangen, wir hatten es kaum gespürt, immer derselbe Bienenkorb, jetzt aber mit Säuglingsgeschrei als fortwährende Untermalung. Thomas zog aus, arbeitete auf dem Amt, kam nur zum Essen und zum Schlafen. Es wurde mir zu ruhig im Turm. Und Martenius blieb bei Thomas auf dem Amt oder zog in der Gegend umher wie Markus, machte sich nützlich. Ich blieb bei dem Säugling – und das war mir zu wenig. Und so ging ich aufs Rathaus.

Was ich denn hier wolle, für mich sei die Kirche zuständig.

»Wir brauchen mehr Platz, mein Mann einen Arbeitsraum näher am Haus, am besten gleich neben der Druckerei ...«

Die Räume von Wigberti gehörten der Kirche.

»Das ist nicht wahr, die Räume gehören der Stadt.«

So einfach schickte man Ottilie Müntzer nicht mehr fort.

»Und die Stadt gehört dem Kurfürsten. Ich kann nicht machen, was ich will.«

»Und wozu seid Ihr dann hier, Herr Schultheiß?«

Ich soll mich nach Haus scheren, das sei ungehörig. Sieh an, er fühlte sich also endlich ein wenig verletzt. Ein bißchen in seiner Würde gekränkt. Vielleicht fiel es ihm endlich einmal auf, daß er zwar Schultheiß hieß, aber jeden Furz in der Wittenberger Kanzlei entscheiden lassen mußte. Vielleicht wollte er mich auch nur loswerden.

»Nein, Ottilchen, er kann wirklich nicht, wie er will. Er darf nur aufpassen, daß wir alle hübsch brav Steuern zahlen. Für alles andre ist er unzuständig.«

»Dann soll er mal nach Wittenberg schreiben, der Kurfürst hält doch viel von ausgerissenen Nonnen. Wie rührend er und der Luther sich um die Sechs aus Brehna gekümmert haben oder war das Nimbschen oder waren's neun, ist auch egal ...«

»Ottilie, seit wann kannst du so spotten.«

Ich ging nicht wieder aufs Rathaus. Aber Thomas bekam die Wohnung neben Reychardts Offizin, wir die Glockenstube zu freier Verwendung. Thomas spielte mit seinem Sohn und meinte zwischendrein, die Mutter habe ja in der letzten Zeit ganz schön zugelegt. Und als ich an mir hinuntersah, sagte er noch, das meine er eigentlich weniger.

Es kamen mehr und mehr Fremde zu uns, manche gingen, manche blieben auch über Nacht oder länger, bis eine Sache geklärt, eine Schrift gesetzt und gedruckt war. Es ging meist um sehr faßliche Dinge, um die Rechtslage der Bauern oder um die christliche Begründbarkeit bäuerlicher Rechtsforderungen eben. Die Frage: steht's in der Bibel oder steht's nicht drin, hatte für diese Leute das Gewicht eines griechischen Orakels. Ich hatte meine leisen Zweifel und wollte lieber alles mit den Tatsachen und dem geltenden Recht erklärt wissen. »Das Reichsrecht ist keine Bibel und die Bibel kein Gesetzbuch«, sagte ich, »warum vermischst du das eine mit dem andern?«

»Weil ich genau die Gerechtigkeit meine, die in der Bibel steht, das ist die Ebene, auf der wir uns vertragen und begreifen. Und dabei bleibt's. Außerdem – nach dem andern Recht sind die Herren ganz und gar im Recht, falls dir das aufgefallen ist.«

»Es ist mir aufgefallen.«

Der Sommer kam, die Männer waren auf den Feldern oder in den Werkstätten, die Frauen in den Häusern oder auch in ihrer Schule, Hannes hatte die Kurierfahrten aufgegeben und trieb sich gelangweilt vor den Wällen umher, studierte, wie er sagte, nur noch die Natur. Thomas zog mehr denn je über die Dörfer, sein Beistand und der der Bundesgenossen wurde jetzt dringend gebraucht, es ging überall um die Abgaben, die Steuern, die Willkür der Herren trat in diesen Tagen des Jahres am unverhülltesten zutage. Nur am Samstag blieb er in seiner Residenz und vergrub sich in seine Predigt.

Alles, so schien mir, war auf einmal über mich hereingebrochen: die Mallerbacher Geschichte, die Geburt, der Krach, Hannes, die neuen Räume, die Schule, der Bund ... es blieb mir nichts, als die Geschehnisse zu nehmen, wie sie fielen. Versuchte ich erst, sie zu ordnen, war ich vielleicht verloren.

Am meisten Ruhe fand ich noch an den Abenden, wenn wir oben in der Glockenstube zusammensaßen, Wein tranken und miteinander den Tag und die Zeit besprachen. Wir waren manchmal drei, manchmal auch zehn Leute – und unter ihnen hatte Ottilie, die Frauenbesorgerin des Bundes, Sitz und Stimme.

In Allstedt wurde, sobald Thomas dort anfing, die lateinische Liturgie durch eine deutsche Übersetzung außer Kraft gesetzt. Im großen und ganzen war es nicht mehr als eine Übersetzung, aber nun lag sie gedruckt auf unserm Tisch und nicht nur dort, und man wurde aufmerksam. Das mochte man nicht, daß jemand seine eigene Sprache spräche. Nicht in der Messe – auch wenn's nicht mehr als die eigene Sprache war.

»Ich kenn Leute, die treiben es wesentlich weiter.«

»Du meinst deine ehemaligen Zwickauer Brüder?« fragte Martenius. Ich horchte auf, denn von diesen Zwickauer Männern und Frauen hatte ich gehört, das waren Leute, die Visionen hatten und das ganz normal und richtig fanden, die glaubten, daß sie selbst göttlichen Ursprungs wären, die die Kindertaufe ablehnten und eigentlich von der Taufe auch so nicht viel hielten. Thomas hatte sie kennengelernt und sich mit ihnen verstanden. Dann aber nicht mehr, wehrte er ab, und es sei nicht wegen der Ideen gewesen, daß er sich trennte, sondern wegen der, wie er sagte, weinerlichen Gesichter.

»Meine Freunde sind sie ja nicht mehr, aber es gibt doch einiges, das ich gelernt habe. Auch über Sakramente und Gottesdienst und all das – ich mag nur eben keine Trauerklöße, deshalb sind wir dann doch nicht miteinander warm geworden.«

»Du predigst doch aber selber auch ein strenges Christentum.«

»Streng sicher – aber nicht verheult.«

»Sag mal, Thomas – warum schaffst du eigentlich die Messe nicht ab?«

»Weil das unnütz wäre. Und weil die Leute ihre Messe brauchen. Ansonsten – willst du eine Antwort, Simon, oder willst du eine ehrliche?«

Haferitz lachte.

»Na, ich weiß nicht, ob du in dem Fall eine ehrliche verträgst.« Aber sicher vertrüge er die, meinte Haferitz.

»Also gut, du willst es so haben. Was mich selbst angeht, können sie Rhabarber beten, das hilft genausoviel. Beten hilft überhaupt nicht, wenn man sich bloß hinsetzen will und den Alten da oben machen lassen. Aber sie sollen in der Messe eben auch lernen, daß alles mit rechten Dingen zugeht und keine Jahrmarktsschwindelei ist und daß man das eben auch alles verstehen kann, was da passiert, daß es eben nichts als Worte sind, nichts als Brot und nichts als Wein – so, und jetzt mach, was du für richtig hältst. Immerhin hab ich eben die Transsubstantiation geleugnet, und bin auch in den Augen Luthers ein Ketzer. Trotz deutscher Messe.«

»Gedanken sind frei, Thomas, solange du die Messe hältst.«

An einem andern Abend sprachen wir über die Bibel als Gesetzbuch und über Recht im allgemeinen.

Darüber, daß die Bibel unter anderm auch Gesetz enthielt, konnte ja kein Zweifel bestehen. Aber wie standen wir nun zu diesem Gesetz? Und war da vielleicht noch mehr Gesetz, was gar nicht so aussah? Zum Beispiel all die Geschichten von der göttlichen Gerechtigkeit bei den Propheten und in den andern Schriften. War das nicht gültig für uns, auch wenn wir keine Juden waren? Andersherum, hatte doch Jesus das Gesetz aufgelöst – oder etwa nicht?

»Die Bücher Moses mögen Gesetz sein, aber wir dürfen nicht die ganze Bibel so verstehen, Thomas.«

»Mach ich ja auch nicht – aber es hilft eben mehr, als wenn ich den Leuten sage, das ist einfach menschlich unrecht, was euer Herr da treibt. Gott wiegt schwerer.«

»In Italien würden sie dir die Bibel ohnehin um den Kopf hauen.«

»Schön, Hannes, aber wir sind in Deutschland, und da paßt es so.«

»Mein Gott, warum sind die Leute hier bloß so beschissen fromm ...«

»Vielleicht sind das deine Italiener auch, wenn du gerade mal nicht hinsiehst – aber reden wir von wichtigeren Dingen. Sieh mal, die Leute kommen zu mir, da ich als Pfarrer so etwas wie ein Stellvertreter Gottes bin. Und sie fragen mich, warum für sie gilt: du sollst nicht stehlen, aber der Herr darf sich nehmen, was immer er mag. Sie fragen mich, warum sie nicht mal einen Hasen fangen dürfen oder einen Fisch, der Herr aber jeden Mann tötet, wenn es ihm beliebt. Du schaust dumm, Hannes, aber so ist das hier, und so ist das hier schon immer. Sie hören: du sollst nicht ehebrechen und: du sollst nicht deines Nächsten Weib begehren – aber der Herr nimmt jede Frau und jede Tochter und fragt keinen. Was soll ich nun sagen? Geht und tut auch so, wie ihr die Herren tun seht, denn ihrer ist das Recht, und wenn sie tun, dann dürft auch ihr die Welt und den Anstand auf den Kopf stellen? Oder soll ich sagen: Sie haben sich ein Recht geschneidert wie einen Flickenrock, aber das Recht Gottes ist nicht bei ihnen, und darum seid ihr besser, edler und reiner als sie, denn ihr haltet, wo sie verletzen, ihr seid stark, wo sie schwach sind, an euch werden die Zeiten gesunden, haltet fest und haltet durch? Was ist besser?«

»Du säst Sturm, wie immer du entscheidest.«

»Das weiß ich wohl auch, Hannes. Aber sag selbst – ist es nicht besser, der Sturm nimmt nur das mit, was ohnehin morsch war, statt daß er alles verheert?«

Später aber, als wir allein waren, fragte Hannes plötzlich: »Wie fühlt man sich denn, wenn man sich aufmacht, die Herrschaft zu haben?«

Thomas zuckte sichtbar zusammen, so, wie ich es noch nie an jemandem zuvor gesehen.

»Was meinst du damit?«

»Was ich sage. Du hast ein Konzept, du hast eine Gesinnung, du hast einen Bund und du hast das Vertrauen der Leute – also geht es dir nicht um Christentum, sondern um Politik.«

»Müssen das zwei Dinge sein? Ich denke, ein anständiger Christ wird ohne eine politische Meinung nicht auskommen können – dazu ist das Christsein dann doch viel zu menschlich. Eigentlich ist es nur Menschsein, Hannes – je mehr du Mensch bist, je näher kommst du Gott. Und je mehr du Vieh bist, um so ferner kommst du ihm. Was du sein willst, entscheidest du selbst – und damit auch deinen eigenen Untergang, wenn also meine Bauern eines Tages den Herren die Gurgel durchschneiden sollten, tun sie recht, und damit mach ich eben Politik.«

»Ja, aber – wer fragt die Herren?«

»Die sind oft genug gefragt worden. Der Bundschuh hat gefragt und der Pfeiferhans und der Konrad und wieviel noch, alle haben gefragt, und immer um die gleiche hochmütig dumme Antwort: Es ist so, wie es ist. Und es soll so bleiben.«

»Du bist ungerecht, Thomas, weißt du das? Deine Bauern sehen auch nur ihre Plagen und wissen nichts von denen der andern. Daß auch der Ritter immer höhere Steuern zahlen muß, daß den Priester der Peterspfennig drückt, daß die Einfuhrsteuern die Kauffahrteien belasten und sie deshalb die Waren verteuern müssen – die Unvernunft der Reichspolitik ist es doch, woran alles krankt, die Fugger saugen uns aus, arm wie reich, und dem Kaiser sind wir gleichgültig. Der und seine Sippe hat sich noch nie gefragt, woher ihr Luxus kommt. Da kannst du Bauern losjagen noch und noch, solange du nicht die Hofburg stürmst – hast du nichts gewonnen. Also – hast du das vor, Thomas, dann viel Glück, aber dann brauchst du nicht Bauern, sondern ein paar solide Truppen. Zum Beispiel der kursächsische Heerbann, das wär schon was.«

»Findest du das alles so lächerlich?«

»Aber gar nicht, ich sag dir nur, unter welchen Bedingungen du vielleicht wirklich Erfolg haben könntest.«

»Und du meinst, das sei alles, was ich wünsche: die Macht.«

»Keineswegs. Ich habe deine Briefe gut gelesen, Thomas, und du hast deine Ketzersprüche gut behalten. Soll ich dir deine Briefe zitieren?« Hannes holte tief Luft und legte los: » ›Und so meine ich denn, daß ein Mensch, der in sich selbst klar und vernünftig ist, kein Interesse mehr daran haben kann, andern Schaden zu tun, und daß aller Schaden und alle Schuld entstehen aus dem Unwissen und der Unbelehrtheit des Menschen über sich selbst ...‹, du erinnerst dich hoffentlich noch, das geschrieben zu haben.«

Obgleich es schon sehr spät war, stand Thomas auf und suchte im Bücherschrank. Er nahm ein dünnes Heftchen heraus, ich erkannte, es war eine seiner eigenen Schriften. Er blätterte, verwarf die Stelle, suchte eine neue, war endlich mit der eignen Wahl einverstanden. »Das und mehr, Hannes. Hör mal her: ›Da wirst du‹ «, las er vor und mischte die Lesung mit Erläuterungen, »ich meine Matthäus am sechzehnten, aber das kennst du ja, ›finden, daß niemand Christus verstehen kann‹ – also recht ein Christ sein, paß gut auf –, ›der ihm zuvor nicht gleich wurde‹. Soweit kennst du das auch von Paulus. Aber jetzt. ›Der auserwählt ist, verläßt, nicht mehr glaubend, seinen früheren Nennglauben, alles, was er nach der Schrift gehört und gelesen hat. Denn er sieht, daß ein Bericht allein in ihm nichts erzeugen kann, sondern dient nur, wie er eben dient‹ – nun, du weißt, wozu, die Leute dumm zu machen. ›Darum‹ «, zitierte er weiter,» ›schert solch einer‹, nämlich ein Erwählter, ›sich nicht um die Reden der Unwissenden, sondern will eigene Erfahrungen machen‹ «.

»Thomas, laß die Kirche im Dorf.«

»Nein«, sagte Thomas und an dem Abend nichts mehr.

Was hab ich damals eigentlich verstanden? In Allstedt sicher zu wenig, in Mühlhausen kaum noch etwas, auf den Straßen, in Waldstein vielleicht mehr. Und jetzt begreife ich, im Gespräch mit Markus. Der mich fragt, ob Thomas denn eigentlich ein frommer Mann gewesen wäre. Und, daß mit dem Christgleich-Werden doch nun sicher nicht die Übernahme der Weltschuld gemeint gewesen sein könne. Niemand könne für einen andern lieben, niemand für einen andern sterben, niemand für einen andern krank sein oder gesund. Geschäfte könne man allenfalls füreinander abschließen. Und man sei ja weit damit gekommen, sogar die Schuld und die Liebe gäb's schon gegen Geld und stellvertretungsweise. Und Macht selbstverständlich.

Händler und Käufer werden das Reich nicht sehen, hab ich ihm geantwortet, aber ich bin nicht sicher, ob er mich verstanden hatte. Es geht zu vielen von denen, die mit der Existenz Geschäfte machen, zu gut, als daß ein unbefangenes Gemüt begreifen sollte, warum diese Geschäftemacher sich selbst etwas verderben sollten. Was denn? Nun, man könnte es den gesunden, den unbefangenen und unbelasteten Umgang mit der Menschlichkeit nennen, das natürliche und einfache Verhältnis zur Welt, die Region des Geistes, die auf Lügen am ehesten verzichten kann. Das geht verloren. Und da es so still und leise ist, spürt es kaum einer, der es verliert. Aber irgendwann möchte er einfach sein, zum Beispiel in der Liebe oder zu seinen Kindern – und dann stellt er fest, daß es nicht mehr geht, seine Frau findet ihn kalt, seine Kinder versteht er nicht mehr und sie ihn nicht, der »Alte« ist er nur noch, der ihnen das Leben sauer macht.

Nicht die Schuld der Welt auf sich zu nehmen also, das kann und das wollte auch keiner, das war nur so ein bequemer Gedanke der Nachwelt, unfruchtbar und verhängnisvoll, sondern die Region des gesunden Miteinanderlebens zu betonen, neu zu lehren, sie wissen und sehend zu machen, ihnen den Staub des Gesetzes aus den Augen zu spülen, darum ging es wohl eher – seht, was ihr vor Augen habt, und das Verborgene wird sich euch öffnen. Sich mühen, daß ich so sehen kann, wie er sehen konnte. Das ist gemeint, Markus.

»Aber wenn du nun nicht willst?«

Dann willst du nicht, auch das Verkehrte tun zu dürfen ist Freiheit, auch sich selbst schaden bedeutet, mündig zu sein. Wer leiden will, der mag leiden, wer irren will, der mag irren – er soll sich aber nicht beklagen. Wer den Weg der Vergewaltigung der Seele bis zum Ende gehen will, der soll ihn doch gehen, wenn es ihm gefällt.

Außer in meinem Kopf habe ich im Augenblick kaum Bewegungsfreiheit, denn meine, unsere Tochter ist da, ich habe sie Grete genannt, kein adeliger Name, und habe sie noch nicht taufen lassen, die Frau Vorsteherin möchte noch nicht, daß ich das Bett verlasse, obwohl alles gut und leicht verlaufen ist. Aber ich darf Besuch empfangen, inzwischen ist auch der Leipziger Anwalt hier, der sich erboten hat, meine Mühlhäuser Angelegenheit zu führen. Mir ist die nebensächlich geworden.

Der Anwalt, mit Markus von ich weiß nicht wo bekannt, gehörte nie zu den Kämpfern. Er war nur gut freund mit dem Leipziger Rektor Mosellan, der starb, man weiß nicht, warum, eines gewaltsamen Todes auf jeden Fall, aber es ist nicht aufgeklärt worden. Er sagt, daß er Sympathien für uns habe. Es mag sein, daß er im Umkreis dieses Rektors einiges über uns erfahren hat, das besser war als das Luthersche Gegeifer.

Siehst du, Markus, dieser Mann aus Leipzig, der tot ist, war vielleicht nie auf unserer Seite – aber nun gehört er dazu.

In wenigen Wochen gehe ich mit Markus nach Hamburg. Sein Vater schreibt, er freue sich schon auf mich. Ich möchte nicht wissen, was Markus vielleicht alles gelogen hat. Aber es ist gut, irgendwohin zu fahren, wenn man weiß, man wäre dort willkommen. In meinem Leben war das bisher nicht oft so.

Manchmal, aus den vergangenen Dingen aufschreckend wie aus dem Dämmer der gegenwärtigen, erschrecke ich vor der Unbedrängtheit, mit der ich aufschreibe. Ich erschrecke, gleichsam in eine Zukunft versetzt, vor der meine Gegenwart nicht bedeutsamer ist als das Vergangene, vor meiner Unbedachtsamkeit im Hinblick auf die dekorativen Möglichkeiten des Aufschreibens, die ich alle nicht genutzt habe. Ich erschrecke vor all den Labyrinthen des Geistes, in die ich meine Zuhörer nicht geführt, die ich ihnen vielleicht sogar böswillig vorenthalten habe. Ich erschrecke davor, daß ich ihren Sinn nicht durch Mutmaßungen und vorgespielte Zweifel gereizt habe, sondern so einfach gesagt habe, was ich gesagt. Das ist nicht fein, ich weiß. Man sagt nicht: ja, ja und: nein, nein, sondern man sagt brav: meiner Meinung nach und meiner Ansicht nach und meiner was weiß ich nach. Unmaßgeblich fehlt natürlich noch. Dabei soll mal einer kommen, der anderer Meinung ist. Der wird dann schon merken, wie unmaßgeblich das ist, was ich für lediglich meine persönliche Meinung halte, nein: ausgebe. In Wahrheit ist sie nämlich die Wahrheit der Welt – wie immer. Und manchmal fürchte ich mich vor jenen, die in allem herumstochern und ihre Lieblingsworte vermissen werden. Ich habe sie in Nürnberg kennengelernt, und ich habe sie nicht lieben können, diese kalten Überdrüssigen, vollgefressen mit aller Art Worten, müde und verdrossen nach dem Unbekannten stochernd und bangend, elend eigentlich, aber ebenso hochnäsig wie abgeschlafft. Ich liebe die Worte, die verstanden werden. Und ich freue mich, wenn sie auch noch klingen. Und ich will nicht sein wie jene: kalte Herren von Wörtern ohne Leben, von Witz ohne Wärme, von Einfall ohne Blut. Es waren sehr gebildete Herren. Und sehr unnatürliche Menschen. Produkte der Bücher, die sie sammelten, ohne sie zu lesen. Läuse in den Falten ihrer kostbaren Pelze.

Ich habe Angst, daß die Geistreichen mich beschimpfen werden. Denn ich mag ihresgleichen nicht sein, ich habe keinen Geschmack an der faden Geistreichelei, die sich zuletzt auch selbst noch ernst nimmt und als Kunst betrachtet. Ich hasse sie nicht, ich kann nur nicht viel Bedeutsames mit ihr anfangen. Es mag auch sein, daß mein Kopf mit zuviel wirklichen und wichtigen Dingen, mit zuviel Alltag und Entscheidenmüssen voll war – daß ich einfach keine Zeit für so unverbindliche Spielchen fand. Ich habe in Nürnberg einiges davon lesen dürfen, es war sehr hübsch, sehr gut gebaut, sehr ausgefeilt, aber es war Pappe auf der Zunge und Rizinus im Darm, es war bald fort aus Gehirn und Gedärm.

»Deine Frau mag das wohl nicht?«

»Nein, wie du siehst.«

»Och, deine Frau hat wohl eine eigene Meinung?«

Ich bin nicht mehr neugierig, Hans Denck, was für Männer du aus den Jungen machst, die du erziehst.

Wer will einen Narren ernst nehmen, der sich um den Verlust eines Buches spreizt und klagt, als nähme man ihm halb das Leben? Lach nicht, Markus, es gibt diese Leute doch, die nichts Wichtigeres kennen als ein paar vergilbte Buchstaben. Ob ich sie nicht ernst nehme? Aber selbstverständlich, denn ihr Leid ist wirkliches Leid, auch wenn es närrisch ist, aber vor den Narren ist das Schreibrohr aufgehoben, und wir können sie nicht nach unserm Maß beurteilen, also: lächeln mag man – schänden sollte man nicht.

Die Maßstäbe der andern gelten zu lassen, aber den eigenen zu kennen und nicht jedem Wind zu opfern – das nennt man Duldsamkeit.

Was aber, wenn das andere offensichtlich falsch ist?

Ich möchte nicht in einer Zeit leben, die, aus lauter Angst, diktatorisch zu sein, auch das offensichtlich Falsche geschehen läßt – und ich möchte nicht in einer Zeit leben, die aus Angst, Falsches geschehen zu lassen, auch das Richtige mit Mißtrauen ansieht. Aber beide Zeiten werden kommen, denn wir haben angefangen, das Falsche aus dem Richtigen zu klauben, und eines wie das andere wird seine Liebhaber finden, wenn sogar vergilbte Buchstaben es vermögen, einen Menschen zum Leiden zu verführen. Werden wir uns immer mehr verwirren, bis es vielleicht wieder soweit ist und Gott herunter muß, samt seinen Engeln, um uns zu helfen? Was meinst du, Thomas?

Er ist da. Er spricht, ich muß nur den Klang meiner eigenen Stimme und den Geschmack meiner eigenen Gedanken weit wegschieben. Wir sind noch zusammen, er spricht, und er lebt. Und ich bin vielleicht nur überreizt. Eines Tages wird man diesen Zustand auch als Krankheit erkennen und zu behandeln suchen. Und nicht viel dagegen machen können.

Was haben wir in Allstedt gemacht, Ottilie, denk mal nach. Den Leuten geholfen, daß sie sich selbst helfen.

Eben.

Darum war es für einen, der an Unternehmungslust litt, zuletzt todeslangweilig in unserer Provinz. Zwar gab es genug Arbeit, aber sie bestand nicht im Schlagen und Brennen, sondern im Verteilen und Verwalten, im Rechtsstreit und in Diplomatenkram, daneben in der Bewältigung aller möglichen philosophischen Probleme, und zu alldem mußte Thomas ja und amen oder nein und überhaupt nicht sagen, so daß er kaum mehr aus dem Amt kam, auch kaum Zeit für gelehrte Gespräche mit Martenius hatte. Und der wurde langsam still und böse. Mochte er doch, wenn er wollte. Wir hatten zu tun. Zwei größere Ereignisse gab es, die beiden Einschreibungen, die Rolle wurde aufbewahrt, einmal vor den Mansfelder Grafen, dann aber auch als eines unserer ersten Traditionsstücke, als eine Art Reliquie, warum auch nicht. Die sächsische Kanzlei regierte pro forma das Land, de facto regierten wir und sorgten dafür, daß die Scheunen der einen voll und die der andern nicht ganz leer wurden, daß jedermann hatte, was ihm zustand, daß jeder lernen konnte, und in den Kirchen ringsum – wurde nicht etwa Thomas' Messe durchgesetzt, sondern lateinisch und sächsisch und fälisch gesungen und gebetet. Und den Türken hatten wir eben Moscheen gebaut. Wie sagte Thomas? Wenn uns einer, und wär er ein Kind, einen guten Vorschlag machen kann, wollten wir ihn gern annehmen.

Aber es war Zeit für ein wenig Theologie. Denn unsere Widersacher verbreiteten das Gerücht, wir würden, wie einst die großen Ketzerhaufen, die Kreuze von den Altären reißen und die Hostien auf den Straßen zertreten. Das war gefährlich, denn das verschreckte die Leute. Mit diesen

Dingen, mit eventuellen Nachfahren der großen Ketzer, mochte niemand etwas zu schaffen haben.

»Thomas, was machen wir jetzt?«

»Sagen ihnen die Wahrheit. Der Luther wird sie ja nicht hören wollen, aber die Leute werden sie brauchen.«

»Na gut – aber eigentlich hältst du von Kruzifixen und Hostien wirklich nicht viel.«

»Aber ich bin auch nicht gewillt, die alten Fehler wieder zu machen, meine Herren. Niemand versteht, warum die alten Ketzer die Kreuze nicht mochten, vielleicht wußten sie selbst es nicht mehr. Ich weiß es, aber ich will es nicht sagen, weil ich dann zu früh und zu viel sagen müßte – nichts ist so schlimm wie Unzeit, nicht wahr, Markus?« Der senkte nur schuldbewußt den Kopf.

»Das Kreuz ist doch als Zeichen des harten Leidens gut brauchbar, nicht wahr? Also lassen wir es doch und lassen wir die Leute dran lernen.«

»Na ja – aber das wär doch nicht die Wahrheit.«

»Hast ja recht, Hannes, aber: Wahrheit gibt's und Wahrheit eben. Mit der einen kann man dem Leidenden helfen, mit der andern kann man ihn noch tiefer leiden machen. Darum gehört die Wahrheit von der göttlichen Gerechtigkeit auf die Straße – und die vom Kreuz in die Schublade. Der Mensch muß satt und ohne äußere Not sein, wenn er der andern Wahrheit lauschen soll. Ein hungriger Bauch kann nicht über den Dingen stehen – es sei denn, er läge schon in Hungervisionen und stünde dann aber ganz außerhalb der Wirklichkeit, und das hab ich auch nicht gemeint«, sagte er, während seine Rede immer schneller wurde.

»Ist Not nicht auch ein Druckmittel, um zur Einsicht zu kommen?«

»Nein, Markus, die Not des Bauches ist keine. Die Not des Kopfes, die ja, und sie kann durch die Not des Bauches Nahrung finden, auf etwas gestoßen werden, und sei es auf die Widersprüche zwischen den Menschen – aber die Not des Kopfes, deren Grund allein die Not des Bauches ist, verschwindet mit ihr und es bleibt etwas, das nennt man eine satte Stumpfheit, ein friedliches Versinken im großen Verdauen. Und weil man das kennt, sagt man: Not müsse sein, damit Bewegung wäre. Dieser Verdauungsschlaf aber dauert nicht ewig, vielleicht ist er nur ganz kurz, und dann verlangt der erwachende Hunger nicht mehr nach Brot allein, dann verlangt er nach Beschäftigung. Und wehe dem, der ihm in diesem ersten Verlangen den Stumpfsinn der Zufriedenheit zur Hand gibt. Wenn der Mensch das Fragen vergißt, erst dann ist er tot.«

»Aber wonach soll er denn fragen, wenn nicht nach den nächsten Sachen, Haus, Essen, Familie ...«

»Paulus an die Korinther über das Ziel des Menschen, seine Neugier: ›Was niemand gehört hat und niemand gesehen und was in des Menschen Herz nicht kommen konnte.‹ Wieder hübsch abgeschrieben – ach, übrigens, wißt ihr, worauf die alten Ketzer tauften?«

»Auf den Johannes, denk ich doch.«

»Gegen den kam ja kein Inquisitor an, und es kostete die Herren Dominikaner dann auch ein gutes Stück Kopfarbeit, ehe sie die Taufe der Ketzer als unkanonisch im Sack hatten. Aber der Rest ...«

»Ach, fang nicht wieder an.«

»Ich fang nicht wieder an, Hannes, ich fang überhaupt erst an.«

»Wie bist du auf all das gekommen?«

»Weil mir an diesen Zwickauer Leutchen einiges zu klug vorkam, als daß es auf ihrem Mist hätte gewachsen sein können. Ich fragte und bekam ein paar vage Hinweise auf Leute in Prag und in Joachimstal, Handwerker und Bergleute zumeist, die mir, dachte ich, auch nicht viel würden sagen können. Aber ich sollte mich getäuscht haben – sie waren zwar alle wirklich Handwerker und Bergleute, sie verdienten damit mehr schlecht als recht ihr Brot, und manchmal hungerten sie auch – aber sie konnten lesen und schreiben, ließen es auch ihre Kinder lernen, sie kauften sich, wenn sie Geld hatten, Bücher, und sie lehrten ihre Kinder, selbst zu schreiben. Unter sich diskutierten sie miteinander und lehrten einander und waren wie eine große Familie, in der der Wohlhabendere den Bedürftigen ganz selbstverständlich stützte. So gehörte in gewisser Weise alles allen, wenn auch jeder seinen Teil behielt. Eigentlich, sagten sie, gehöre niemandem etwas, aber jeder sei Nutzer von allem, was es gäbe, und daher gäbe es eigentlich keine Armut, sondern nur eine Armut im Geist, die in Wahrheit Reichtum wäre, denn sie umfasse ja das Recht zu allem. Dann fragte ich sie nach dem Ursprung ihrer Lehren, und ich erfuhr von ihnen, was ihr schon wißt, daß sie Nachfahren der großen Ketzer wären, auch daß sie ein besonderes Evangelium hätten, das ich freilich nie zu sehen bekam, und was sie mir erzählten, hätte auch aus Matthäus oder Markus sein können – was mich ein wenig verwunderte, da sie sonst diese Evangelien gar nicht sehr schätzten, sondern für die Geschichte Jesu den Johannes bevorzugten.

Ich hatte von Luther viel über die Sünde gehört und auch selbst viel darüber gepredigt, und jetzt fragte ich sie, was sie davon hielten. Und sie meinten, was ich euch auch sagte, die Schuld der Menschen sei nicht dazu da, ständig von Gott ausgebügelt zu werden, sondern dazu sei der Mensch Mensch, daß er damit fertig zu werden hätte. Wir müßten unsere eigenen Richter sein und unsere eigenen Götter, wenn wir wahrhaft Menschen werden wollten. Eine Vergebung auf mystischem Wege gäbe es nicht. Und also sei eine Beichte auch unnütz. Ich fragte sie, ob sie darin nicht über ihre Vorfahren hinausgingen – das mochte schon sein, sagten sie, aber das hätten sie nun mal erkannt, und die Sache sei ja kein abgeschlossenes Ganzes wie die

Kirche, sondern etwas Offenes, an dem man auch ändern und bauen dürfe.

Ob sie Gottesdienst hielten, fragte ich sie, weil ich es nie bemerkte und dachte, sie hielten da etwas vor mir geheim. Nein, sagten sie, einen Gottesdienst, wie ihn die alte und die neue Kirche hielten, kennten sie nicht, denn es ginge bei alldem ja nicht um Beten und Zaubern, sondern darum, daß die Menschen sich und die Welt erkennen und sich danach verhalten sollten. Es ging ja nicht darum, Jesus von ferne zu verehren, sondern man solle ihm nacheifern, man solle ebenso denken und zu fühlen suchen wie er – das wäre nicht einfach, denn man müsse zuvor eine Menge an scheinbar unverzichtbarem Beiwerk und zwei Dutzend lieber Gewohnheiten fortwerfen, man müsse sogar vergessen zu glauben – aber es sei dann auch sehr schön, man wünsche sich den alten Zustand nicht zurück, denn man wäre frei und leicht und sehr, sehr stark. Ob sie alle so wären, fragte ich, und, wenn sie so wären, warum sie nicht längst die Welt beherrschten. Da antworteten sie, daß sie keine besseren Menschen wären, keine besonderen Leute, sondern daß sie sich als Familie fühlten und als einzelne, die für sich selbst und füreinander sorgen sollten, und die Welt müsse auf ihrem eigenen Weg zur Erkenntnis kommen. Man dürfe niemanden zwingen. Und ich nahm mir vor, diesen letzten Satz zu widerlegen – und wie ihr seht, geht es bis jetzt ganz gut.«

»Aber wir sollen unseren Oberen gehorchen, lehrt Paulus. Du kannst dich nicht hinstellen ...«

»Ich gehorche ihnen doch.«

»Bis jetzt.«

»Und wenn sie wollen, auch bis zum Jüngsten Tag, der wohl aber nicht kommen wird, wenn wir ihn nicht wollen.«

»Du würdest also auch den Kurfürsten fragen, ob er deine Pläne billigt – ihn zum Bund einladen ...«

Haferitz, Hannes, Markus und ich hielten den Atem an, denn – was jetzt gesagt wurde, konnte nur ein Nein und konnte nur der Anfang des Kampfes sein.

»Wenn der Kurfürst bereit ist, mich zu hören – ich bin willens, mit ihm zu reden, sag ihm das, Haferitz.«

»Iiich ...«

»Du schreibst doch selbst an die Kanzlei, das weiß ich doch.«

Und Haferitz ging fort und in die Nacht wie Judas am Gründonnerstag.

Kurz darauf ging auch Hannes. Er meinte, er hätte sich schon zu lange hier verlegen, der Handel wartete und was dergleichen ihm noch einfiel. Im Grunde aber zweifelte er mittlerweile an Thomas' Verstand.

»Sie scheffeln, solang es sich scheffeln läßt, und machen sich weiter keine Gedanken, sonst hätten sie längst für eine vernünftigere Wirtschaft gesorgt. Du bist nicht berufen, das alles zu ändern, du fängst dir nur selbst 'ne blutige Nase, das ist alles, Thomas.«

»Ganz so dumm können sie nicht sein.«

»Du wirst es sehen und spüren – ich hoffe, nicht allzusehr.« Ich stand daneben, als er den Mantelsack aufnahm.

»Dir tut's leid, daß ich gehe, Ottilchen? Mir tut's auch leid, aber da ist nichts zu machen, ich kann dich ja nicht mitnehmen, von deinem gestrengen Herrn fort.«

Halt den Mund, dachte ich, aber du hast recht, um alles wird wild disputiert, um Himmel und Hölle und Sünde, nur um eine vernünftige Wirtschaft macht sich keiner Gedanken. Es gilt nicht für fein, sich mit dem Nächstliegenden zu befassen, der ernsthafte Denker ist immer zwei oder drei Ellen überm Erdboden zu Haus.

»Hannes – wie war das in Italien?«

»Arme gibt's und Reiche. Die Armen haben genug zu essen, und die Reichen wissen, daß davon ihr Reichtum abhängt. Und sie geben ihnen – ganz ohne Predigt und Bibel.«

»Und wie halten die es mit Gott?«

»Das gehört einfach zum Leben, Ottilchen, darüber denkt man nicht nach – so wie bei euch nicht über die Ökonomie.«

»Dann bist du hier also ganz fremd?«

»Immer gewesen und bleib's immer, Ottilchen. Aber es ist meine Heimat. Es ist verrückt, aber ich liebe diese Verrückten, die du zu allem kriegen kannst, sobald du ihnen nur unvernünftig genug kommst – mag sein, sogar zur Vernunft, das ist Thomas' einzige Chance. Wenn er bizarr und unvernünftig genug erscheint, wenn er die unteren Bereiche der Leutchen genug stachelt, hat er vielleicht eine Möglichkeit, es zu schaffen. Anders nicht.«

»Das wird er aber nicht tun ...«

»Laß die Zeit vergehen, und die Probleme kommen – bis jetzt habt ihr ja noch keine, aber laß einmal Zeiß seine Hand von euch abziehen, dann werdet ihr sehen, was ihr alles noch nicht kanntet. Die Mansfelder zumindest werden dann nicht mehr nur drohen.«

Hannes ging. Und ein paar Tage später machte Haferitz sein Angebot wahr. Thomas wurde, in vier Tagen, aufs Schloß geladen, um vor dem Kurprinzen zu predigen – das Ganze geschah nicht etwa Thomas' wegen, sondern es ergab sich günstig, eine Inspektionsreise des Herzogs, der schon bald an seines Bruders Statt würde regieren müssen, und Zeiß' wie Haferitz' Interessen trafen sich in dem Punkt, daß man den Müntzer wenigstens anhören, sich selbst einen Eindruck verschaffen sollte.

»Ich werd ihm sagen, wie's ist«, sagte Thomas nur, als Zeiß ihm die Nachricht überbrachte.

»Und was soll ich machen?«

»Warten – und vorsichtigerweise vielleicht packen.«

»Was erwartest du?«

»Ich weiß nicht. Vielleicht holt er mich nach Wittenberg, vielleicht schmeißt er mich auch aus dem Land – Packen ist auf jeden Fall erst mal gut.«

»Kennt der Kurprinz deine Schriften?«

»Er nicht – aber seine Räte und der Brück, der auch mitkommt, kennen sie sicher.«

Er schrieb nicht lange an der Predigt. Als ich ihn fragte, warum er denn gerade diese Predigt so viel flüchtiger als seine gewöhnlichen gearbeitet hätte, meinte er nur, darin stünde ja längst Abgekartetes, während seine Predigten für die Leute wichtig wären, da müsse er auf jedes Wort achten und da wäre auch viel zu zerstören – aber nicht vor einem Herrn von und zu Wettin. Es ginge um nichts als darum, daß man ihm einerseits die Lage besser erkläre, als seine Räte dies tun, und ihn andererseits so freundlich wie möglich und so dringlich wie nötig einlade, das zu ändern – und der Bund würde Hilfe anbieten. Sich selbst als Beispiel anzeigen. Er könne dem Herrn vielleicht besser sagen, wie man besteuert, als seine Räte, denn er wolle ja nichts im eigenen Sack zurückbehalten. Und – falls die Herren nicht wollten – was dann zur Folge ihrer Mißwirtschaft geschähe, hätten sie selbst zu verantworten, und doch nicht etwa die, die sich nur wehrten. Und das alles sei wunderschön am Daniel hochgezogen und an der netten Schrift an der Wand. Und er umarmte mich und ging fort.

III

»Wohin fahren wir denn?«

Da saß ich schon mitten unter Wäschebündeln und zwischen Büchern, den Kleinen in seinen Kissen neben mir, auf einem Planwagen. Mein Hausrat, unsere Möbel, all das war entweder noch oben im Turm, oder es war vorausgeschafft worden, dorthin, wohin wir fuhren, Thomas und ich. Ich aber wußte nicht, wo das sein würde. Ich wußte nur, was bisher geschehen war, seit Thomas wieder vom Schloß gekommen. Zuerst geschah nicht viel. Es gab die üblichen, etwas aufgeregten Fragen der Mitarbeiter, aber Thomas blieb schweigsam. Dann kam Haferitz, kam Zeiß, dann auch kamen die andern, die Herren, lauter unbekannte Gesichter. Der Kurprinz – nein, der kam nicht. Sie alle aber redeten auf Thomas ein, der wie unter der Folter schwieg, und nur ein einziges Mal etwas sagte, das war, als ihm der Beauftragte des Kurfürsten einen Termin in Weimar nannte. »Gut«, sagte er, »ich komme.«

Dann blieb ich einige Tage allein. Es war das erste Mal seit unserer Hochzeit, daß ich länger als eine Nacht allein blieb, auch ohne Nachricht von ihm war. Ich hatte Angst, mehr Angst als damals – denn Weimar, das lag weit entfernt, da war nichts zu machen, da war nichts zu helfen. Ich habe dennoch nicht in die Kissen geschluchzt, sondern mich um den Kleinen und die Wirtschaft gekümmert und um meine Frauen, wie ich das schon gewohnt war. Und ich bemerkte, daß meine Ruhe ihnen half gegen ihre eigene Angst. Wenn die Frauen mich beim Aufwaschen und Abstauben antrafen statt beim Grübeln und Kinnhängen, schöpften sie selbst Atem, glaubten sie daran, daß es trotz des anberaumten Verhörs weitergehen würde, weitergehen müsse.

Und auch Markus, Ludwig, Jörgen und die andern hielten sich, ich bemerkte es mit Verwunderung, in diesen Tagen an meine Stimmung wie an ein Orakel.

»Ottilie – warum bist du so ruhig?«

»Ist das Schlimme geschehen, Markus, ich wend es nicht ab. Ist es aber nicht geschehen, was soll dann die Angst?«

Dann kam Thomas zurück. Und mit ihm erst die wirkliche Unruhe.

»Was war?«

»Betrügerische Reden würd ich führen. Er hat seinen Martin auswendig gelernt, und seine Ohren sind taub. Aber er war so dumm, mich gehen zu lassen.«

»Und jetzt?«

»Beraten sie mit Zeiß, was geschehen soll.«

Was geschah? Sie verboten den Bund, Reychardt mußte seine Druckerei schließen, und Thomas wurde geboten, entweder von nun an zu schweigen oder – er wählte das letztere.

So saßen wir also auf dem Wagen, hinter uns, im Dunkel eines frühen Augustmorgens, versank die Stadt Allstedt, vor uns, auf einem schlechten Weg, lag die offene Zukunft. Neben uns zogen die Kronen der Bäume im Mondlicht schattengleich vorüber. Die Männer des Bundes hatten sich bewaffnen wollen, aber es wäre zu früh, sagte Thomas. Auch das zu früh.

»Thomas – was sollen wir jetzt tun?«

»Die Leute zusammenhalten, Markus. Der Bund verbietet sich nicht selbst. Zurückgetreten ist nur der Rat, ich habe das ohnehin kommen sehen. Ihr seid dabeigeblieben, ihr bleibt dabei. Ich werde den Bund brauchen, wenn erst wirklich gehandelt wird.«

»Und wer soll uns helfen?«

»Ich habe euch gesagt, was ihr tun sollt, wenn ihr euch danach richtet, geht es erst einmal weiter. Ich werde nicht mehr bei euch wohnen – aber ihr werdet von mir hören und lesen, bis ich euch auch einmal wieder besuche, ich bin ja nicht tot, Markus. Was das Militärische angeht, falls das nötig werden sollte – wendet euch an Martenius.«

»An Martenius?«

»Ja, an den. Ihr erreicht ihn in Köln über den Gerbermeister Herwing.«

»Wo gehst du hin?«

»Ich gehe in gute Hände, Markus.«

»Thomas – wohin fahren wir?«

Thomas wandte sich auf dem Kutschbock um. »Hab ich dir das noch nicht gesagt? Wir fahren nach Mühlhausen. Aber erst einmal besuchen wir ein paar alte Freunde – wenn wir schon einmal unterwegs sein müssen.«

Dann überlegte er noch einmal. »Weißt du, es wird besser sein, wenn du nicht mit nach Mühlhausen kommst. Die Sache ist zu unsicher. Ich bring euch irgendwo unterwegs unter.«

Was er dann auch tat.

Nein, Naumburg war nicht das Ziel meiner ersten größeren Reise, es war nur ein Zwischenaufenthalt. Das Ziel hieß für mich Jena und das Haus eines gewissen Michael. Hier die Familie Huhn in Naumburg war eine Erinnerung an vergangene Tage. Früher einmal hatte Thomas sich seine Briefe hierherschicken lassen, und Huhns Vertreter hatten sie mit über Land genommen. Und bis dahin, bis wir in Naumburg waren, lernte ich es, auf der Straße zu leben. Ich lernte es, mich im Wagen auszuschlafen wie in einem Bett, lernte, am Wegrand Feuer zu machen und zu kochen, lernte es auch, die Pferde am Zügel zu halten, sie auszuschirren, verlernte die Angst vor ihren Gebissen, vor ihren Hufen. Wir überquerten einen Fluß. Und zu beiden Seiten breitete sich eine zarte Hügellandschaft, manchmal felsig, manchmal weit und weich, unentschieden zwischen Feld und Wald, melancholisch manchmal und dann wieder freundlich. Ich habe seither viele Landschaften gesehen – die hügeligen sind mir die liebsten geblieben, sie reizen das

Auge, ohne das Empfinden zu beengen. Sie führen das Empfinden in Weite und Höhe, ohne es zu ängstigen. Sie gleiten so zart vorüber, als wären sie nur Bild, der Halm am Weg bricht unter unsern Händen, und die Wiese dahinter ist, als könnten wir sie unser Leben lang nicht mehr betreten. Thomas, das wußte ich, liebte die Ebenen mehr.

Und bis Jena hätte ich ihn noch an meiner Seite, also genoß ich die Landschaft und das Leben unterm Himmel wie ein Spiel. Was danach sein würde, würde danach sein. Ob ich ihn dann lange nicht wiedersehen würde? Ihn vielleicht, wie ich ihn kannte, niemals wiederfinden? Ich versuchte, mir nichts vorzustellen, um nichts festzulegen. Ich würde einfach in jeder Minute das tun, was diese Minute von mir verlangte. Und er würde das gleiche tun, also konnten wir uns gar nicht so weit voneinander entfernen.

Ich blieb ja auch nicht ohne Verbindung mit ihm.

Ich blieb ja immer noch in den Händen der Organisation – des Bundes eben, dessen Reichweite ich erst jetzt wirklich einzuschätzen lernte. Und ich sah, daß Hannes' ironische Bemerkungen dringend der Berichtigung bedurften. Nun – vielleicht trafen wir ihn noch einmal oder er uns. Jetzt aber wollten wir, Thomas wie ich, an das denken, was unmittelbar vor uns lag – unser Leben einmal wieder auf einen sicheren Grund zu stellen – und ein solcher Grund war erst einmal nicht sichtbar.

Wir fanden die Huhns in einem Haus bei Sankt Wenzel. Gleich in der Diele übergab Thomas dem Hausherrn ein dickes Bündel Papiere. Ich war nur glücklich in der Aussicht auf ein Bad und eine ordentliche Matratze. Beides bekam ich.

»Ich habe dem Jakob gerade die Allstedter Predigt übergeben und einen Brief an Klausbeck, daß du kommst.«

Ich war hellwach.

»Du bringst mich also nicht nach Jena?«

»Markus bringt dich hin.«

Ich konnte lange nicht einschlafen. Endlich aber siegte die Müdigkeit doch – und am Morgen fand ich mich in dem breiten Bett allein. Jemand klopfte an die Tür, ich bat herein, eine nicht mehr junge Frau kam auf das Bett zu.

»Wo ist mein Mann?«

»Der Herr Pfarrer ist in aller Frühe fort. Und Sie möchten bitte bald zum Frühstück herunterkommen, es wird doch sonst alles kalt – und der Kleine ist auch schon wach ...«

»Mein Mann ist fort ...«

»Großer Gott, hab ich Sie jetzt erschreckt? Dabei hat doch der Herr Pfarrer gesagt, Sie sollten sich keine Sorgen machen ...«

»Wohin ist er denn gefahren?«

»Ach Gott, das weiß ich doch nicht – aber der Herr, dieser ...«

»Stübner?«

»Ja, ja, ganz recht, so hieß der, der weiß Bescheid, mit dem hat er lange gesprochen.«

Weiter ging's nicht, denn ich begab mich ins Wohngemach und unter die Blicke des Hausherrn. Auch der wohlwollend, und etwas mitleidig.

»Ich wünsche der Frau Pfarrer einen guten Morgen.«

Ich dankte flüchtig.

»Doch nicht etwa schlecht geträumt?« Ich verneinte.

»Ist mein Mann mit einem Freund gefahren?«

»Mit keinem Freund. Mit Kaufleuten, die er nicht kannte.«

»Und – wohin fuhren die?«

»Bedeutet das, Ihr wüßtet nicht, wohin Euer Mann –«

Ich war des Versteckspiels müde.

»Also – ist Markus noch in der Stadt, dann soll er herkommen, ansonsten, vielen Dank für die Nacht, aber ich gehe zu meinem Vater.«

Ich sah aus dem Fenster. Es regnete, das Licht war grau

und schwer, und weiter hinten bemerkte ich eine dunkle, blasige Wand.

Ich mochte diesen Jakob Huhn einfach nicht, es mochte an ihm liegen oder an der Tatsache, daß Thomas einfach abgefahren war, oder daran, daß ich nicht mit Markus sprechen konnte, ich gab mir darüber keine Rechenschaft.

»Der Herr Stübner wird gegen den Nachmittag herkommen.«

Also wenigstens etwas, dachte ich. Den Tag bis dahin werd ich schon verbringen. Aber nicht nähend oder stikkend mit Dame Hühnchen oder tätschelnd an der Wiege meines Hannes – ich nahm das Manteltuch um die Schultern, das dicht genug war, auch einem Wolkenbruch zu widerstehen, und verließ das Haus.

Ich ging, die Stadt zu suchen. Was ich fand, waren schlecht gepflasterte Straßen, enge Gassen, schmutzige Mauern. Um ein paar Ecken lief ich, dann stand ich vor der Stadtkirche. Sie war wie die Stadt – grünschwarz, taubendreckig und verschroben. Aber sie war auch wie die Menschen, hoch aufgestelzt und um und um bedrechselt von einem feinsinnig gemeinten Zierat.

Steine sind nicht schuldlos, Steine spiegeln den, der die Steine formte.

Ich sah nicht hinauf, dorthin, wo der Turm die niedrigen Wolken zu stechen drohte. Und ich wollte dieses Nest auch nicht niederreißen. Um der drei Gerechten willen, dachte ich, die sich überall finden lassen – und überhaupt, ich war ja nur wütend auf Thomas. Wer weiß, ein sonniger Tag und Thomas bei mir, dann hätte all das sogar etwas Rührendes. Bleib gerecht, Ottilie, hier hat dir keiner was getan. Du bist heimatlos, obdachlos, du hast nicht mal mehr einen Mann – aber es ist doch nicht die Schuld von Huhn oder gar Naumburgs.

Ich gebe zu, daß es mir leichter fiel, ungerecht zu bleiben.

So ging ich weiter, querte den Marktplatz, ließ mich von einer breiteren Straße aus der Stadt führen, rechts stieg ein schmaler, ungepflasterter Weg auf, wie eine Vergessenheit, wie ein plötzlicher Schrei. Ich folgte dem Weg.

Was ich gesehen, war eine austauschbare Stadt. Was ich nun sah, war etwas Fremdes, von eigenem, ruhigem Gewicht, selbstbewußt zwischen den Baumkronen ausgestreckt wie ein schönes, mächtiges Tier, demütig und sanft wie die Macht, die sich nicht entschuldigen noch begründen muß. Dieses Fremde rief mich, und ich kam zu ihm. Es war das Gebäude, und die Stimme war darin. Ich trat ein.

Nach Osten wollte ich mich wenden, aber die Stimme packte mich wie eine schwere Faust, zog mich vom Altar fort, zwischen den Mauern und Säulen entlang, als sei ich nichts, denn diese Bewegung, körperlos, gewichtslos in der Menge der Steine, als glühe der Boden, den ich zurückließ, verbietend auf, Sperre zwischen mir und allem da draußen. An einem Punkt im Westen ließ sie mich endlich, plötzlich aller Schwere und meines Körpers wieder viel zu sehr bewußt, mit einem einzigen harten Schlag zu Boden fallen. Und ich meinte, daß ich jetzt verstand. Ich mußte mit der Stimme reden, ich mußte mich gegen sie verteidigen. Sonst, versäumte ich dies, kam ich nie mehr frei. Unbeweglich blieb ich stehen, während in mir ein Strom von Bewegungen sich Bahn brechen wollte, wie die Bewegungen eines Gefesselten, die meine Starre Lügen straften. Meine Stimme hörte ich schrill und ungelenk in das wartende Schweigen der andern schneiden – und doch waren meine Lippen fest verschlossen, als ich sprach.

– Ist es das? Und warum dann hier, den Lebendigen unbekannt, warum sagst du es nur noch dem Volk der Steine? Und nun auf einmal mir? Und dem Volk der Stadt, das dich so braucht, kein Wort? Du warst immer hier – du bleibst, wenn sich meiner niemand mehr erinnert – warum gerade soll ich kommen und begreifen? Sieh – wenn ich durch diese Pforte geh, wirst du deinen Griff wohl lockern müssen. Und was wird dort sein, in deinem Rücken? Da sind die Menschen. Da ist das unheilige Heilige, das größte Heiligtum der Welt – das Leben. Unter deinen Armen hindurch gehen wir dorthin, aber du trägst uns nicht. Oder betrügst du dich so, daß du das arglose Tapsen der vielen Kinder schon in Anspruch nimmst für das Verstandenhaben? Sie müssen schon wissen, was sie tun, um es zu tun.

Wer aber wird so gehen, alles wissend, wer wird es ertragen? –

Ich sah Szenen der Passion, kaum erhöht vor meinen Augen, und vor mir hatte ich den Gekreuzigten selbst, ich konnte ihn mühelos mit der Hand erreichen, kein Gitter, kein Abstand trennten uns. Szenen der Passion hatte ich oft gesehen. Ich hatte sie angeschaut, hatte vor ihnen gebetet, hatte auch dies und das dabei bedacht, wie zu den alljährlichen Kreuzwegstationen. Und wie ich machten es Tausende.

Aber hier stand kein Altar. Hier war nur die Sache selbst, und dahinter – nicht das Paradies, sondern die Verlockung des Menschen.

Sehet, welch ein Ketzer.

– Dann erlaub mir, dich zu sehen und mich abzuwenden. Was aber wirfst du mir statt dessen vor die Füße? Warum soll ich deine Stimme von dort drinnen hinter deinem Leib hervor fühlen wie Krallen an meinen Schultern? Wie soll ich mich gegen dich auf die Waage dieser Steine stellen? Du forderst, ich solle eintreten, das Meine so selbstverständlich tragend, wie du das Deine mir entgegenhältst. Und hältst mich doch hier fest – weil da hinten wieder nur das Meine wäre. Alles, du Mensch dort, ist mein. So wie es dein ist.

Wollen wir tauschen, du da vor mir? War dein Kreuz da schwerer zu tragen, als es mein Leben sein wird? Verrat und Tod werden es nicht schonen. Auch ich werde gehen müssen, wo nicht von Anfang meine Straße lag. Hier fühlt man den Wind nicht und riecht den Gestank nicht, hier mag es leicht sein, die Zukunft zu verfolgen, keine Hand liegt zwischen Zeichen und Tun. Aber was immer ich draußen vermögen werde, es steht hier unter deiner Stimme, es entsteht hier, es wird groß, es wird wieder klein unter deinen Armen. Die Verwirrung der Atemzüge wird zu einer Ordnung wie Musik.

Sieh, ich fürchte mich vor deinem geduldigen Schweigen. Ich fürchte mich vor dem Endgültigen da hinten. Ich werde nie mehr sein können, die ich war – ich werde das hier nie vergessen können. Ich werde sie nie mehr sehen können ohne Liebe, und mir ist angst davor, denn wieviel Böses wird mir doch begegnen. Wird da Gerechtigkeit nicht zerrieben zu Staub, und wie sollen wir überleben ohne Gerechtigkeit?

Du sagst, ich solle den Menschen endlich vertrauen – solle mir selbst vertrauen, meinem Gefühl mehr als meinem Verstand.

Ach, du, der du hier Pforte zum Menschen bist, kann nicht unmenschlich sein, den Menschen dies Vertrauen zu sich selbst zu lehren?

Wenn du willst, daß ich diese Angst vergesse, dann laß mich dich ansehen, laß unsre Blicke ineinander gefaßt sein wie die der Liebenden. –

Mir war, als sollte ich auch mit den andern reden, aber sie waren mir zu nah, ich kannte sie zu gut. Und als ich endlich unter diesen Armen hindurchging, fand ich wiederum, was ich schon kannte, und ich war erstaunt. Geheimnisse hatte ich erwartet, und ich fand den Tag, aus dem ich kam. Nur daß er hier in Stein gefaßt war und Namen trug, die nichts aussagen mußten. Alt und jung, Mann und Frau, Lust und Trauer, Überdruß und Schwermut, Neugier und Unechtheit, Geschmeidigkeit der Täuschung, sanfte Schönheit und das geschmacklose Auftrumpfen der Macht.

All das kannte ich, all dem war ich tausendmal begegnet. Ich fand es aber erst heute.

Ich empfand keine Spannung mehr. Das war seltsam, denn unterschiedlich standen die Gesichter, miteinander streitend, einander nicht kennend, auch einander begehrend. All das wurde fortgesogen von den Gewölben, die sich, einem ruhigen, steten Rhythmus gleich, darüberlegten. Eine behutsame Decke, schwingend und ausgleichend.

Alles war vorhanden, aber nichts überwog, das also war das Geheimnis. Der Ausgleich war es, die Balance, das stete Pendeln von Ruhe und Bewegung – darum also ging es. Das Streben nach der Überhand war ein Irrtum. Wir haben alles zu sein, um so mehr sind wir wir selbst, aber wir sind nicht eines von vielen, sondern vieles in einem. Jeder besaß seinen Raum – und alle gemeinsam den ganzen der Erde, den ganzen der sichtbaren und der unsichtbaren Welt.

Es war gut, hergekommen zu sein.

Ich war niemand als eine junge Frau, die sich die Kirche ansah. Unter dem Lettner war sie stehengeblieben, dann hatte sie die Figuren dahinter betrachtet, wie es viele andere vor ihr getan und viele nach ihr tun würden. Dort, hinter dem anderen Gitter, hielten die Priester ihren Gott versteckt, und dieser Gott war schon lange tot. Weil er nicht rief. Weil er nicht forderte. Weil er Priester brauchte, die seinen Willen erklärten. Der lebendige Gott erklärte sich selbst. Sie hatten sich von ihm abgewandt, selbst von seinem letzten, harmlosesten Abbild, dem Hilflosen am Kreuz.

Da gab es nichts mehr zu kämpfen, die Schlacht war lang schon geschlagen – Sieger würde der sein, der lebendig blieb. Der lebendig war. Der mich gerufen hatte und gelehrt.

Aber wieviel Opfer werden wir bringen müssen, bis alle das begriffen haben – bis alle da stehen werden, woher ich komme? Welch eine ungeheure Arbeit wartete da auf uns, viel mehr und viel schwerer als ein bißchen Streit und Krieg. Damit würden wir vielleicht anfangen – aber damit würden wir nicht fertig werden. Nicht einmal die nächsten hundert Jahre würden uns da viel helfen. Und ständig müßten wir auch noch hinterhersein, denn die Trägheit, die Müdigkeit der vielen wäre unser ärgster Feind.

Während wir schlafen, frißt die Wüste das Land, während wir dösen, gräbt das Unkraut unterm Weizen, während wir unsere Siege genießen, sammeln die andern die neuen Heere. Wir kommen aber in eine Welt, in der die meisten schlafen. In der die meisten ihre kleinen Siege genießen. In der es normal ist, zu dösen. Und wir werden sehr allein sein – so wie du dort hinten.

Sei's drum, wir werden gehen. Und ich mit ihnen. Und wir werden nicht fragen, wo wir ankommen wollen, sondern gehen und die Arbeit nehmen, die am Wege liegt. Wieder spürte ich die Kraft, aber diesmal beförderte sie mich hinaus, trieb sie meinen Schritt an, jagte mich unter die Menschen zurück.

Ich verließ die Kirche.

Ich ging, ich sah noch einmal auf das schöne, jetzt aber stumme Tier unter den Bäumen, dann machte ich mich auf und trat irgendwann wieder bei Huhns in die Diele. Ich hing das Tuch an einen Haken und klopfte an die Tür des Wohnzimmers. Frau Huhn, die eben die Teller ausgab, hieß mich niedersitzen und fragte, wie mir die Stadt gefalle. Ganz gut, meinte ich, aber hier solle ich ja wohl nicht bleiben.

»Nein, nein, das hatte ja auch Ihr Mann so gesagt.«

Aber die Nachricht von Klausbeck würde ich hier noch abwarten. Auch die Huhns waren nur, wie sie waren. Ich hatte zu lernen. Auch das.

Abends kam Markus. Er erklärte mir, was ich längst wußte, daneben schlug er mir vor, Huhns zu verlassen und zu einer Familie am Marientor zu ziehen. Ich fragte, ob ich nun hier bleiben solle oder was sonst über meine Zukunft beschlossen wäre. Wie vereinbart solle ich nach Jena, sobald Geld und ein Wagen bereit und Klausbecks Einverständnis eingegangen wäre. Unsere Möbel und Thomas' Bücher wären schon dort. Was Markus tun werde? Viel würde er herumziehen müssen, sagte er etwas säuerlich, wenn aber Thomas ihm Zeit ließe, wolle er schon mal nach uns sehen.

Und so zog ich mit Hannes, meinem fressenden, schreienden, schlafenden und ab und zu schon Neigungen oder auch Abneigung verratenden Bündel Leben, in ein Haus, in dem es von Kindern und Katzen wimmelte, wo man ein Schwein im Hofstall hielt und die älteren Mädchen mir den Hannes abnahmen, als hätten sie nie im Leben etwas anderes getan, als Säuglinge zu versorgen.

Ich bekam eine enge Stube, darin ein Bett, einen Tisch, einen Hocker und eine geflochtene Truhe. Das Haus war, im Verhältnis zu den Häuschen in der engen Umgebung, nicht klein, aber die Zimmer waren eng und niedrig, größer, wenn auch nicht höher, waren nur die Diele und die Werkstatt des Hausherren, eines Schusters. Dieser Hausherr, ein schmächtiger Mensch mit schon spärlichem Haar, war den ganzen Tag beschäftigt, denn er tauchte nur zu den Mahlzeiten auf und ging abends als erster zu Bett.

Die Hausfrau und ich teilten uns bald in alle Arbeiten, die zu erledigen waren. Und eines Tages sagte die Frau: »Du solltest hierbleiben, Ottilie.«

Ich wurde ein wenig verlegen – wie sollte ich ihr erklären, daß ich nicht hierbleiben konnte, obwohl es doch gleichgültig schien, ob ich in Jena wartete oder hier.

»Ich habe einen Mann, der mich auch gern wiederhätte«, sagte ich nach einer Weile, und ich wußte, daß das nicht die beste der möglichen Antworten war.

»Ach was – dann hätt er dich doch gleich mitgenommen. Der will bloß mal seine Freiheit genießen. Die sind alle so. Große Reden führen, damit sie saufen und krakeelen können.«

»Mein Mann ist kein Schuster.«

»Ich weiß, ich weiß«, entgegnete sie, ein wenig beleidigt, »er ist irgendein Priester, der sich wohl fühlt, wenn er ein paar Leute verrückt machen kann.«

»Ich weiß nicht – ihr seid doch nicht reich, hier in der Gegend?«

»Was soll das?«

»Ich seh doch, wie ihr lebt – die Huhns, drüben am Markt, leben besser. Ihr habt noch die Werkstatt. Aber ich seh sie jeden Morgen hinausgehen und jeden Abend zurückkommen, die keine Werkstatt haben – und oft auch kein Haus. Und denen will mein Mann eben helfen.«

»Wir brauchen keinen Pfaffen zum Helfen. Hier, meiner, der fing auch so an, himmlische Gerechtigkeit und so – aber das hab ich ihm abgewöhnt. Und jetzt ist er ganz froh drüber. Ich hab ihm einfach gesagt: deine Brüder oder ich. Und da ist er zahm geworden. Und jetzt geht's uns allen gut.«

»Und – könnt's euch nicht besser gehen? Wenn der Zunftzwang wegfiele und die Nichtzünftigen endlich gute Preise nehmen dürften und wenn man, indem man in der Stadt wohnt, auch Bürger wäre, mit allen Rechten ... wär das nichts?«

»Was die Obrigkeit beschließt, ist von Gott, das sagt auch der Luther, und das sag ich. Und uns geht's doch gut, auch ohne Zunft und Bürgerrecht.«

»Du sagst das jetzt zum drittenmal. Das Haus kann man euch nehmen, die Werkstatt kann man schließen. Wenn eine Flaute kommt und die zünftigen Schuster haben nicht mehr genug Aufträge, seid ihr zuerst dran.«

»Is aber nicht so.«

Sie beugte sich wieder über das Waschfaß, und diesmal ließ ich sie stehen. Und ich nahm mir vor, mit ihrem Mann zu sprechen. Wenigstens wollte ich ihm sagen, daß er mir leid tut. Wenigstens das. Da ich die Gelegenheit suchte und keine Bedenken hatte, ihr nachzuhelfen, kam sie schnell. Ich suchte so lange nach einem passenden Flicken für eine Hose, bis er über seiner Kugel einmal verschnaufte.

»Du hast nicht viel Freude am Leben«, sagte ich geradehin. Er wehrte, wie zu erwarten, ab. Aber nicht so entschieden, wie ich es erwartete.

»Wie kommst du denn darauf?«

»Entweder hockst du vor deiner Kugel, oder du schnarchst. Mal gerade, daß du zwischendurch ißt.«

»Und du wäschst, kochst und fegst, dabei sind's nicht mal deine eigenen Sachen, ist's nicht dein Haus. Geht's dir also besser?«

»Kennst du Markus von den Propheten her?«

Er schrak nun wirklich auf. »Deine Frau hat was angedeutet«, beruhigte ich ihn.

»Und wenn's so wäre – das ist vorbei. Ich hab Familie, ich kann nicht den ganzen Tag rumsitzen und denken.«

»Und weil du nicht den ganzen Tag lang denken kannst, willst du es überhaupt nicht mehr. Arbeitest und schläfst.«

»Ich kann sonst die alle nicht ernähren.«

»Du bist nicht so arm, daß du nicht einen Gehilfen nehmen könntest. Genug Leute würden sich freuen, und sei es für Kost, Logis und ein Taschengeld.«

»Ich schaff das gut allein.«

»Ja – aber das Leben gefällt dir nicht mehr. Schau, als mein Mann und ich in Allstedt lebten, haben wir auch gearbeitet, aber wir hatten auch Zeit zum Reden, Zeit zum Denken. Du sollst für diese Dinge auch wieder Zeit haben.«

»Ach – es macht keinen Spaß, so allein. Und Freunde hab ich doch nicht mehr.«

»Du hattest aber welche in der Bruderschaft. Haben sie dich ausgeschlossen?«

»Marta war dagegen.«

»Weil du ihr nie erklärt hast, worum es euch ging.«

»Ich hab's ihr erklärt. Sie hat ›Schnickschnack und Flausen‹ gesagt und ist immer weggegangen, wenn ich wieder anfing.«

»Und was meinst du – sind es Schnickschnack und Flausen?«

»Ich weiß nicht mehr. Aber wie ist das mit dir – findest du denn alles richtig, was dein Mann macht?«

Ich lachte. »Sonst wär ich wohl nicht seine Frau geworden.«

»Du hast also alles vorher gewußt?«

»Nein«, sagte ich und fühlte mich schon weniger überlegen, »ich hab sogar das meiste nicht gewußt. Aber ich hab gefragt, und er hat geantwortet, wir haben uns auch gestritten, ich habe nachgedacht, und es war alles wenigstens nicht falsch. Richtiger als das, was der Luther und der Papst uns erzählen.«

»Und woher kannst du das beurteilen, was richtig ist?«

Ich lächelte wieder, aber mir war nicht wohl.

»Ich war mal Nonne«, sagte ich ziemlich leise.

»Ach so.«

»Du fragst wenigstens nicht, warum ich's nicht mehr bin. Ihr mögt die Klöster nicht, ich weiß. Aber es ging mir gut dort, ich hatte eine gute Äbtissin, eine gebildete Frau – nun gut – ich hab ja nichts verloren.«

»Nee – bloß das Zuhause und vielleicht auch schon den Mann, und Freunde hast du auch keine...«

»Und auch keine Verwandten. Die wirklich nicht mehr. Aber die Freunde meines Mannes sind meine Freunde, und wie sie Thomas ernst nehmen, so achten sie mich. Und du wolltest uns gern zu Freunden haben, deshalb hast du dem Markus dein Angebot gemacht.«

»Und wenn's so wär?«

»Wär's nicht schlimm. Schlimmer ist, daß du auf meinen Rat nicht hören willst.«

»Ich wollte schon – aber Marta ...«

»Nichts Marta. Du nimmst dir einen Gehilfen wie besprochen, dann zeigst du dich mal wieder im Wirtshaus, lädst die Leute ein, Marta redet mit, wenn sie will – und dann gehst du eines Tages wieder zu deinen Freunden ...«

»Nein«, wehrte er ab, »da macht Marta nicht mit.«

»Wieso? Sie setzt sich zu euch und hört zu – und lernt euch kennen.«

»Aber das darf sie doch nicht!«

»Warum nicht?«

»Weil die Frauen den Mund halten sollen in der Gemeinde.«

Ich holte tief Atem, dann fragte ich: »Wo wohnt euer Prediger hier in der Stadt, und wie heißt er?«

»Da brauchst du nicht hinzugehen, Ottilie, da erreichst du gar nichts, du machst nur alles noch ärger.«

»Das wollen wir mal sehen«, meinte ich, ziemlich siegessicher. Gegen die Schule von Thomas Müntzer, dachte ich, wird solch ein Prophetenpredikant nicht ankommen.

Ich wußte, daß die Prediger der andern, deren Namen ich nicht kannte, sich nicht als solche zu erkennen gaben. Der Meister Robert – ob er wirklich zünftiger Meister war, habe ich nicht mehr erfahren -, aber der, zu dem Niklas, der Schuster, mich schickte, dieser Robert, verblüffte mich doch. Er sah aus wie ein Fleischhauer, untersetzt, gut genährt, hatte ein rundes Gesicht und eine gerötete Nasenspitze. Außerdem mochte er noch nicht einmal so alt sein wie Thomas. Hemdsärmelig stand er vor mir in der Diele seines geräumigen Hauses, und es machte ihm nicht den geringsten Eindruck, daß da die Frau des Pfarrers Müntzer vor ihm stand.

»Was führt dich her?« Eine sichere, tiefe Stimme, eine sachliche, nüchterne Frage, weiter nichts, kein Wehen eines verborgenen Geistes.

»Ich wollte . . . ich komme vom Schuster Niklas.«

»Wer ist denn das?«

»Ich denke, Ihr wißt, wer das ist.«

»Da denkst du eben falsch. Wenn er ein paar Ellen Stoff benötigt, soll er in meinen Laden kommen – oder will er nicht bezahlen. Sag ihm, ich geb nichts auf Kredit.«

Tuchhändler also war der hier. Tuchmacher waren die andern oft. Viele waren arm, warum sollte nicht einer auch mal reich sein dürfen.

»Es geht nicht um Eure Waren. Es geht um euch – und ihn, und die Bruderschaft.« Mir schien, er horchte einen Augenblick lang auf, aber ich war nicht sicher.

»Früher hat er zur Bruderschaft gehört«, fuhr ich fort, »aber dann ist er weggegangen. Und jetzt würde er gern wiederkommen. Die Bruderschaft fehlt ihm.«

Der Meister Robert holte Atem und senkte den Kopf.

»Ich hab's ihm damals gesagt. Daß es so kommen würde, und er solle sich's überlegen. Aber er wollte es ja nicht anders haben. Wiederkommen will er? Du wirst verstehen, ich hab auch meinen Stolz – soll er Buße tun vor der Gemeinde, dann kann er wiederkommen, falls die Gemeinde zustimmt. Falls die ihn haben will, so ist das. Ich hab da nichts zu entscheiden.«

»So nicht, Meister Robert. Er hat nichts Schlimmes getan.«

»Ach – eine Meinung? Steht aber geschrieben: weil du gehorcht hast auf des Weibes Stimme. Und ich sollte auch auf dich nicht mehr hören. Du weißt, was ich denke, also geh und sag's ihm weiter. Ich hab zu tun.«

Ich blieb stehen.

Und schlimmer noch: Ich beschloß zu widersprechen.

»Eine Meinung hab ich, allerdings. Wenn du das nicht magst, ist das deine Sache, aber ich bin es gewohnt, eine zu haben, und deinetwegen werde ich es mir nicht abgewöhnen. Weil es mir nämlich so gefällt.«

»Und ich bin es gewohnt, daß eine Frau Ihr zu mir sagt.«

»Gleich auf gleich, Herr Robert. Ich denke, in der Bruderschaft sind alle nur Menschen?«

»Du gehörst nicht dazu.«

»Und du machst es dir zu einfach, Bruder Robert. Wenn du nur in der Bruderschaft brüderlich bist.«

»Laß du die Finger von solchen Sachen, das ist nichts für Weiber.«

»Hat schon mal einer gesagt. Weißt du, was er zur Antwort bekam? Ja – weißt du das?«

Robert sah mich an, ungläubig, beinahe wütend.

»Was kannst du wissen«, sagte er dann, als müsse er etwas fortwerfen, das ihm zu absonderlich erschien.

»Jede Frau, die einem Mann sich gleich macht ...«, fing ich an, er aber winkte ab. »Genug«, sagte er, »aber woher kennst du ...«

»Das und noch mehr, wenn auch nicht alles. Von meinem Mann, Robert – der auch nicht alles kennt, nur, was sie ihm erzählten.«

»So ist das.« Er stutzte wieder. »So also. Der Müntzer meint, daß auch die Weiber, sagst du. Aber das steht nirgendwo.«

»Vielleicht hörst du es noch einmal von ihm selbst. Jetzt aber müssen wir andere Dinge besprechen, meine ich. Den Niklas zum Beispiel. Und, wie du es anstellen willst, wenn du so über uns denkst, Robert, daß seine Marta den Niklas versteht. Die ist nämlich sehr selbstbewußt, weißt du.«

»So?«

»Ja – und sie hält euch für Verrückte und Tagediebe.

Und deshalb verbietet sie Niklas, zu euch zu gehen – und macht ihn unglücklich.«

»Wer weiß, was der ihr für Unsinn erzählt hat.«

»Nichts hat er ihr erzählt, das ist es ja. Er hält wie du die Frauen für unwürdig, etwas zu wissen. Und so kann er nichts tun, kann er nichts ändern, ihr nichts erklären, daran geht er entzwei ... und damit tut er ihr auch keinen Gefallen, denn sie mag ihn gern.«

»Du sagst nicht: Sie liebt ihn.«

»Ich bin nur vorsichtig. Ich kenne die beiden ja kaum.«

»Außerdem stimmt das alles nicht. Er hätte seine Frau doch mitbringen können, dann wär sie zu unsern Frauen gekommen, und alles wäre einfach gewesen. So aber ist es eben auch, wie geschrieben steht: ›Wer die Hand an den Pflug legt und sieht zurück, taugt nichts zum Reich.‹«

»Das sagt der Müntzer auch, und er sagt es lauter als ihr. Aber deswegen ist es doch falsch, Robert. Schau – sie fangen alle immer wieder an, manche haben es leicht, die zweifeln nie, weil keiner jemals zweifelt, den sie kennen, weil keiner jemals Unsinn schreit. Andern wird es schwer gemacht, die schreit oder lacht man nieder – und wenn sie dennoch wiederkommen, willst du sie wegstoßen? Robert – selbst Gott ist nicht so grausam gerecht wie du.«

»Dafür ist er Gott. Ich bin Mensch und muß für Ordnung sorgen. Und die Bruderschaft ist kein Markt, wo man kommt und geht.«

»Du läßt sie gehen – und du läßt sie nicht kommen?«

»Bin ich hier der Prediger oder du?«

»In den alten Zeiten haben die Frauen getauft, gepredigt, gelehrt, haben das Abendmahl gehalten und Gemeinden verwaltet. Deshalb hat ja wohl Paulus seine Sätzchen erst schreiben müssen. Aber das ist Paulus und nicht Gott, Herr Prediger. Das darf auch mal falsch sein, ungerecht – und wir können es richtiger machen. Wenn Marta wüßte, was ihr wollt und treibt, was ihr denkt und fühlt – statt nur wieder im Hinterzimmer zu sitzen und zu schaffen, was sie sonst auch macht, Sticken und Wirken, zu reden, wovon sie sonst auch spricht, nämlich von Kindern und dem Mann und der Wirtschaft, und allenfalls dürfte sie ein bißchen beten und singen –, dann würde sie sich vielleicht besser fühlen, dann hätte sie vielleicht auch von sich eine bessere Meinung. Und wenn sie dann sieht, wie ihr eure Familien habt und eure Berufe und Kinder und daß ihr überhaupt nicht anders und besonders seid, dann würde sie euch vielleicht sogar lieben.«

»Weißt du, was wir denken?«

»Nicht alles, aber ich sehe, daß ihr auch gelernt habt. Mein Mann nannte euch nämlich weinerlich und traurig. Davon aber sehe ich nichts, wenn ich dich sehe.«

Er wehrte ab. »Die gibt es auch – aber ich bin eben anders.«

»Und was wirst du nun machen? Es wird doch nicht so sein, daß die Gemeinschaft gar nicht auf dich hört – wie solltest du sonst ihr Prediger sein.« Er lachte.

»Und an dir ist ein Advokat verlorengegangen. Sag mal, woher weißt du eigentlich so gut in der Bibel Bescheid?«

»Das ist wichtig für euch, nicht wahr – daß einer in der Bibel Bescheid weiß. Nun gut, das alles war einmal mein Alltag, aber ich sag dir was anderes: Die Bibel ist das eine, schön und gut. Aber sie ist nichts wert ohne das andere – ohne die Welt, ohne das, was dich umgibt, das ist der andere Finger an Gottes Hand, der in die Herzen schreibt, sagt mein Mann, der andre Finger schreibt nur im Verstand, und der Verstand ist arm, er ist der Bettler des Herzens, er ist nichts als die Rute eines Blinden und die Krücke eines Lahmen, und ihr könnt zehn Bibeln gefressen haben, sagt mein Mann, darum wißt ihr noch gerade so viel wie ein Hund – das sag ich. Es hat keinen Sinn, die Seiten umzudrehen, und wenn mir das bißchen Bibel zu deiner Achtung verholfen hat, dann tut es mir leid, daß du mir's so leicht machst. Und ich verstehe, was euch trennt, den Pfarrer und euch. Du meinst, mit der Bibel in der Hand schaffst du alles – und er meint, wenn du Verstand genug hast, nämlich den Verstand, der mehr ist als Vernunft, dann hilft dir die Bibel auch weiter, aber wenn du das nicht hast ...«

»Hör schon auf, ich kenne das. Ich hab das gelesen. Und ich finde das gar nicht immer schlecht. Aber die Bruderschaft im großen, die Storch und all die andern, meinen eben, es geht zu weit.«

»Und die Lutherschen meinen das auch. Wenigstens darin seid ihr euch mal einig. Danke, daß du nicht so bist. – Aber was machen wir nun mit Niklas?«

»Du bist aber hartnäckig.«

»Hast du nicht erwartet.«

»Nein, hab ich nicht. Sag ihm also, er kann kommen. Erst mal zu mir. Ich regle das dann mit den andern.«

»Und Marta?«

»Schwierig. Du weißt ja, wie es steht. Aber ich kann es versuchen, und – so dumm sind unsere Frauen übrigens auch wieder nicht. Ach – komm doch einmal mit.«

Erst jetzt fiel mir ein, daß wir immer noch in der Diele standen. Er öffnete eine der Türen, dahinter sah ich die Küche, er winkte mir näherzutreten. Eine schöne, rothaarige Frau hantierte darin, ein junges Mädchen half ihr.

»Meine Frau und meine Tochter«, sagte er. Ich staunte.

»Eine so große Tochter hast du?« Er zog mich in die Diele zurück. »Ihre Eltern waren nicht gut zu ihr«, sagte er leise, »da haben wir sie aufgenommen. Die Eltern waren sehr böse, aber nun ist es vorbei, und sie gehört zu uns.« Wieder ging er in die Küche, ich folgte ihm. Die Frau und das Mädchen sahen von ihrer Arbeit auf.

»Das ist die Schwester Ottilie, die Frau des Pfarrers Müntzer aus Allstedt, ihr wißt doch – die dort die Frauen vors Schloß geführt hat. Und sie will euch fragen, wie es euch hier geht.« Ich sah ihn von der Seite an. Er lächelte, er hatte verstanden.

»Es ist nicht gut, wenn man gleich alles sagt, was man weiß. Eine alte Regel der Bruderschaft, du solltest sie dir merken, Ottilie. Sag mal – da dein Mann ohnehin auf Reisen ist, willst du nicht bei uns bleiben? Wir könnten dich brauchen – und solche wie dich.«

Als ich gegen Abend zum Schuster zurückkehrte, berichtete Marta, der Markus wäre dagewesen, es sei alles bereit, und in der Frühe des andern Tages wolle er endlich nach Jena aufbrechen. Er erwarte, daß ich mich bereithalte.

»Schade«, sagte ich. Marta machte große Augen, aber sie fragte nicht. Und am nächsten Morgen saß ich schon wieder auf einem Planwagen.

Nun aber kommt die Reihe an dich, Markus. Ich weiß, du fürchtest dich vor dem, was ich nicht verschweigen kann, mehr als damals in Mühlhausen vor der drohenden Niederlage. Wenn ich aber der Tage in Jena gedenke, so bleiben sie gezeichnet von deinem Verrat. Oder wie soll ich es nennen? Entgleisung? Eifersucht? Aufbegehren dessen, der es leid war, ewig und immer der benutzte Dritte oder gar Vierte zu sein? Das Aufbäumen einer verkannten und vielleicht mißbrauchten Liebe?

Klausbeck jedenfalls empfing uns seltsam. Mich mit einer störrischen, steifen Achtung, dich aber – wie einen Engel des Herrn, wie Rafael, der da unsichtbar und unkenntlich die Reisenden geleitet. So beschrieben im Buche Tobit. Aber ich war nicht Braut, welche der Satan belagert. Damals jedenfalls meinte ich, es nicht zu sein. Ich wußte nicht, welches Schicksal du mir zugedacht. Jetzt aber wünschst du, daß es vergessen wäre.

Ich wünsche es auch. Du hast es gutgemacht, wenn es je gutzumachen war. Um es aber ganz und gar zu töten, müssen wir beide, Markus, der Schande ins Gesicht sehen – und dürfen nicht mehr erschrecken, erst dann haben wir all das wirklich und am Grunde besiegt. Erst dann wird der Schmerz aufhören und der Vorbehalt. Erst wenn ich an deiner Statt und mit deinem Einverständnis alles gesagt haben werde. Jetzt also noch nicht, da ich beginne.

Ich wurde in einer beheizten Dachkammer untergebracht, die gerade Platz für das Kind und mein Bett hergab. Dich geleitete Klausbeck ins Wohngemach, ich hörte euch reden und lachen. Sonst geschah an jenem Abend nichts. Ich schlief, ich war müde von stundenlanger Fahrt. Am nächsten Morgen dasselbe Bild. Ein willkommener Markus, eine geduldete Ottilie. Und keine Frau, die man befragen konnte. Nur eine ältliche und mürrische Hausbesorgerin, die wohl ihre Befehle hatte. So lange im Haus, daß die Loyalität gegenüber dem Hausherrn tausend Gründe hatte und nur durch den Tod, den eigenen, aufgehoben werden konnte. Eine in ihrem Kloster einsam vergreiste Nonne, eigensinnig und wachsam. Ich gab mir Mühe, die Dinge zu nehmen, wie sie einmal waren, und sehnte mich im geheimen nach Allstedt, nach Naumburg, ja nach Glaucha zurück. Ich versuchte, freundlich zu sein – das Lächeln, das sanfte Wort gefroren im Umdrehen.

Markus tafelte mit dem Hausherrn und mit Gästen, ich aß in der Küche, beargwöhnt, daß ich mir nur ja nicht zuviel auf den Teller häufe. Nur das Kind erhielt, was immer es benötigte. Ich ging im Haus umher wie ein Gespenst. Markus strich an mir vorbei, er sah mich nicht. Klausbeck quälte sich einen verkniffenen Gruß ab. Dann verschwand er wie das schlechte Gewissen, das man ertappt. Aber es war Leben im Haus, Kommen und Gehen, Männer öffneten leise die Haustür, schlichen sich in die Abenddämmerung, andere tauchten daraus hervor. Ich sah all das, als wäre es eines der Mysterienspiele, die wir im Kloster manchmal aufgeführt – die hatten mich mehr betroffen. Das hier schien nicht einmal nur nichts für mich – es gab sich geradezu feindlich.

Am dritten Abend ertrug ich das alles nicht mehr. Ich paßte Markus in der Diele ab und fragte ihn erst einmal unverfänglich nach Botschaften von Thomas.

»Hab keine«, antwortete er und versuchte zu entwischen.

»Markus«, ich hielt ihn zurück, er war nicht froh, »was soll das alles?«

»Kümmere dich um deinen Kram.«

Ein Gast rauschte vorüber, Markus schloß sich ihm mit einer Dringlichkeit an, als hätte ich verlangt, er solle eben jetzt mit mir zu Bett gehen. Aber Markus war kein Joseph und ich nicht Potiphars Weib. Und es war offensichtlich etwas nicht in Ordnung. Etwas, das mit mir zu tun haben konnte, aber auch mit einem andern, den man mehr fürchten mußte, auch wenn er abwesend war. Denn falls er jemals erfuhr, was hier ... indessen, Markus hatte sich entschieden, und ich sollte bald erfahren, wozu.

Etwa nach einer Woche hörte ich noch spät in der Nacht den Lärm aus der Wohnstube, das Gepolter der Trunkenen in der Diele. Ich konnte nicht schlafen, also kleidete ich mich an und betrat mit dem Mut der Verzweiflung die Stube. Ich sah, was der Lärm bereits angekündigt hatte: ein Gelage. Becher standen und lagen herum, Decken hingen weinbesudelt von den Tischbrettern, Stühle lagen quer im Raum, und über allem lag ein erstickender Dunst von Wein, Bier und Erbrochenem. Obgleich einige der Beteiligten kaum mehr imstande waren weiterzusaufen, dauerte das Gelage an. Ich suchte Markus. Und ich fand ihn, seltsam nüchtern noch, im Gespräch mit einem mehr als abenteuerlich geputzten Herrn, dessen kohlefarbenen Augen Markus' Miene genauestens studierten. Noch hatte er mich nicht bemerkt. Und für einen Augenblick erwog ich, mich rasch zurückzuziehen, dann aber blieb ich stehen, wo ich stand. Man würde mir nichts antun, man würde mich höchstens beleidigen, dachte ich – und an Beleidigungen mußte ich mich einmal doch gewöhnen, warum also nicht jetzt. Ich löste mich von der Tür und schritt durch die Betrunkenen und Halbbetrunkenen, die sich vor Verblüffung, daß ich es wagte, so zu schreiten, nicht rührten, bis zu den beiden hin. Ich stand an der Innenseite des Tisches, sie saßen zueinander geneigt zwischen Tisch und Wand. Markus sah auf.

Sah mich.

Fragte, was ich, zum Teufel, hier wollte.

Sehen, was er, zum Teufel, hier triebe.

Das sähe ich, das habe ich gesehen, und nun fort.

»Nein«, sagte ich, »erst wenn ich alles weiß.«

»Dazu bin ich noch nicht besoffen genug.«

»Dann wirst du es jetzt bald sein.« Markus erhob sich, die Erregung zeichnete jetzt in seinem Gesicht die ersten Spuren der Trunkenheit. Der Tisch stand zwischen uns.

»Hau jetzt ab, du, oder ich helf dir raus.« Er sagte es nicht laut, aber laut genug. Die Meute grölte.

»Wer is'n das, Markus?«

»Deine Liebschaft?«

»Sieht schon 'n bißchen vergraut aus, meinst du nicht?«

»Markus – schaff endlich die Kuh aus dem Saal.«

»Du hörst, was man von deiner Anwesenheit hält. Geh rauf und leg dich ins Bett – und wenn du willst, kannst du ja auf mich warten.« Das sagte er schnell, es sollte treffen, sollte verletzen. »Aber ich weiß nicht, ob ich kommen will«, schrie er mir noch nach.

Ich ging. Aber nur, um ihm am nächsten Morgen um so bestimmter in den Weg zu treten.

»Was willst du schon wieder?«

»Wissen, was hier los ist.«

»Bißchen feiern – als wär das was Schlimmes.«

»Weißt du noch, was du gestern gemacht hast?« Ich dachte, er sei nicht mehr so ganz Herr seines Verstandes gewesen, aber er entgegnete: »Wenn du willst, mach ich es gleich noch mal.« Er hatte helle, feindliche Augen, als er das sagte.

»Markus – bei unserer Freundschaft, bei unserer Arbeit und unsern Träumen – was soll das Ganze?«

»Träume – hast du Träume gesagt, Ottilie? Eben das ist es doch, daß es Träume sind und Träume bleiben, deine, eure ganze himmlisch herrliche Welt – plautz – ein Kurfürst winkt mit dem Finger – hin ist sie. Aber das hier, das schlägt kein Kurfürst entzwei, das kriegt er gar nicht zu fassen, das hat kein Gesicht und hat doch Fäuste und einen scharfen Verstand – und das sind jetzt meine Freunde, Ottilie, und deinen Thomas kannst du für dich behalten, den brauch ich hier allenfalls noch als Galionsfigur, damit sie mir glauben, mir vertrauen. Wenn er wiederkommt, kann er dich mitnehmen, aber bis dahin hab ich hier schon die Macht in der Hand, du, da kann er sich freuen, wenn ich ihn hier reinlasse.«

»Und Michael?«

»Du denkst doch nicht, der ist so blöd und kratzt Dreck, wenn er Gulden haben kann.«

»Was ist das also hier? Eine Räuberbande? Ein Saufloch?«

»Ihr kriegt doch nichts zustande als reden und reden und wieder reden – wir, Ottilie, wir handeln, wir werden handeln, daß euch die Ohren klingen und die Augen übergehen sollen. Wir nehmen uns einfach, was wir wollen, verstehst du – hat übrigens Thomas nicht auch gesagt, man könne sich der Herrenart doch auch einfach anpassen – dann ist man doch selbst Herr, nicht wahr – und das will auch dein Thomas nicht, daß einer Herr wäre – außer ihm natürlich.«

»Du mißbrauchst hier also Thomas' Ruf und Namen.«

»Nein – ich mach was aus ihm. Endlich macht mal einer was aus ihm. Der weiß gar nicht, was man alles aus ihm machen kann. Mißbrauchen – nein, Ottilie, ich benutz ihn – zu einem guten Zweck.«

»So gut, daß du mich nicht dabei brauchen konntest.«

»Das ist ja wohl meine Sache. Außerdem – Klausbeck läßt dich ja wohl in Ruhe, oder?«

»Was willst du Thomas sagen, wenn er kommt und findet hier einen wüsten Haufen, der sich mit seinem Namen schmückt und ehrlichen Leuten an Gut und Leben geht – und dich als ihren Hauptmann obendrein?«

»Der hat hier nichts zu sagen.«

Ich wußte genug. Ich ging zu Klausbeck und fragte, wieviel Geld noch für uns anstehe. Es war nicht allzu viel, aber doch genug für eine Weile. Ich nahm es an mich und brachte es aus dem Haus zu einem Kaufmann, den ich weiter nicht kannte, der mir aber vertrauenswürdig schien. Ich zog in einen Gasthof, bezahlte für einen Monat im voraus, bekam ein besseres Zimmer als bei Klausbeck. Und damit Markus nicht die Möbel und Bücher versetzte, forderte ich sie aus Klausbecks Treuhänderschaft zurück. Ja, ich ging zum Rat und klagte auf Herausgabe. Klausbeck kam und fragte, ob ich übergeschnappt wäre. Markus kam, sichtlich vom Gewissen geplagt, wohl gerade einmal nüchtern, und redete mit Eifer um die Sache herum, bis ich sie ihm auf den Kopf zusagte. Und als ich eben den nächsten Protest aufsetzte, kam Thomas.

Als er zu mir kam, war er schon bei Klausbeck gewesen. Er hatte ein ähnliches Bild geschaut wie ich in jener Nacht, es gab wohl nicht mehr viel Abwechslung dort drüben. Ich wollte aufatmen, aber sein Gesicht war zugesperrt. »Du bist also bei Michael ausgezogen«, sagte er nur. Dann aber fuhr er auf, »damit Michael nicht jeden deiner Seufzer hört, wenn du's mit Markus treibst, ja?«

Ich stand wie erstarrt.

»Glotz nicht so. Markus hat's mir schon gebeichtet.«

»Komm«, sagte ich, »wir gehen hin. Ich frag ihn selber.«

Es war nicht eben geschickt, was ich da tat, aber er ließ sich fortziehen, fragte nicht. So kamen wir zu Klausbeck zurück. Markus grinste uns entgegen.

»Na – hat sie gestanden?«

»Nein, das hat sie nicht«, sagte ich. »Denn erst mußt du gestehen, Markus. Du mußt Thomas den Sinn deiner Nachtgelage ebenso erklären, wie du ihn mir erklärt hast. Dann wird sich zeigen, wer mehr zu gestehen hat.«

Thomas sah von einem zum andern.

»Was spielt ihr hier«, fragte er, ich spürte aus der Stimme die Angst zu verlieren, verspottet zu sein, ich verstand ihn so gut, aber jetzt durfte ich ihm nicht um den Hals fallen, jetzt nicht, um keinen Preis der Welt.

»Was ich spiele, weiß ich noch nicht, Thomas. Aber Markus spielt dafür gleich zwei Spiele: Verstecken und Verleumden. Das eine mit dir, das andre gegen mich.«

»Was weißt du?« Jetzt war seine Stimme scharf wie die eines Richters im Verhör. Ich berichtete. Markus versuchte zu unterbrechen, aber er schob ihn mit einer Bewegung zur Seite.

»Es ist gut«, sagte er nur, als ich zu Ende kam. »Geh hinüber, Ottilie, und richte mir das Bett, ich werde müde sein, wenn ich komme.« Und als ich zögerte, lächelte er, noch angestrengt, aber schon wieder ganz und klar.

Dann ging er mit Markus in die Stube.

Die Türme von Nürnberg. Schon jetzt. Oder wieder, die gut gehaltenen Wälle und Tore, die sauberen Straßen. Das ordentliche Pflaster auf den Plätzen, und die Kirchen sehen aus wie frisch geweiht. Die Häuslerviertel hinten an der Pegnitz sah ich erst später. Fast zu spät war es da schon.

»Du läßt deine Spuren neben den meinen«, sagte Thomas einmal, unterwegs zwischen zwei Dörfchen, zu mir.

»Wie meinst du das?«

»Ich hatte in Naumburg ein gutes Gespräch mit dem Bruder Robert und in Jena ...«

»Was war in Jena?«

Seit Jena war Markus verschwunden. Das wußte ich, das sah ich. Dafür saß ein anderer Mann mit uns auf dem Wagen, ein Priester aus Mühlhausen, ein blasser, schmaler Mensch mit Halbglatze, aber lebendigen, wachen Augen und einem raschen Mundwerk. Erfahren in allen Dingen der Landstraße wie Feuermachen, Essenbesorgen, Sichverstecken. Auch das Brevier schien er zu kennen, wenn er es auch wenig zur Hand nahm.

»Was war in Jena, Thomas?«

Wieso – platzt du schon vor Neugier? Soll unsre linke Hand wissen, was die rechte tut? Willst du die Früchte deiner Arbeit auch ernten?

Du bist immer noch eine Närrin, Ottilie.

»Markus hat bereut und gemeint, er würde schon auf seine Weise Buße tun. Ich hab ihn nicht gefragt, was er vorhabe. Ich denke, wir werden es sehen.«

Er hat bereut.

Dabei war er doch eigentlich auch nicht schuld. Überfordert, wie einst ich. Reden, reden – aber es ist doch nicht wahr, Markus, es wird doch nicht nur geredet. Nur wir sind es, die reden. Aus den Worten aber wird eine Hand, wird ein Arm, die Worte schaffen ein Gesetz und ein Urteil, die

Worte schaffen Schicksal. Es ist gut, wenn gesprochen wird, und es ist schlecht, wenn gehandelt wird, ohne zu sprechen. Wer andre nicht fragt, der fragt auch sich nicht, wer aber sich nicht fragt, der weiß nicht, was er tut. Der ewige zweite, der auch einmal etwas gelten wollte, der sich nicht für die Linke des andern hielt, sondern meinte, er selbst habe zwei gesunde Hände.

Der Wille zum Handeln, der der Vernunft des Handelns davonlief, nicht zum erstenmal, nicht zum letzten.

Das berühmte Durchdrehen, wo nur noch eins hilft – die Ohrfeige, der Kinnhaken.

Markus ist niemals wieder durchgedreht.

Und jetzt steht er neben mir, sieht auf die Blätter und ist entsetzt, daß ich auch das aufschrieb.

Das hätt ich ihm ersparen sollen.

»Nein, Markus. Wir waren nicht unfehlbar.«

»Hab ich nicht gesagt, ich sagte nur: Erspar mir's.«

»Mir nicht, Thomas nicht, Hans nicht, keinem. Wir waren alle nur so schön oder so häßlich, wie wir eben waren – und, wenn wir Glück hatten, noch sind.«

»Du bist dabei, den Schmerz zu überwinden.«

»Ich hab ihn überwunden, Markus. Wegen der Scham.«

»Wir sollten uns schämen?«

»Nein, Markus.«

»Also hätten wir doch alles richtig gemacht?«

»Nein, Markus.«

»Ich verstehe dich nicht.«

»Dann laß es.«

»Aber du hast es verstanden?«

»Ja, Markus.«

Und jetzt versteht Markus Stübner gar nichts mehr. Und Ottilie von Gersen mag nun eben jetzt und davon nicht reden.

Du wolltest endlich handeln, nachdem schon wieder die anderen, die Herren, die Macht auf ihrer Seite hatten, nachdem wir flüchtig waren und obdachlos. Wer soll sich dessen schämen. Du hast es falsch angefangen, weil du nicht wußtest, was du besser tun solltest – warum solltest du dich schämen? Es ist nichts verborgen geblieben.

Hans wollte nicht mit Geldsäcken zusammen beten, wollte die Kinder nicht erziehen in der Furcht der Herren, allenfalls in der des Herrn. So hat er gehandelt, hat sich verjagen lassen, ist jetzt, da ich schreibe, noch unauffindbar. Aber Hans hat auch aus seiner Abneigung gegen Ottilie kein Hehl gemacht. Zu wenig Frau war sie ihm, zu wenig demütig, zu selbständig – armer Thomas, dachte und sagte er. Mulier taceat in ecclesia. Bemerkenswerterweise diesen Satz in Latein. Mulier taceat überhaupt. Aber auch Hans Denck muß sich nicht schämen. Es war seine Meinung.

Die kann von falschen Voraussetzungen ausgehen, aber wenn wir uns ihrer schämen und schweigen, werden wir nie erfahren, wie es um sie steht.

Und Ottilie hat in Waldstein ... aber auch Ottilie hat sich nicht zu schämen. Es ist nur noch nicht an der Reihe. An der Reihe ist, daß wir morgen aufbrechen werden, daß es nach Hamburg geht und die Kinder mit mir kommen. Der Vater Stübner nimmt alle auf. Daß also alles geregelt ist. Und daß unsere Möbel und Thomas' Bücher endgültig verloren sind. Die letzte Nachricht aus Mühlhausen war ein hochnäsiger Brief, ob ich denn nicht froh sein wolle, überhaupt noch am Leben zu sein, ich soll die Großmut der Sieger nicht frech überfordern. Wolle ich nicht endlich schweigen und mich verziehen, so wolle man sich die eigene Entscheidung auch überlegen. Jetzt also erst sehe ich die Gänge und Gärten des Klosters wirklich zum letztenmal. Eine mittelgroße Kiste, hinten auf die Kutsche geschnallt, enthält alles, was blieb. Kleider, ein wenig Wäsche, mein altes Gebetbuch, eine Bibel und ein paar Briefe, das ist alles.

Ottilie, kannst du dir nicht denken, was sie in Jena gesprochen haben?

Also gut. Nürnberg eben. Und vorn auf dem Kutschbock sitzen Thomas und jener Pfarrer Pfeiffer, die Pferde sind ausgeruht und ziehen rasch, das Land bleibt hinter uns, eine weite Erinnerung. Wir kommen wieder, hatte Thomas zuletzt gesagt. Aber wir nutzen die Zeit, die sie uns geben, anders, als sie gemeint haben. Wir haben viele Freunde, und wir werden sie aufsuchen, einen um den andern. Und Pfeiffer hat dazu genickt, als wär die Idee von ihm.

In Nürnberg nahm Hans Denck uns auf. Begrüßte Thomas mit unverhohlener Achtung, Pfeiffer mit ein wenig Herablassung, mich mit jenem fremden Respekt, den ein wohlbekannter Herr und Bürger einer fremden Frau schuldet, deren Mann er verehrt. Auch Denck war jung, dachte ich erst, aber ich sah auch nur die schmale Gestalt, den weichen Pelz des Mantels, hörte nur die helle Stimme. Dann aber sah ich auch die Hände, sah ich das Gesicht. Ja, er konnte jung sein, aber auch uralt. Zwanzig, dreißig Jahre würden ihn kaum verändern, dachte ich.

Denck herrschte über ein großes Haus. Er selbst bewohnte nur einige Räume darin, aber ich erinnere mich an hohe, spitze Fenster, hellen Verputz und hellen Anstrich, eine Kapelle, lange Flure und ein hohes Dach – die Schule von Sankt Sebald gehörte der Stadt, und Denck beherrschte sie als Rektor. Daß er uns aufnahm, entsprach ebenso seiner Verehrung für Thomas als auch seinen Möglichkeiten. Wir – das waren Thomas, das Kind und ich. Pfeiffer zog woanders ein, wo, habe ich auch nie erfahren. Mich umgab eine weißgetünchte Kammer mit einer dunklen Balkendecke, darin schwere Möbel standen, Tisch und zwei Stühle und eine Truhe, das Fenster ging nach dem Kirchhof hinaus. Die Kammer konnte beheizt werden, die abgewetzten Dielen knarrten ein wenig. Kein behagliches Quartier, aber etwas, das einen zwar wissen läßt, man sei Gast – aber auch, man dürfe bleiben.

Der Oktober war schön. Der Herbst kam leise, strich behutsam den Bäumen übers Laub, zupfte halb scheu, halb nur verspielt den Bäumen hier und da einige Blätter aus, wollte mehr nicht wagen. So welkte alles nur langsam, und die Farbe der Äpfel und der Astern schien nur noch greller. Wie im Sommer ertrank der Himmel in seinem tiefsten Blau, und sommermüde schienen auch die Sterne. Die Regentage blieben weich und licht, sie streichelten die Erde.

Es wird ein harter Winter, sagten die Leute.

Berge von Brennholz türmten sich schon vor den Pforten und auf den Höfen. Und an diesen Vorräten strichen die verliebten Paare vorüber, noch schliefen die Bettler und Landstreicher unter den Kirchenpforten und in den Torbögen ein. Noch streiften Gesellen und Taglöhner nachmittags durch die Gassen, und zwischen ihnen sah ich würdig und steif und blind gegen das Treiben die Herren einherschreiten, als die sich hier Meister und Ratsherren verstanden, Advokaten und Schreiber, Lehrer und Prediger des reinen wie des unreinen Worts. Die ganz großen Herren und ihre Familien sah man selten in den Straßen.

Nürnberg war lutherisch. Was es noch war, mußte sich zeigen.

Es zeigte sich bald. Eines Abends brachte Denck zwei Männer mit, die er die Brüder Beham nannte. Sie brachten kleine Holzschnitte mit, die sie Thomas zeigten. Bauern und Bäuerinnen, Marktweiber und Vorstadtszenen. Und alles sehr klein, sehr fleißig.

»Was wollt Ihr damit?«

»Es zeigen. Zeigen, wie die Leute sind.«

»Ach – sind sie so klein?« Der eine der Brüder begriff den Spott.

»Dann taugen sie wenigstens nicht zum Heringeeinwickeln, wie die vom Dürer.«

»Im Ernst – ist das schon passiert?« Thomas wollte es nicht glauben, der Dürer, der größte Maler hierzulande, man kannte ihn selbst in unserm finstern Sachsen ... und Heringe – nein, das ging zu weit.

»Wenn einer erst mal Massen von Blättern unter die Leute bringt ...«

»Na, das wär doch bloß hier in Nürnberg möglich, wo ihr genug von allem habt.«

»Was sagt Ihr sonst zu den Bildchen?«

»Sie zeigen, was sie zeigen sollen – mehr nicht.« Sebald Beham mochte eine andere Antwort erwartet haben. Er schaute bedrückt. Und besann sich wohl eben, ob er dem fremden Pfarrer Unverstand in Kunstdingen vorwerfen sollte. Bartel, der Bruder, kam ihm in die Quere.

»Dann reicht es doch«, sagte er. »Wenn's auch noch verstanden wird.«

»Als was denn, Bartel?«

»Nun, Pfarrer Müntzer – von den einfachen Leuten, damit sie wissen, daß sie auch abgebildet werden können – wie die großen Herren.«

»Aber sie werden doch schon lange abgebildet, Herr Beham. Seht Euch die Altäre an, die Heiligenbilder.«

»Aber nie so, wie sie wirklich sind.«

»Und – kaufen die Leute, die Ihr meint, Eure Bilder?«

Sebald sah zu Boden, schwieg.

»Also sie kaufen sie nicht. Aber fürs Wirtshaus haben sie Geld, nicht wahr?« Sebald nickte betrübt.

»Also muß es doch was andres sein, wenn es nicht das Geld ist, das fehlt. Heiligenbilder und die Stiche der großen Männer kaufen sie doch, ich hab es heute gesehen, wie sie dem Händler die Blätter mit dem Luther aus der Hand gerissen haben – und sollte doch langsam schon jeder einen zu Haus haben. Sind sie sich selbst so wenig wert, was meint Ihr, meine Herren Maler und Stecher?«

»Die beiden haben darüber wohl noch nicht nachgedacht«, versuchte Denck zu vermitteln.

»Dann wird's Zeit«, meinte Thomas, »denn irgendwann werden auch die Herren Beham Geld aus ihrer Arbeit machen wollen. Die Leute sind sich also nichts wert, das haben wir gesehen. Aber wie ändern wir das? Es steht doch nicht nur dem Absatz einiger kleiner Stiche im Weg, sondern einer ganzen Sache – weswegen ich hier bin, zum Beispiel.«

»Und wie soll man das schaffen?«

»Indem man die Gründe wegnimmt, die die Menschen so sein lassen, wie sie sind. Indem man sie reizt, etwas anderes zu beginnen, etwas, das sich für sie lohnt. Wo sie nicht klein sind, auch wenn sie nicht regieren. Weil die, die nicht regieren, nicht gering und die, welche regieren, nicht für groß geachtet werden, sondern jedermann tut sein Werk, und jedermanns Werk gilt viel, wenn es ordentlich getan war.«

»Es gibt also keine Armen mehr und keine Reichen?«

»Ich weiß noch nicht. Einige werden immer fleißiger sein, andere träger. Die Temperamente der Menschen sind unterschiedlich, auch das ist Gottes Wille, und den müssen wir ertragen. Aber es muß der eine nicht schandbar reich und der andre nicht jämmerlich arm sein – und deshalb sollten die Menschen sich untereinander vergleichen, und vor allem sollten sie lernen, daß alles, was sie haben, in Wahrheit der Besitz aller ist. Und wie es allen gehört, so gehört es in Wahrheit niemandem

– was auch immer wir benutzen, es ist uns nur gleichsam geliehen, damit wir es zu unserer Notwendigkeit haben und nicht verderben. Was wir jedoch haben und nicht gebrauchen, sollten wir fortgeben und sehen, daß es ein andrer brauchen könne.«

»Also sollte alles allen gehören?«

»Begreifst du es nur so, Hans? Ich sagte, es gehöre uns ohnehin nichts auf dieser Erde. Und dennoch benutzen wir alles und sollen es auch benutzen, denn das gehört dazu, wenn wir Menschen sind, daß wir uns nähren und forschen und bessern. Ich meine nicht, du solltest jetzt alles fortgeben oder alles einsammeln – aber du solltest mit dem, was du hast, vernünftig und mäßig umgehen. Warum nicht trinken, wenn du durstig bist, warum nicht essen, wenn dich hungert, warum nicht feiern, wenn du fröhlich bist, und warum nicht lieben, wenn du liebst? Auf all das zu verzichten ist Dummheit, denn es bedeutet, Gottes Geschenk zu verachten. Und sogar der Rausch, die Berückung der Sinne, ist sein Geschenk, denn es befreit und erfreut das Herz, wie geschrieben steht. Und wenn ihr dabei grob und gewaltsam werdet, so liegt's nicht am Wein, und wenn ihr dabei träge werdet und nur noch den Rausch verlangt, so liegt's auch nicht am Wein, sondern daran, daß ihr nicht wißt, wer ihr seid und was ihr sollt, daß ihr hintaumelt und stottert, wo ihr meint, daß ihr redet, und träumt, wo ihr meint, daß ihr denkt. Ihr sollt aber nicht an den Sachen hängen, die ihr benutzt, sondern sie mit Freiheit gebrauchen, das meine ich.«

»Danke für die Predigt, Thomas.«

»Sag mal – willst du sie nicht öffentlich wiederholen? Damit die Leute hier mal was andres hören als Osianders Glaubensgewäsch – und vielleicht auch der Absatz der Bildchen endlich steigt?«

»Ich werd's mir überlegen. Was meinst du, Ottilie?«

»Ich meine, du solltest es dir wirklich überlegen. Nachher verstehen die Leute dich so gut wie Hans Denck und fangen gleich an, die Scheunen auszuräumen.«

»Soll das heißen, Frau Pfarrer, daß Ihr verstanden habt, was Euer Mann gesagt hat?«

»Soll das heißen, Euer Gnaden.«

»Thomas, das ist aber nicht gut, wenn sich die Weiber in unsre Sachen mischen.«

»Warum nicht, wenn sie recht haben.« Da ich des Streitens um diesen Punkt überdrüssig war, musterte ich derweilen Dencks Bücher.

»Kennt Ihr viele davon?« Denck erwartete wohl wieder nicht die Antwort, die ich ihm geben mußte.

»Die meisten. Wir hatten eine gute Bibliothek im Kloster. Und auch einiges in Allstedt.«

»Und – wie gefallen sie Euch?«

Ich schwieg. Wenigstens einmal wollte ich höflich bleiben. Und eben das verstand Hans Denck nun wieder falsch.

»Also hat sie sie doch nicht verstanden.«

»Sie hat nur gemeint, sie gefielen ihr nicht, Hans.«

Ich würde wohl Hans Dencks Wohlwollen nicht mehr gewinnen. Aber das war nun auch unwichtig. Wichtig war allein, daß Thomas tun konnte, weshalb er nach Nürnberg gekommen. Daß er drucken lassen konnte und vertreiben. In Allstedt hatten wir Reychardt gehabt, aber der war nur in Sachsen ein wenig bekannt, hier hatte Hergot seine Offizin – und den Namen Hergot kannte man in Deutschland, hier gedruckt zu sein bedeutete, daß man gelesen wurde. Nicht nur in Sachsen und nicht nur von Gegnern oder Bauern, sondern von jenen, die das noch lesen und bedenken sollten: denen, die studiert hatten, denen, welchen man zuhörte. Wenn er wollte, mochte er auch predigen, aber das erst, wenn alles andre geglückt war und es auf den Hinauswurf nicht mehr ankam.

»Wie kommt man an Hergot heran?« fragte er die Behams.

Die zeigten sich überrascht. Und es zeigte sich, daß sie in dieser Hinsicht nicht viel vermochten.

»Warum mußt du an Hergot erst ›herankommen‹? Ich meine, du hast die Schriften, du hast, mit Denck zusammen, das Geld für den Druck, und Nürnberg ist eine freie Stadt – warum also so vorsichtig?« Thomas grinste. Solch ein Grinsen bedeutete, daß ich die Antwort eigentlich bei mir selber suchen könnte – aber in seiner unendlichen Güte und Großmut würde ich vielleicht innerhalb der nächsten Minuten doch eine bekommen.

»Warum mußte wohl Reychardt, nachdem wir einmal gehen mußten, auch seine Druckerei schließen? Er hätte doch ruhig weiterdrucken können?«

Ich meinte, daß zwischen einem Rat und einem Kurfürsten vielleicht doch ein Unterschied bestünde. Und Thomas' Grinsen wurde immer breiter.

Eigentlich seien es ja mehr Gemeinsamkeiten als Unterschiede, meinte er dann. Nürnberg sei so gut und so schlecht lutherisch wie Kursachsen, und was der Wettin in Wittenberg und Allstedt sei, wäre der Rat und wäre die Ehrbarkeit hier – und ich solle auch an Mühlhausen denken. Ob etwas die Wahrheit sei – ach, es würde doch längst schon nicht mehr getrennt nach papistisch oder lutherisch, die Unterschiede wären jetzt: für oder gegen die Umgestaltung des Ganzen, das immerhin sei bewirkt, aber jetzt müsse man erst einmal damit rechnen, daß ein Hergot selbst in Gottes freier Stadt Nürnberg nicht drucken könne, wozu er eben Lust habe. Die Alpträume seiner Urgroßmutter, meinte Thomas, wäre er wohl leichter an ihn losgeworden.

»Wenn nun aber die Behams und auch Denck nichts unternehmen können – wer dann?«

»Denck gibt immerhin das halbe Geld – und was die Brüder wirklich können oder nicht, wird sich erst zeigen.«

»Schön – aber was machen wir? Bleiben wir sitzen und warten ab, bis einem der Herrschaften hier einfällt, daß wir immer noch hier herumsitzen – und man uns unverrichteterdinge wieder abziehen heißt?« Pfeiffer, der bis jetzt still in einer Ecke gehockt hatte, wurde hektisch lebendig. Offenbar schien er diese Möglichkeit am meisten zu fürchten.

»Wer in dieser verdammten Stadt hat noch Einfluß auf einen ängstlich gewordenen Druckmeister und ist doch so klar bei Verstand, daß er unsere Gedanken begreift?«

Pfeiffer dachte nach.

»Eigentlich nur zwei«, sagte er, »der Willibald – und der Dürer. Und außerdem noch ein Haufen Sekretäre und Notare, die zwar bedeutend tun, aber nicht bedeutend sind.«

»Gut«, meinte Thomas, »dann gehen wir doch zu denen.«

Pfeiffer fuhr auf. »Du spinnst. Der Pirckheimer, der schmeißt dich gleich raus.«

»Dann eben zu dem Maler.«

Das Haus, obgleich gut instand, wirkte in der Dämmerung leer und kalt. Nicht nur, weil die meisten der kleinen Fenster dunkel und tot auf den Platz starrten, sondern es war, als müsse man, um bis zur Tür zu gelangen, bereits über mehrere unsichtbare Mauern steigen. Da wir aber, Pfeiffer, Thomas und ich, einmal zu diesem Menschen gehen wollten, nahmen wir es auf uns, die Mauern zu überwinden. Und endlich war es dann auch nicht mehr zu vermeiden, daß wir an einer Tür und neben einem Glockenzug standen. Dieser Glockenzug ließ sich betätigen wie der eines andern beliebigen Hauses, so daß wir schon an unserer Scheu und Mühe zu zweifeln begannen, dann aber verstanden wir, daß dieser Zweifel nur das Ergebnis der bestandenen Prüfung war. Jetzt war uns möglich, was uns vordem wäre versagt worden.

Die Hausfrau selbst ließ uns ein. Ich sah mich kaum um, folgte ihr und den beiden Männern in eine warme, von vielen Kerzen erleuchtete Stube, in der es schon viel weniger starr und fremd sich anfühlte. Mehr als ich ihn sah, spürte ich seine Gegenwart. Ich wollte es vermeiden, ihn anzustarren, allzusehr merken zu lassen, wie sehr ich es als etwas Außerordentliches empfand, hier zu sein, mich hier gleich niederlassen zu dürfen, als käme ich jeden Tag, gefragt zu werden nach Wohlergehen und Kindern, nach Plänen und Neigungen, als dürften wir die Stunden in dieser Stadt an niedliche Gespräche verschwenden. Der Mensch, der da sicher gleich sehr freundlich nach alldem zu fragen beginnen würde, war einer, dessen Namen man im Lande kannte – und einer, dessen Name von jedermann, sei er Papist oder des Luther, geachtet und für groß befunden wurde. Der hier, dessen Nähe ich fühlen durfte, war in Wahrheit über die Zeit erhaben, sein Rat wurde von Kaisern und Fürsten gesucht, seine Porträts wurden von Reformatoren wie Kardinälen begehrt, er war die Instanz, die Unsterblichkeit verlieh, ungerecht und blind. Was immer ihm gefiel, das durfte er haben – der da, den ich nicht anschauen mochte, war ein Gott.

»Ich hätte nicht erwartet, Euch begrüßen zu dürfen.«

Das war das erste Wort, als man sich gesetzt und den Wein in venezianische Pokale, das Bier in Krüge aus feinem Zinn geschenkt hatte. Ich sah auf. Und ich bemerkte, daß auch Thomas einen andern Beginn der Unterredung erwartet hatte. Und ich sah den Mann. Ich sah jemanden, der wußte, daß er immer noch schön war, von einer herben, aber nicht harten Schönheit, einen, der es sich denn auch nicht nehmen ließ, sich nach der Mode zu kleiden in gefältete Hemden und ein gesticktes Samtwams, der sich ein seidenes Tuch durch die immer noch langen, dichten Locken geflochten hatte, in welchen das Grau im Schatten lag unter dem Rot. Ich sah eine schmale, feste Hand, deren lange Finger um den Hals des Pokals spielten. Ich sah keine Farbspuren.

»Ich hätte nicht gedacht, daß Ihr uns empfangen würdet.«

Der Mann lächelte beinahe nachsichtig.

»Ich habe immerhin einiges von Euch lesen müssen.«

»Dann danke ich Euch, daß Ihr mich die Mühe nicht entgelten ließet.«

Dürers Hände spielten wieder um den Pokal. Bis jetzt hatten seine Lippen ihn nicht berührt.

»Ich habe es meiner jungen Freunde wegen getan. Mehr noch, ich habe ein paar Abschnitte auch meinem Freund Willibald zu lesen gegeben, damit der mal etwas anderes als lutherische Traktate liest – wenn er die überhaupt noch liest. Eigentlich sammelt er ja nur noch.«

»Aber Osiander habt Ihr hoffentlich nicht mit meinen Gedanken versorgt?«

»Ich hatte kaum Gelegenheit. Wir mögen einander nicht sonderlich, aber ich denke, ich kann es besser verschmerzen als er.« Der Mann lachte jetzt frei und leicht und sehr überlegen.

»Ich nehme an, es hat Euch dennoch nicht sehr gefallen, was Ihr gelesen habt.«

»Sagen wir: Es hat mir Mühe bereitet, es zu verstehen.

Luther schreibt klarer, auch Erasmus und unser lieber Ulrich führen eine deutlichere Sprache als Ihr.«

»Nun, ich denke, daß auch ich deutsch rede.«

»Vielleicht ein anderes Deutsch als wir, Magister. Aber es ist nicht nur das. Auch was ich verstanden habe, ist nicht immer das, was ich begreife. So ist es also ganz gut für mich, daß Ihr den Weg hierher gefunden habt – nicht nur in die Stadt, sondern auch zu mir.«

»Wenn ich vermag, werde ich Euch gern helfen.«

»Es ist nicht gut, wenn man dem gedruckten Wort mit dem gesagten nachhelfen muß, Magister. Es muß schon das eine für das andre einstehen können. Mag sein, Eure Bauern und Bergleute drüben im Sachsen haben verstanden, was Ihr meintet, weil es in dem Augenblick eben ihre eigenen Sorgen waren – aber auch ein Häusler an der Pegnitz oder ein Lehrer in Basel muß verstehen, was Euch viel bedeutet, warum sonst laßt Ihr es drucken?«

»Vielleicht nur, um es festzuhalten. Um es ausgehen zu lassen zu den Augen und Ohren jener, die mich beschimpfen und verleumden.«

»Es wären weniger, wäre Eure Rede klarer, Magister.«

»Ihr irrt. Es wären mehr.«

Pfeiffer horchte auf.

»Soll das heißen, Thomas, daß du etwas vor uns verbirgst?«

»Vielleicht – mit Verlaub, Heinrich.«

»Das solltest du nicht tun.«

»Nun«, nahm der Meister wieder das Wort, »eben das finde ich, dürft Ihr tun. Wenn dennoch das Wichtigste verstanden wurde. Versteht Ihr, Magister – man muß nicht alles sagen – aber was man sagt, muß deutlich sein wie ein Bild, wie ein Stück Natur, das auf meinem Blatt nicht anders ist als draußen – aber Eure Blätter sind nicht Eure Rede, und das verwirrt mich.«

»Ich sage es, Meister, und ich sage es doch nicht. Ich muß den Menschen sagen, was sie erst einmal tun sollen – aber ich kann ihnen auch nicht ganz verschweigen, was noch alles an Arbeit kommen wird, das ist schwierig.«

»Dann macht es wie die Bauernhaufen: zählt zwölf oder dreizehn Artikel ab und damit gut. Und erfindet nicht lauter neue Dinge, die einem die Lust am Lesen nehmen.«

»Was für neue Dinge, Meister?«

»Nun – ich weiß, daß der Luther viel von Buße redet – Ihr aber redet von Trübsal. Er redet von Gnade – Ihr aber von Gerechtigkeit und Zorn. Er redet von Geschenk der Vergebung – Ihr aber wollt den Menschen machen, daß er sich selber vergebe. Ich weiß nicht, Magister. Ich weiß nicht, ob das gut ist. Schon diese Gerechtigkeit ist eine seltsame Sache. Wichtig zwar, aber – wieviel Blut ist geflossen und wieviel wird noch fließen müssen für solche Gerechtigkeit? Und es sind immer der Gerechten mehr, die ihr Blut geben – aber wer will es jenen verübeln, die auf der andern Seite sterben, deren Gerechtigkeit eben Gehorsam war. Und dann Euer Gerede von der Trübsal, durch die wir alle müssen: Das Leben ist Leid, ja, Magister, aber es ist doch nicht nur Leid, es ist doch auch Liebe und Güte und Schönheit, glaubt das einem Maler, der lieber Buße tut, als sich durch Trübsal zu winden. Und der sich's lieber gnädig machen läßt in seiner Schwäche als gerecht. Und der verzweifeln müßte, wollte er allen selbst vergeben und von allen Vergebung erlangen, denen er in seinem langen Leben begegnet ist. Und dann – daß Ihr das Wort selbst in Zweifel stellt – tut Ihr das nicht nur, damit man Euch Euren Widerspruch nicht ansehen soll?«

»Ihr habt den Luther offenbar leichter gefressen.« Thomas konnte seine Enttäuschung nicht unterdrücken.

»Ich habe nichts gefressen, wie Ihr sagt, Magister, ich habe nur gelesen, und ich bilde mir ein, daß ich von den Menschen und von ihren Träumen und ihren Schwächen eben doch etwas gelernt habe und verstehe. Damit aber vergleiche ich Eure Worte – und da kommt keine Wärme in mich, da heißt es nur: Streck dich und mühe dich, wenn du selig werden willst. Als wär der Mensch in der Lage, das zu tun.«

»Und wenn er es wäre, Meister?«

»Dann hätte die Schrift unrècht gehabt – die ganze Heilige Schrift – und das wollt Ihr doch wohl nicht gesagt haben.«

»Und wenn sie denn unrecht hätte?« Dürer griff nun doch zum Wein.

»Ich bin kein Papist«, sagte er, »und ich fürchte auch den Teufel nicht so wie der große Bruder Martinus, aber – daß Ihr ein Ketzer seid, darin hat Luther recht, mag er es sonst auch übertreiben –, so weit geht in diesem Land, geht in dieser Zeit niemand außer Euch. Und ich rate Euch dann allerdings selbst – laßt es nicht sehen. Und ich begreife jetzt, warum Ihr lieber andeutet als anfeuert. Ich werde Euch meinen jungen Freunden nicht auszureden suchen, sie würden sich doch nur noch mehr an Eure Seite drängen, und es mag vielleicht sein, Ihr habt recht – aber nicht jetzt und nicht hier, Magister Müntzer, nicht hier.«

»Heißt das, Ihr würdet mir nicht helfen wollen?«

»Ich helfe Euch genug, wenn ich schweige.«

Thomas erhob sich, und der Maler nötigte ihn nicht zu bleiben.

Markus will wissen, wie es weiterging. Schließlich habe Thomas sein Ziel ja doch erreicht, die Schriften seien gedruckt worden.

»Und die es taten, hatten es zu bereuen.«

»Aber da wart ihr doch schon fort.«

Ja. Wir waren schon fort. Ich unterwegs nach Waldstein, Thomas nach Basel. Uns hat man nichts getan. Nur Hergots Gesellen hat man entlassen und eingesperrt. Männer, die Frauen hatten und Kinder ... wer weiß, wie es ihnen erging. Nur ungefähr hundert Schriften sind auch ausgegangen. Die andern hat der Rat beschlagnahmt. So war es, Markus. Es war kein Sieg.

»Und – hat Thomas nun bei Denck gepredigt?«

Nein. Er hat mit vielen Menschen gesprochen, Männern und Frauen, Armen und nicht so Armen – aber er hat nirgendwo gepredigt, auch in den Winkeln nicht, wo sich die wahren Christen trafen. Er war nicht gekommen, zu predigen. Das konnten die Lehrer der Bruderschaften selbst. Er wollte etwas anderes.

»Was denn?«

Nun, erst einmal eben Geschäftliches. Einen guten Drucker wollte er finden, die gab es in Nürnberg. Und er wollte Menschen finden, die ihn vielleicht ganz verstanden. Oder wenigstens wissen, was man nun wirklich nicht verstand.

»Da hatte er doch seine Bauern und Taglöhner.«

Ja, die hatte er. Aber die sahen nur den Hunger und die Not und den nächsten Tag. Was am übernächsten geschah – das mochte ihnen so vertraut oder auch so fremd bleiben wie ihre Märchen. Da mochte also eine gute Fee kommen, wenn sie brav blieben, ein böser Drache, wenn sie sich versündigten ... weiter dachten sie nicht. Thomas aber wollte wissen, was die meinten, die weiter dachten. Dürer zum Beispiel oder eben Denck oder auch Pirckheimer, ob ein Erasmus oder ein Bodenstein ihn begriff, ob die Lehrer der wahren Christen ihn verstanden, sahen, wo er einer der Ihren war und wo er sich zu unterscheiden wünschte ... und deshalb war er zwar über Dürers Absage enttäuscht, aber auch noch nicht entmutigt, er hatte für diesen Winter noch mehr vor.

»Wolltet ihr nicht zuerst zusammen nach Basel?«

Ja, aber dann ergab es sich anders. Es war mir auch recht, es ging nun wirklich auf den Winter, und ich fürchtete, der Kleine könne eine solche Reise nicht vertragen. Ich meinte, ich könne ja bei Denck überwintern, und der hatte schon, wenn auch mit einem sauren Zug um den Mund, zugestimmt, du weißt, wir mochten einander nicht sehr – aber dann ...

»Kam Martenius.«

Nein, erst ging Pfeiffer. Ging und ließ uns ein Andenken zurück, eine junge Frau, Tochter eines der vielen Handwerker, einst, wie ich, im Kloster erzogen, dann, als die Stadt dem Luther zufiel, herausgenommen, vielleicht fünfzehn oder sechzehn, sehr still und sehr scheu, du kennst das, wie Verliebte eben sind. Die war also jetzt bei uns, während Pfeiffer Gott weiß wohin entflogen und unauffindbar blieb. Du kennst sie auch.

»Da also habt ihr die Marie her.«

Ich hab sie nicht viel gefragt, woher sie kam und was sie mit Pfeiffer hatte oder nicht hatte. Ich hab sie nur gefragt, ob sie mir denn helfen wolle, den Kleinen zu versorgen oder später, im Haus – falls wir je wieder eins haben sollten. Sie hat ja gesagt, was sollte sie sonst auch sagen, und wir haben sie dann eben mit auf den Wagen geladen wie den Kasten und das Kissenbündel. Wir haben auch nicht viel mehr von ihr gespürt als von den Kleidern und dem gelegentlichen Raunzen unseres Sohnes. Ja, Markus, ich war sicher eine schlechte Mutter. Er fing an zu laufen und zu stammeln – aber ich sah so oft nicht hin, hörte so oft mehr Thomas' Gesprächen zu als seinen Versuchen, sich mir verständlich zu machen – ich hab ein schlechtes Gewissen, weißt du, auch wenn ich jetzt viel gutmachen kann.

»Es war auch alles zuviel.«

Es war nur zuviel, weil ich unbedingt in Thomas' Nähe hatte bleiben wollen. Wär ich zu meinen Verwandten gegangen, meinetwegen auch zu seinen, hätte ich mich bei Hannes versteckt oder bei Niklas und seinen Kindern – ich hätte warten und meinen Sohn pflegen können, ich hätte alles tun können, was man von einer Mutter erwartet. Aber ich wollte ja sehen und hören und fahren. Ich wollte ja lernen und selber reden, gehört werden, geachtet von Männern, die sonst die Frauen nicht in ihre Studierstuben ließen. Ein seltsamer Ehrgeiz, nicht wahr, Markus?

»Hör auf, dich schlechtzumachen, du konntest auch anders.«

In Allstedt, als Hannes noch sehr klein war oder später, in Mühlhausen, als Marie mir die grobe Arbeit abnahm. Das zählt nicht. Ich hätte so leben sollen wie Elisabeth Martenius. Und ich denke manchmal, ich hätte, was immer in Mühlhausen möglich war, von ihr erst gelernt. Du staunst, Markus? Du meinst, eine Frau dürfte auf ihre Rivalin nicht anders als giftig und ungerecht zu sprechen sein? Aber was in Waldstein geschah, hat nichts zu tun mit Gift und Schmutz, wenigstens nicht für mich – und, ich hoffe, auch nicht für Elisabeth.

»Was andres, Ottilie – hat nun Pencz das Bild gemalt oder einer der Behams?«

Ich war nicht dabei. Ich hörte nur, daß Thomas seine Witze machte, nun wäre er also doch noch unsterblich gemacht worden durch die Kunst – wenn sie nur selbst nicht so sterblich nach Brot gehen müßte. Dann gab es noch ein paar seltsame Sätze über Unsterblichkeit, die ich nicht verstand, mag auch sein, er war schon zu sehr vom Bier benebelt. »Thomas – benebelt?«

Wie kann man nur ... ein Markus, der darf tagelang nicht nur benebelt, sondern stinkbesoffen sein, aber Thomas – um des Himmels willen, nein. Heilige saufen nicht. Das wäre mir ein seltsamer Heiliger, Markus, dessen Heiligkeit nur aus verquetschtem Verzicht besteht. Mir wär's viel zu anstrengend, das außerdem, und, denk dran – Verzichten heißt nur, etwas abzulehnen, das man im Grunde doch will – ja sogar viel mehr will als andre Dinge – sonst wär ja der Verzicht als Leistung nicht mehr bewunderswert, sonst könnte man ja auf den Verzicht verzichten. Es geht eben nicht um das Verzichten, sondern um das Verdienst, das damit verbunden ist – wie heißt es aber: Laß deine Rechte nicht wissen, was die Linke tut, Verzicht aus Verdienst und als Verdienst ist schlimm. Brauchst du was nicht, dann brauchst du's eben nicht, damit tut man weder groß noch klein. Ich hab auf nichts verzichtet, Markus. Ich hab nur Menschen nicht gebraucht. Das will Gott nicht, daß die Menschen Speisen nicht berühren, die ihnen gut schmekken, daß sie Menschen nicht berühren, zu denen es sie hinzieht, daß sie Betteln unterstützen, wo man Arbeit geben sollte, und sich betend entschuldigen, wo man helfen kann. Betet nicht für die Gefangenen, sondern geht zu den Kerkermeistern. Betet nicht für die Kranken, sondern schafft Ärzte. Betet nicht für die Hungernden, sondern macht den Vielfraßen und Geldsäcken das Leben schwer. So hab ich's jedenfalls von Thomas gelernt. Ich weiß nicht, was Luther dazu sagt.

»Na gut, von mir aus auch benebelt. Man muß auch nicht immer danach gieren, was Besonderes zu tun, gut machen, was anliegt, reicht auch schon. Aber – was war nun, nachdem Pfeiffer fort, Thomas nach Basel unterwegs und während du mit Johannes in Waldstein warst? Du machst soviel Andeutungen – es war also irgend etwas nicht in Ordnung.«

Es war alles in Ordnung. Wir wußten nicht, daß Martenius in der Nähe lebte, näher jedenfalls, als wir gemeint. Es kam ganz zufällig heraus. Thomas brachte ein Flugblatt mit. Eine Anweisung für juristisch nicht Geschulte, wie man sich gegen überhöhte Pachtforderungen und Mietzins wehren konnte und sollte. Kein Pamphlet, kein flammender Aufruf, sondern eine nüchterne, ein wenig ironische Darstellung der Dinge, wie sie sich eben dartun konnten. Und der Verfasser wußte augenscheinlich sehr gut und genau, wovon er sprach. Thomas aber starrte das Blatt an, als enthalte es ein Orakel. Und er stieß mich an.

»Fällt dir denn nichts auf?« Ich verneinte. Solche Zettel konnte man zu Tausenden auf allen Märkten finden. Denck war ebenfalls auf Thomas' seltsames Verhalten aufmerksam geworden und beugte sich nun auch über das Papier.

»Kennst du den etwa?« fragte er.

»Und ob ich den kenne.«

»Na, dann bleib mal noch ein paar Tage. Er kommt her.«

»Na gut – dafür bleib ich wirklich noch.« Und so wurde es November, bis wir uns trennten. Wär Martenius nicht gekommen, hätte Thomas die ärgerliche Geschichte mit Pfeiffer und dem Rat auch nicht mehr miterlebt – aber sie hatte ja weiter keinen Einfluß auf seine Pläne. Ach, du weißt ja nicht, worum es ging. Nun, einfach darum, daß auch Pfeiffer gern was gedruckt gesehen hätte, aber er ließ Thomas erst mal das Terrain besorgen, und dann überspannte er wohl den Bogen oder fand den falschen Drukker oder was weiß ich, jedenfalls kam der Rat dahinter, bevor die Bogen raus waren, den Rest kannst du dir vorstellen. Pfeiffer blieb gar nichts andres übrig als die wilde Flucht. Mehr gab es nicht, keinen Aufstand und kein Geschrei. Nicht mehr Geschrei, als es in der Stadt ohnehin schon gab.

Von Denck erfuhren wir dann, daß Martenius öfter käme. Seine Briefe kämen auch über Nürnberg, und wenn Höltzel nicht durch seinen guten Kunden von Thomas gehört hätte, lägen die beiden Sachen jetzt nicht bei ihm zum Satz. Die kleinen Ratgeber in allen möglichen Fragen über Stadt und Land verkauften sich alle sehr gut, sie brächten der Gemeinde Waldstein und auch dem Höltzel noch

Gewinn – und sicher auch Martenius selbst, obwohl der wohl solchen Gewinn nicht brauche. Der habe ja nun ein reiches Weib und einen eigenen Hof. Bürgermeister wäre er in einem größeren Dorf in den Bergen, aber das sei kein Dorf wie die andern. Martenius habe es zu einem Modell umgeschaffen, dafür werde er jetzt weit in der Gegend geachtet, und man höre auf ihn, wenn es um Wirtschaft oder um den Umgang mit Obrigkeiten ging.

»Du solltest dir das wirklich mal ansehen, Thomas. Wenn er dir erlaubt, es anzusehen.«

Dann kam er selbst. Und von dem Augenblick an, in dem ich ihn wiedersah, wußte ich, wen ich in diesen Monaten am meisten vermißt hatte. Wir hatten in Allstedt kaum zweimal länger miteinander gesprochen – nun aber war es mir, als müßten wir ein langes Gespräch, eben unterbrochen, fortsetzen und könnten kein Ende absehen. Er grüßte unbefangen und königlich wie immer. Ich lächelte, wie man einen lieben Freund anlächeln kann, als ich ihm den Gruß zurückgab, wir fielen einander weder um den Hals, noch standen wir starr und steif vor Verwunderung.

Ich wußte nur, daß wir diesmal nicht aufhören würden zu sprechen, bis wir müdegeredet wären – und ich wollte nicht glauben, daß er anders empfinde.

Er hatte sich verändert. Er war nicht mehr so schmal, den schon immer breiten Schultern entsprach nun auch ein stattlicher Rumpf, und in seinem schwarzen Haar bemerkte ich schon die ersten silbernen Fädchen, einzeln erst, aber es würden bald mehr werden – solche Leute, deren Denken immer danach strebte, Tat zu werden, solche, deren Handeln ein stetes Sichverbrauchen und Sicheinsetzen war, ergrauten schnell. Sie ergrauten, aber sie wurden nicht alt. Sein Gesicht auch war breiter geworden, schien mir, und die Falten um Mund und Kinn, in den Augenwinkeln und über der Nasenwurzel zogen sich tiefer in die Haut, die von Sonne und Wetter erzählte. Aber die

Hände glichen nicht jenen, die Pflug und Sense führten, Mantel und Kappe aus Pelz, weiche Stiefel, ein kostbarer Ring und der Dolch am beschlagenen Gürtel ziemten dem Bauern nicht.

»Hans hat erzählt, du hättest jetzt einen Hof?«

»Hab ich, ja.«

»Ich hab gesehen, du bist unter die Schriftsteller gegangen.«

»Ich geb einen Rat, wenn man will und ich kann. Ich hab keine Lehre, und ich hab keine Grundsätze, die Leute damit zu ärgern.«

»Und geheiratet hast du auch.«

»Bitte – wenn sogar du das geschafft hast ...«

»Und hübsch respektvoll nach mir.«

»Das hättest du gern.«

»Wie ist sie denn? Reich soll sie ja sein. Ist sie auch anzusehen?«

»Komm zu mir und sieh selbst.«

»Tut mir leid – ich muß nach Basel.«

»Du guter Tod von Basel – Greise erschrecken, dich an Kranken vergreifen. In Basel ist nichts mehr los.«

»Und wenn ich Kranke und Greise suche?«

Martenius schüttelte sich in gespieltem Ekel.

»Komm zu mir, da findest du eher, was du brauchst.«

»Du weißt, was ich brauche?«

»Ich erkenn dich kaum wieder. Du wirst mir noch auf Abwege geraten – aber meinetwegen, ist nicht dein erster, bleibt nicht dein letzter. Bis jetzt hast du sie immer noch verdaut.«

»Ich brauch deinen Segen nicht.«

»Schadet aber nichts, wenn du ihn hast. Und schadet auch nichts, wenn du weißt, irgendwo zwischen Basel und Ulm liegt Waldstein, gut versteckt, aber die richtigen Leute kennen den Weg. Wenn du genug von den Alten und Weisen hast, wirst du kommen, damit wir endlich über wichtige

Dinge reden können. Mag sein, ich kann dir diesmal sogar besser helfen als mit einem Rat.«

»Und das wäre?«

»Verrat ich nicht. Komm erst mal hin.« Er wandte sich ab und zu Denck hinüber, der wie auf ein Kommando aufstand.

»Was ist? Läuft noch alles wie besprochen?«

»Die Lieferung kommt morgen hier an.«

»Morgen? Ich meine, sie sollte schon dasein.«

»Sind aufgehalten worden. Das Übliche.«

»Wenn's genützt hat ...« Denck nickte eifrig. »Es hat.«

Thomas und ich saßen da und verstanden nichts. Aber weder Hannes noch Denck machten Anstalten, uns etwas zu erklären. So versuchte ich, mir selbst Klarheit zu schaffen, aber ich kam nicht voran. Daß ein Mann wie Martenius, der wie ein Mitglied der Ehrbarkeit auftrat, der seinen Reichtum nicht einen Augenblick verleugnete, in der Stadt Geschäfte hatte, war nicht verwunderlich. Zum Verwundern war schon eher, daß ein Mann wie Denck darin verwickelt sein sollte. Plötzlich aber griff Thomas sich an den Kopf. »Ich hab's«, sagte er.

Martenius sah ihn erstaunt an. »Was hast du?«

»Ich weiß, was hier gespielt wird.«

»Du meinst, du wüßtest«, berichtigte Hannes.

»Nein, ich weiß. Der Luther nennt den Hans doch den Papst der Anabaptisten. Und hier habt ihr eben euren Vatikan.«

»Nicht ganz daneben, Thomas, aber doch nicht so, wie du denkst. Ich sagte, ich würde keine Lehren verteilen.«

»Dann klär mich auf.«

»Nein.«

»Ist die Wahrheit so arg?«

»Komm nach Waldstein. Falls du dann einer bist, dem man das zeigen kann, erfährst du's. Falls die in Basel dich nicht verderben.«

»Fürchtest du Greise und Kranke?«

»Deine Suche nach der Weisheit fürchte ich. Aber – du nimmst doch Ottilie nicht etwa mit?«

»Nein. Die bleibt hier. Bei Hans.«

»Du willst sie also ganz und gar auf die Straße jagen.«

Thomas fuhr auf.

»Was soll das heißen?«

»Bleib ruhig. Noch ist Denck hier. Aber man hat ein Auge auf ihn, und du weißt, der Luther hetzt nicht nur gegen dich und Bodenstein und alle Störche, die im Lande klappern, sowie gegen noch ein gutes Dutzend ehrlicher Leute, er hetzt auch kräftig gegen Denck. Und in Osiander hat er einen guten Helfer. Noch haben sie Hans nichts anderes nachweisen können, als daß er anders denkt, und Denken wird in Nürnberg nicht bestraft. Aber wenn aus diesem Denken auch nur das Geringste hervorgeht, werden alle, der Rat, die Ehrbarkeit, die Zünfte, über ihn herfallen, dann kann er froh sein, wenn man ihn nur verjagt.«

»Heißt das, meine Anwesenheit wär auch schon ein Grund?«

»Es könnte einer werden. Aber sie haben einen besseren. Du hast bei Höltzel drucken lassen, und dein Kumpan aus Mühlhausen hat sich nur retten können, indem er rechtzeitig verschwand. Noch haben sie nichts mitbekommen, denn Hergots Gesellen schweigen, und Höltzel ist mein Mann. Aber wenn die Sachen erst einmal die Druckerei verlassen, ist hier der Teufel los.«

»Und Denck auch nicht mehr Rektor, ich verstehe. Also, was schlägst du vor?«

»Du gehst, wohin du wolltest, Denck kann, wenn er mag, ja nachkommen. Wenn er mag und wenn er kann. Und deine Frau kommt gleich mit mir. Meine Frau wird nichts dagegen haben.«

Mochte Hannes' Frau nichts dagegen haben – mir saß jetzt der Schrecken in den Gliedern. Am liebsten wäre ich aufgespringen und in die Nacht gelaufen, nur fort von denen, die nicht nur Thomas bedrohten, sondern auch mein Kind, auch mich.

»Bleib sitzen, Ottilie«, sagte Martenius, »noch sind sie nicht hier, und heute nacht kommt niemand mehr. Aber sie sind hellhörig geworden, du hast wohl mit zu vielen Leuten gesprochen, Thomas, darunter waren nicht nur Freunde, wie du jetzt siehst. Höltzel ist ein Bürger, den kann man nicht so einfach niedermachen, und für Hergots Gesellen kommt ohnehin eine schlimme Zeit – aber dich hätten sie gleich am Kragen, und die Kragen der Nürnberger können schwer sein, das sag ich dir. Also wär es besser, ihr packtet und zöget morgen in aller Frühe eurer Wege.«

Ob ich mich auf Waldstein freute, wollte Thomas in der Nacht noch wissen, er fand genausowenig Schlaf wie ich, und auch die Liebe machte uns nicht müde.

»Du wirst mir fehlen«, sagte ich.

»Das, was wir eben getrieben haben, wird dir fehlen – nicht ich. Aber vielleicht findest du Ersatz.«

»Thomas!« Ich war froh um die Dunkelheit in der Kammer.

»Du kannst gemein sein wie Markus«, sagte ich, »nein, du bist noch gemeiner, du kennst mich besser.«

»Freust du dich etwa nicht auf Hannes?«

»Hör auf«, sagte ich, »wenn die Welt wüßte, daß der große Müntzer im Bett auch nur ein eifersüchtiger Mann ist ...«

»Du wirst's ihr nicht verraten. Aber Hannes ist ein sehr schöner Mann, ihr mögt euch, seine Frau kenn ich nicht, aber Hannes gehört nicht zu denen, die sich was verbieten lassen – wie soll ich nicht eifersüchtig sein.«

»Schlaf«, sagte ich und strich ihm über den Rücken, »du wirst ja sehen, was Waldstein und Hannes gegen dich vermögen.« Er warf sich herum.

»Ich will es aber gar nicht erst drauf ankommen lassen.«

»Du hast in Jena Markus nicht geglaubt. Und jetzt glaubst du, bevor noch ein Anlaß wäre?«

»Das war was andres. Das Jüngelchen war nichts für dich. Aber Hannes – warum war der so eifrig dabei, dich von mir wegzureißen?«

»Weil – weil er mich für dich behüten will, du Trottel, und jetzt schlaf, sonst erzähl ich das alles morgen dem Hannes!«

»Das tust du nicht.«

»Schlaf, oder du wirst's erleben.« Ich verzieh es der Dunkelheit nicht, daß sie meinen Zorn nicht verbarg wie meine Tränen. So beugte ich mich über ihn, küßte, streichelte ihn – wie lange würde ich diesen Körper vermissen, wie lange diesen Atem nicht hören, sein Geruch würde mir manchmal wie ein Gespenst an der Nase vorüberwehen, ich würde aufmerken – und da wäre nichts. Immer heftiger streichelte, koste ich ihn, als hätte ich fremde, männliche Kräfte und nicht die sanften, scheuen, die ich an mir kannte, ich ließ mich von ihnen forttragen, hin zu ihm, in ihn hinein, in dem es jetzt so wüst aussah und so trostlos, ich wollte ihm eine Antwort geben, die das Reden überflüssig machte – und so zog ich ihn in meine Kraft hinein und er mich in seine, und als wir endlich doch für die letzten Stunden einschliefen, meinte ich, daß er die Antwort verstanden habe.

»Was war es denn nun, um das Martenius so geheimnisvoll tat? Und warum legst du auf einmal Wert darauf, das zu beschreiben, was man sonst zwar gerne tut, aber der Marktplatz ist denn doch nicht ganz der rechte Ort?«

»Du fragst zuviel, Markus.«

»Und du antwortest zuwenig.«

Es hat alles miteinander zu tun, Markus. Es gehört alles zusammen, das Bett, die Wut, die Liebe und die Dolche. Wenn ich nicht fürchten müßte, dich mit der Beschreibung unserer Reise nach Waldstein zu langweilen, würde ich die Begegnungen gern nacheinander vorüberziehen lassen, aber so sag ich dir nur, wir fuhren, in einem besseren Wagen, als wir nach Nürnberg gekommen, durch die herbstliche Ebene, dann durch den jahreszeitlosen Wald, durchquerten Bäche und manchmal auch Moore, sahen alte Trümmer und neue, die neuen gefielen mir nicht, die alten waren versöhnt, nichts als Zeugen jahrtausendalten Menschendaseins in diesen Wäldern und Wiesen, aber die neuen schmerzten. »Was willst du, Ottilie, seit fünfzig Jahren ist Krieg in diesem Land.«

Ich habe es nicht bedacht. Ich wußte zwar, daß wir nicht die ersten gewesen, aber ich hatte es nie mit Händen greifen können. So also sah das dann aus. Leere Fensterhöhlen, geschwärzte Balken, aufgerissene Wände, an denen ich die Spuren liebevoller Verschönerungsversuche entdeckte, Ranken und Blumen, oder einfach nur geometrische Muster – Wohnstätten waren das einst, gaben des Nachts dem Körper Ruhe und der Seele die Freiheit zu träumen. Wohnstätten von Herren – und deshalb keine Wohnstätten von Menschen? War die Liebe, die unter diesen Balken geatmet hatte, nur gelogen, waren die Tränen, die hier vergossen, nur Schein? Waren Mitleid und die Vorwürfe der Schuld hier ausgesperrt? Kam nicht auch den Kaiser Weinen an? Wo war der wirkliche Unterschied zwischen dem zerstörten Hof und der verbrannten Kate? Feinde, sagen sie – aber Freunde doch auch, und Liebste und Väter, Mütter, Kinder, so klein wie mein Hannes, nur eben Feinde, Menschen, die das besitzen, was andere vermissen, das macht die Feindschaft. Ihre Dummheit. Und das hatte Thomas damals eben erkannt. Die Lösung der Dinge liegt nicht im Niederknüppeln, nicht im Niederbrennen. Man könnte sich vergleichen, man könnte das allzu Krasse abschaffen, und es müßten nicht einmal die Unterschiede draufgehen, wenn denn einer schon unbedingt Graf heißen wollte. Aber die sind nicht willens auszugleichen, die leiden lieber und machen andre leiden. Und solange sie das wollen, gibt's kein Ende.

Martenius zerbrach sich über dergleichen Dinge nicht den Kopf. Sie wollen's so, sagte er, also tu ich ihnen, wie sie eben wollen. Und wie er ihnen tat, das sah ich bald. Es gab kein Dorf, in dem nicht eine oder zwei vermummte Gestalten an unsern Wagen traten, Weisungen entgegennahmen oder Auskünfte gaben. Manch einer stieg auch ein und lokkerte seine Maske, dann sah ich junge, angestrengte, aber auch entschlossene Gesichter, wache und doch gehorsame Augen. Eine Schar, die blind an ihrem Martenius hing.

»Bei dem bewunderst du, was du bei mir verurteilst?«

»Weil der nicht auf Thomas' Kosten lebte.«

»Und weil du ihn liebst, und bis Markus mehr ist als eine annehmbare Lösung, wird noch Zeit vergehen. Den kannst du ja auch lieben, der ist tot.«

So nicht, Markus.

Aber du hast recht, zu dir wird es ein weiterer Weg sein als nur bis nach Hamburg. Außerdem – die Gefährten des Herrn Martenius waren keine Saufköpfe und Beutelschneider, sondern Leute, die in anderen Zeiten den Acker bestellt oder auf die Hohen Schulen gegangen wären. Doch eben jetzt hielten sie das für nötig, was sie taten. »Die Geschichten vom edlen Räuber also.«

Hast du einmal Hinrichtungen gesehen? Genug, sagst du. Nun, bei dem einen trösten, die unten stehen, den, der zum Block geht, bei dem andern johlen und spotten sie. Beide haben gemordet, beide Unrecht getan nach geltendem Gesetz. Warum werden nicht auch beide gleich verachtet?

Weil das Gesetz nicht für alle gleich gerecht ist. Das ist das eine. Aber Raub ist Raub, und Totschlag ist Totschlag, da gibt es keine Unterschiede für Herren und für Knechte. Aber sie sehen auf das Warum – niemand, verstehst du, würde aufspringen und die Begnadigung fordern –, aber sie wissen, der eine tat es aus Bedrängnis, der andre aus Trägheit und Starrheit des Geistes. Ich bin nicht ein Freund derer, die im Hinterhalt liegen – aber ich verstehe sie, wenn sie es tun, sobald die Zeit sie zwingt. Das dazu. Aber sprechen wir weiter von meinem Abenteuer mit Martenius. – Warst du einmal in Waldstein, Markus? Nein? Dann hast du etwas sehr Schönes nicht gesehen.

Der Ort liegt, weit auseinandergezogen, in einem Tal zwischen mehreren Bergrücken, zwischen Wiesen und Wäldern. Felder gibt es hier wenige, sie liegen auf der andern Seite der Berge, Wege führen durch die Senken hinaus. Und an den Wegen findest du schon lang vor dem Ort kleine Hütten, aus Feldsteinen oder einfach aus Gras, Ästen und Erde gebaut, die stets bewohnt sind. Es sind die Wachhäuser. Und wenn du genau hinsiehst, bemerkst du hinter ihnen, sich in Wald oder Weide verlierend, schmale Pfade. Sie führen zu verborgenen Lagern, wo die Mannschaften warten, die alle paar Tage abgelöst werden, damit Arbeit und Wachdienst gerecht auf alle verteilt werde. Die Mannschaften sind gut bewaffnet, und auf einem Berg gerade über dem Zentrum des Dorfes befindet sich sogar Geschütz.

Wenn du die Wachhäuser hinter dir gelassen hast, triffst du auf dem Weg manchmal auf Flechtwerk, um das du lieber einen Bogen machen solltest, denn es sind tiefe Gruben darunter, in denen ein Pferd samt seinem Reiter das Bein und das Genick brechen mag. Und sich durch den Wald, durch das Gebüsch zu schlagen wird auch schwierig, denn überall verstellen Zäune den Weg, du erkennst sie oft erst, wenn du direkt vor ihnen stehst.

»Waldstein ist also eine Festung.«

Waldstein war einmal ein Dorf, wie es viele dort gibt, mit ummauerten Höfen, einer kleinen Kirche, einem Friedhof und einer Schenke, einer Schmiede, Ställen und Scheunen. All das lag frei im Tal, man lebte von den Feldern draußen und von der Jagd und vom Holz im Wald, man hatte Vieh auf den Weiden, und in den Gärtchen gediehen Obst und Gemüse, es gab keine Not. Sicher gehörte das Dorf irgendeinem

Herrn, aber man sah weder ihn noch einen seiner Knechte, das Dorf war vergessen. Da kein Zins gefordert wurde, zahlte man auch keinen, man lebte, wie man vor Hunderten von Jahren hier vielleicht überall gelebt, ruhig und frei. Die nächste Stadt war weit, man brauchte sie kaum, man zog selten zum Markt, ging der Pflug entzwei, so half der Schmied, und sein Eisen kam aus der Nachbarschaft, die Gemüse dafür nahm. Die Frauen konnten spinnen und weben, es gab Flachs von den Feldern und von den Schafen und Ziegen die Wolle, und, ruhte die Erde, so flickten die Männer Gespann und Geschirr und die Rechen, die Eggen. An den langen Abenden erzählten sie den Kindern Geschichten von Waldgeistern, guten und bösen, die aus den Quellen und den Nebeln stiegen. Von weisen Frauen erzählten sie und bösen Drachen, die in den Höhlen hausten, und von den Zwergen, die Schätze bewachten. Die Quellen und die Höhlen und die Nebel kannten sie, wie die wüsten Orte – die Geister hatten sie nie gesehen, doch waren sie wirklich wie der Wind und das Dunkel, nah und fremd wie der Frühling, der hier nicht war und doch kam.

Es gab einen Pfarrer, der erzählte von Gott und den Wundern der Heiligen, und er lehrte sie beten. Auch die Geister des Waldes taten solche Wunder, wenn man sie bat. So legten sie Münzen an die Steine und holten das Osterwasser mitternachts von der Quelle. So gingen sie unter dem Maibaum und hinter dem Sakrament her durchs Dorf, und der Unterschied zwischen beidem schien ihnen gering. Sie wußten, was Erschöpfung war und was Ruhe, fanden einander, liebten und lernten einander zu lieben, sie teilten die Felder und fügten zusammen.

Wenn du nach Waldstein kommst, kannst du zwischen den hölzernen Häusern noch hier und da Mauern sehen, du magst sie für Hofmauern halten. Was du siehst, ist das Waldstein, das ermordet wurde.

Denn eines Tages bekam das Dorf einen Herrn, der sich seiner erinnerte. Zinsen auf Zinsen sollten sie zahlen, Fron auf

Fron sollten sie leisten, die Schuld zu begleichen. Leerer und leerer wurden Scheunen und Ställe, zerfurchter Gesichter und Hände der Männer, verhärmter schauten die Frauen, und die Kinder verlernten das Spiel. Endlich aber erzählten sie andre Geschichten, vom Fritzen, der aufstand und niedergeworfen wurde, vom Jäcklein, das brannte und das nichts mehr löschen konnte, und vom Karsthans, der ein Riese war und die Burgen zerschlug. Wieder begannen ihre Augen zu leben, aber es war nicht das freundliche Leben der Geister und Zwerge, es war das wütende Leben des Drachen. Und es kam einer zu ihnen, der wieder ging. Als er aber fort war, nahmen sie den Pfarrer und fragten ihn aus, wo in der Bibel das stünde von Zinsen und Fron und daß man's leisten müsse ums Verrecken. Als der ihnen nicht antwortete, ließen sie ihn das Bündel schnüren und schickten ihn fort, da er die Wahrheit verschwiegen. Der gekommen wäre und gegangen, sagten sie, habe sie die Wahrheit gelehrt, ihr blieben sie treu, so würden sie handeln.

In den langen Nächten schärften sie ihre Sensen und Sicheln und schlugen Nägel in das, womit sonst das Korn befreit ward – sie wollten ernten, nun aber nicht mehr das Korn und nicht mehr das Gras. Bogen spannten sie sich, aber nicht mehr für Vögel, Speere schnitten sie sich, aber nicht mehr für Eber und Hirsch, und sie verbargen alles gut bis zur Zeit nach der Ernte. Als dann die Zinsknechte kamen – du weißt, was geschah, es geschah tausendfach und wird wieder geschehen, wenn der Mensch bedrängt wird zu sterben und will doch nicht Abschied nehmen von den Quellen, vom Gras und dem Korn. Sie erschlugen nicht alle, und hätten sie auch alle Knechte erschlagen – Waldstein wäre doch gestorben in jener Nacht.

Das Dorf starb, aber einige blieben am Leben. Die kamen wieder hervor aus den Höhlen, warfen die Toten beiseite und legten Erde darüber, der sie den Frieden genommen. Sie suchten Holz bauten sich Hütten, aber sie blieben wach in den Nächten und Tagen, und da sie nicht mehr die Felder bauten aus Furcht vor den Knechten, legten sie sich nun auf die Straßen und fingen die reichen Wandrer und Händler, nahmen Beutel und Leben, gewöhnten sich dran, nahmen Frauen und lernten es wieder zu lieben, hatten Kinder und lehrten sie laufen, sprechen und was Gerechtigkeit sei. Lehrten sie kratzen und beißen und gaben ihnen Dolche mit auf den Weg, daß sie nicht wehrlos seien und nicht unfähig zur Beute. Lehrten sie schlagen und treten, stehlen und reißen, spähen und Nachricht zu geben mit dem Ruf der Tiere. Sie wählten sich einen Rat und einen, dem alle gehorchten, der Arbeit verteilte und Beute, der die Toten begrub und die Lebenden zusammengab. Fremde kamen zu ihnen und blieben, arm wie sie selbst und zornig, sie brachten Nachricht von anderen Horden, sie trugen die Botschaft von Waldstein durchs Land, nicht länger waren die Rächer allein. Auch in die Städte gingen die Boten, machten Steine zu Geld und Geld zu Nahrung und Kleidung, lernten den Handel und das Verbergen, wußten, wer kaufte und schwieg.

Und wiederum eines Tages kam einer des Weges, ein Kaufmann, dem nahmen sie, wie es der Brauch war, den Beutel ab und die Steine an Händen und Hut, der aber warf noch den Mantel hinzu und lachte. Da sie sich verwunderten, sprach er, Räuber kenne er wohl und wisse, wie man sich loskauft – von ihnen aber wolle er sich nicht loskaufen, sondern bleiben, wenn sie ihn ließen. Bauern, sagte er, seid ihr, gehört auf die Felder und Weiden, steht aber hier und tut nicht zum erstenmal, was ich sehe und leide. Er sei Kaufmann in Köln, und er habe Vermögen, doch wisse er auch, was ein Dolch sei, und habe auch den geführt, als es anders nicht anging. So wär er ein Mörder wie sie und nur deshalb kein Halsabschneider, weil ihm genug Geld verbliebe.

In wenigen Monaten entstand nun, was du gesehen hättest, gesetzt, du wärest gekommen. Martenius schonte weder sich noch sein Vermögen, und es ergab sich auch, daß der gewählte Älteste eine hübsche Tochter hatte ... und alles übrige ergab sich dann aus diesen Umständen.

Ich kam dorthin, als es nach einem langen Reisetag und einem kurzen Novembertag wieder dämmerte. Ich kam in ein großes, warmes Haus, Marie, der Kleine und ich wurden aufgenommen, als kehrten wir eben zurück. Elisabeth Martenius bewegte sich sicher und selbstbewußt zwischen uns Fremden, und ihr Vater gefiel mir vom ersten Augenblick. Er war noch nicht sehr alt, und er erschien nicht als Gebieter des Orts, der er doch war – aber er behandelte alle, die Fremden und die eigenen, mit der gleichen stolzen Achtung eines Mannes, der es verlernt hatte, Knecht zu sein, und so auch verlernt hatte, auf seine Macht zu pochen. Dieser Eindruck, der sich schon in den ersten Momenten des Anschauens ergeben, änderte sich auch in den folgenden Monaten nicht, als ich die Waldsteiner genauer kennenlernte. Meine gelegentlichen Selbsterinnerungen, es handle sich schließlich, wie ehrenhaft gemeint auch immer, um ein Nest von Wegelagerern, blieben vergeblich. Zu wenig glich das Dorf, glichen seine Bewohner jenen verkommenen Gestalten, die man uns fürchten gelehrt. Der Ort, seine unauffälligen Befestigungen, die mit der Natur verschmolzen, abgerechnet, war nichts als ein schön gelegenes Walddorf, und seine Bewohner glichen Holzfällern oder Köhlern, die gelegentlich Ackerbau trieben. Du magst glauben, ich suchte, im Gedenken an Jena, nach Entschuldigungen. Ich kann dir, da du Waldstein nicht kennst und seine Bewohner niemals gesehen hast, nichts entgegenhalten als mein Wort, und ich weiß, wie leicht es wiegt, wie rasch und gut begründet du sagen kannst, ich wäre nur Partei für Martenius. Nimm es also, wie du magst. Denn du hast recht: Sie töteten und raubten, wie sie lachten und schliefen, sie stahlen und gingen zu Hehlern, wie sie den Pflug führten. Aber eben auch nur so. Nie habe ich jemanden, wie in Jena, grölen oder aufschneiden sehen, nie hörte ich einen, der sich als Held gepriesen hätte, und nur weil Martenius hier und da eine Andeutung machte, erfuhr ich überhaupt, daß man wieder unterwegs gewesen war. Man sprach nicht darüber. Nicht auf den Straßen und nicht in der Diele des Ältesten, die so etwas wie ein Ersatz für die nicht wieder aufgebaute Schenke war. Männer und auch Frauen kamen an den Abenden dorthin, brachten Bier mit, das sie daheim brauten, hatten Würfel dabei oder auch Karten, die Frauen meist wenigstens der Form halber den Handarbeitsbeutel, und so saß man zusammen, wie man sich kannte und mochte, nicht immer in paradiesischer Eintracht, aber doch in einer Atmosphäre, die den Gebrauch der Fäuste nicht begünstigte.

Ich hatte zuerst Bedenken, mich zwischen die Männer und Frauen zu mischen. Den Frauen war ich ja fremd, aber doch durch meine Bekanntschaft mit Martenius vielleicht schon ein Gegenstand des Mißtrauens – und zu den Männern mich zu setzen, verbot, so dachte ich, einfach der Anstand. Außerdem staken die Nächte von Jena mir wohl tiefer in den Knochen, als ich es zugeben wollte. Aber Martenius war, kaum daß er uns abgeliefert, schon wieder auf Reisen gegangen, und wenn ich nicht den ganzen langen Abend auf meiner Kammer hocken und mit Marie schweigen wollte, mußte ich mich wohl irgendwann einmal unten zeigen. So überwand ich mich also und trat eines Abends, so scheu, wie mich wohl niemand mehr seit Kindertagen sah, unter all die fröhlichen und auch nachdenklichen Gesichter. Kaum wagte ich mich vom Geländer der Stiege fort, die ich herabgekommen – aber ich wurde bemerkt und mit so achtungsvollen wie aufmunternden Gesten und Worten aufgefordert, meine Scheu abzulegen, mich zu ihnen zu setzen, zu Frauen wie Männern. Man schob mir

einen Krug zu und einen Becher – und da saß ich dann, hörte zu, wurde manchmal gefragt, gab Antwort, so gut ich konnte.
Die Fremdheit löste sich von Abend zu Abend und von Spaziergang zu Spaziergang. Als sie erfuhren, daß ich, da ich Nonne gewesen, Lesen und Schreiben beherrschte, fragten sie, die Männer in der Diele – nicht die Frauen –, mich, ob ich bereit wäre, für die Zeit meiner Anwesenheit mich um die Kinder von Waldstein zu kümmern. Zu lehren war mir nicht neu, also sagte ich zu, und Martenius fand mich, als er zurückkam, inmitten einer angestrengt schweigenden Kinderschar.

Wen ich ihm denn als Ersatz empfehlen könnte, fragte Martenius mich. Ich wäre doch im Frühjahr spätestens wieder in Mühlhausen oder sonstwo, und woher solle er dann den Kindern, die Gefallen am Lernen gefunden, einen neuen Lehrer besorgen.

»Nimm dir doch Denck«, sagte ich leichthin.

»Der vergräbt sich nicht in Waldstein«, meinte Martenius.

»Und wenn er froh wäre, sich in Waldstein vergraben zu dürfen?«

»Weil man ihn aus Nürnberg vermutlich sowieso bald hinauswirft, meinst du? Erstens ist es wohl noch nicht soweit – und zweitens würde ein Hans Denck sicher eine bessere Möglichkeit finden, zu überwintern, als mein Dorf hier.«

»Sag mal, Hannes – was findet ihr eigentlich an diesem eingebildeten Präzeptor?« Martenius schluckte.

»Was wir an dem finden? Was der im Rücken hat, das möchte dein Thomas gern haben, Mädchen. Auf den hören die Täufer und Schwärmer mehr als auf sonst irgend jemanden in der Gegend ...«

»Ach so«, unterbrach ich ihn, »es ging darum, ob Thomas

und er sich über ihre Dinge einigen könnten. Dann scheint mir der Versuch aber nicht sehr gelungen.«

»Ich weiß auch nicht, warum es nicht gelang – aber es gibt der Mißverständnisse sicher noch mehr, wenn Thomas erst in Basel gegen die Erbschaft des Erasmus antritt.«

»Wieso Erbschaft? Erasmus ist doch nicht tot?«

»Aber die in Basel sind nicht seine Schüler, solche bemühen sich immerhin noch, ihren Lehrer zu verstehen. Sie sind seine Erben, weil sie sich Humanisten nennen wie er und weil sie in Basel leben wie er. Sie schreiben ihn ab, und sie schmieren ihn an die Hauswände, sie halten sich gewiß auch an sein Büchlein über die guten Tischsitten – aber das wird wohl jenes sein, welches sie am besten begreifen. Hugwald, mit dem Thomas sich vor allem treffen will, mag ja noch ein beweglicher Geist sein, einer, der viel von dem kennt, was auch Thomas weiß und erfahren hat – aber Ökolampad zum Beispiel ist ein Federheld, wie es Erasmus nicht einmal dann sein dürfte, wenn er zitternd den Pelz um seine Knochen zieht, er mag nämlich Winterkälte gar nicht mehr.«

»Kennst du Erasmus etwa?«

»Nicht von Angesicht. Du kannst also ein wenig nachlassen an deiner ehrfürchtigen Miene« – ich versuchte verblüfft und betroffen meinen Ausdruck zu verändern, was ihn wohl erst richtig durcheinanderbrachte, jedenfalls griente Martenius sehr offen –, »aber ich gehöre zu den wenigen Deutschen, die ihn vielleicht verstehen – und die auch verstehen, was er gegen Luther hat. Es ist nicht dasselbe, was dein Mann gegen ihn einwendet, aber es ist auch nicht allzu unterschiedlich. Aber Thomas mag vieles kennen, die Art und Kunst der alten Philosophen kennt er nicht, und eben das ist des Erasmus Domäne, und eben darum wird er ihn so wenig gelten lassen wie erst recht seine benannten Erben.«

»Wohin aber wird er gehen, Hannes, wenn er dort niemanden findet, der ihn begreift?«

»Zu den Schwärmern, den Täufern und den aufgeregten Bauern – und zuletzt vielleicht zu solchen Wegelagerern wie uns. Er wird sich die Bundesgenossen nicht lange mehr wählen können, denn die Unruhe, die er nutzen wollte, ist ein Pferd, das seinen Reiter schleifen kann, wenn er nicht achtgibt. Zu verschieden, zu widersprüchlich sind die Ursachen, die einen verhungern schier, die andern mögen nur die Nase ihrer Ehrbarkeiten nicht und meinen, sie selbst gäben eine ehrbare Ehrbarkeit, wie es in Nürnberg geht, da kann man überhaupt viel lernen – die Stadt ist ein Deutschland im kleinen.«

»Hab ich nicht gemerkt.«

»Du hast vieles nicht gemerkt, Ottilie. Du hast nur auf Thomas gesehen, was er sagt und was er tat. Du hättest mehr nach Denck fragen sollen und nach den Behams, da hattest du schon zwei Seiten, die sich im Grunde nicht vertragen. Dann noch Dürer hinzu – ja, obenhin tun sie gut freund, denn eins hält sie zusammen, daß sie es, wie es ist, nicht mehr gut sein lassen wollen – aber während es den Behams vielleicht noch ernst ist mit den Häuslern an der Pegnitz und an den Mauern, geht es Dürer nur darum, möglichst ungestört, aber angeregt durch die Zeit schaffen zu können – und Denck will seine Theologie gegen den lutherischen Osiander durchbringen, das ist alles, aber es gibt noch mehr. Es gibt noch die zurückgesetzten Amtsschimmel, die nach Pöstchen gieren, die kleinen Firmen, die den großen den Gewinn neiden, Gesellen, die sich zu schlecht bezahlt meinen – und es vielleicht auch sind –, dazu noch Pfarrer des alten Glaubens, die meinen, Unruhe brächte auch sie wiederum zu Ehren – und so bunt, Ottilie, so gegeneinander verwirrt, ist das, dem dein Mann nun sein Heiligstes wird anvertrauen müssen. Nicht mehr in der verständigen Runde von Allstedt, auch nicht im trauten oder auch strittigen Gespräch unter Gelehrten, sondern all die, die da gegen sich und alle andern antreten, wird er mit seinem Wort, mit seiner Kraft einfangen müssen. Soweit ist es jetzt, die knappen hundert Stück Heftchen, die noch aus Nürnberg das Weite suchen konnten, haben das Ihre getan, man hat sich genommen, was man brauchen konnte, und pocht nun drauf wie immer, oder meinst du, seit gedacht und gesprochen wird, sei es anders gewesen, habe man irgendwann einen so genommen, wie er verstanden sein wollte? Das fängt mit Sokrates an und endet, ich weiß noch nicht, wo, aber es geht auf jeden Fall mit Jesus weiter.«

»Dann wird es also furchtbar?«

»Das auf jeden Fall. Und ob danach das Paradies anbricht, wie Thomas gerne glauben will – nun, ich glaub es nicht, ich glaub vielmehr, man wird erst sehr viel aufräumen und neu schaffen müssen, erst einmal wird man viele Totenämter halten, ehe man dran denken kann, einander eine fröhliche Auferstehung zu wünschen.«

»Muß nicht immer erst sterben, was auferstehen soll?«

»Aber es muß nicht ermordet werden.«

»Und du – mordest du nicht?«

Martenius schüttelte sich unwillig.

»Du vergleichst Dinge, die sich nicht vergleichen lassen. Ich will die Welt nicht ändern, ich will nur ein paar Leute ernähren und nicht ganz verlottern lassen, die beinahe zu Tieren und hassenden Gespenstern geworden wären.«

»Jetzt redest du dir in den Hut, Hannes. Wären sie keine hassenden Gespenster, sie zögen nicht auf die Straße. Oder tun sie es schon einfach aus Gewohnheit, abgestumpft gegen das Leid, das sie andern bereiten, die an ihrem alten Leid keine Schuld tragen. Warum hast du sie nicht angehalten, wieder den Acker zu bauen und Holz zu machen?«

»Die Zeiten sind nicht so – und außerdem habe ich mich vor dir nicht zu rechtfertigen und auch nicht vor Thomas, denn ich handle nicht in seinem Namen. Das hier ist mein Plan und mein Modell. Ich habe es so genommen, wie ich es fand, und ich werde es formen, wie ich es mag. Und ob es gut oder schlecht besteht, werden weder ich noch du entscheiden, sondern die Zeit, die es bewahrt oder verbrennt.«

Vielleicht gibt es Waldstein noch.

Vielleicht ist es auch verbrannt, dies zweite, wie das zuvor. Ich weiß es nicht.

Je länger ich in Waldstein blieb, um so deutlicher wurde, daß der Ort keineswegs ein so verborgenes Leben führte, wie Martenius es mir dargelegt. Boten kamen die Straße herauf und liefen hinunter, auf den Pfaden in den Bergen traf man häufig auf »Spaziergänger«, die sich nicht allzu nahe an die Siedlung wagten, aber doch frech genug blieben, um nicht allzu unauffällig sich zu geben. Diese Späher der Herren wollten bemerkt werden, auf daß man sich beobachtet wisse und fürchte – aber keiner der Waldsteiner fürchtete sich. Allenfalls hörte man ein paar nicht eben höfliche Bemerkungen über diese ach so unauffälligen Herrschaften, aber damit war es getan und vorüber. Verirrte sich jemand von denen zu nahe an die Waldsteiner Markierung, so mochte es schon sein, daß man ihn fing, aber statt des erwarteten Fegefeuers gab es meistens nur bissige Reden, und immer blieb das Lachen auf der Waldsteiner Seite, während die Herren Späher mit langem Gesicht abzogen.

»Sie würden gerne«, sagte ich, als ich es wieder einmal sah, zu Elisabeth, »aber sie können nicht ganz, wie sie wollen, nicht wahr?« Elisabeth nickte. »Ja, sie würden gern wiederkommen wie damals in der Nacht. Aber sie müssen ihre Soldaten zusammenhalten und um ihre Burgen stellen, sonst brennen die. Es ist eben alles anders geworden, seit wir die Bibel haben.«

»Früher war die Vergessenheit euer Schutz – jetzt sorgt ihr offen selbst dafür – das ist gut«, sagte ich, »das macht die andern nur unsicher.«

»Ach, so unsicher sind die gar nicht.« Elisabeth ging wieder ins Haus, ich wollte noch nicht folgen, ich wollte allein sein. Aber ich blieb nicht allein. Als ich das Dorf verließ, folgte mir einer wie ein Schatten, dunkel und lautlos. Zuerst fürchtete ich mich und wollte umkehren. Dann besann ich mich und schlug einen Weg ein, der zu einem der Wachlager führte.

»Du mußt nicht bei den Wachen vor mir Schutz suchen, Ottilie.«

Es war Martenius. Ich blieb also stehen, wartete.

»Warum ...«

»Warum ich nicht gleich mit dir gegangen bin? Man sollte uns im Dorf nicht zusammen fortgehen sehen.«

»Und was sagt Lisbeth dazu?«

»Ich weiß es noch nicht, aber ich lüge nicht gern.«

Er war kein zärtlicher Mann, dafür aber von einer entwaffnenden Eindeutigkeit in seinen Worten wie in seinen Wünschen. Das Moos unter uns mochte feucht gewesen sein, oder es war vielleicht nur Laub, ich hab nicht drauf geachtet. Da war er, und da war ich, und sonst war da keiner. Er war keiner, der warten mochte, er forderte, und man hatte zu geben, er gab, und man hatte zu nehmen, was und wie er gab – und ich begann mich in ihn aufzulösen.

Als es vorbei war, zeigte er keinerlei Verlegenheit. Er nahm den Mantel wieder vom Boden, klopfte ihn notdürftig aus und legte ihn wieder um. Wir gingen weiter, er sprach von den Sorgen mit dem Nachschub und dem Ärger mit den Spähern.

Wir kamen an einer heißen Quelle vorüber, er erklärte mir, welche Krankheiten man in ihr heilen könne. Er berührte mich nicht mehr, und irgend etwas an ihm verbot mir, ihn zu berühren. Es gab Zusammensein – aber es gab keine Vertraulichkeit. Es gab Lieben – aber es gab kein

Geflüster in den Ecken. Und es gab ja auch nichts, was geflüstert werden mußte. Als wir wieder den Weg ins Dorf einschlugen, fiel ein Schatten durch die Bäume, der nicht der eines Tieres oder Baumes war. Martenius verschwand hinter den Sträuchern, ich hörte ein Ächzen und einen Fall, dann stand Martenius wieder neben mir. Wir gingen weiter, als sei nichts geschehen, er nahm unterwegs noch die Berichte der Wachen entgegen, manche freundlich, andere mit einem spöttischen Unterton, als achteten sie seiner Meinung nicht genug auf das, was sich abseits der Wege tat.

»In der letzten Zeit nimmt das zu«, sagte er zu mir, »und wenn die nicht aufpassen, steht mir so was mal mitten in der Diele.« So was – war immerhin ein Mensch, fiel mir ein, aber ich sprach es nicht mehr aus. Ich wußte, was Martenius antworten würde.

Im Dorf waren die Leute noch wach, einige standen trotz der Kälte in den Türen und sahen uns nach, bis wir im Ältestenhaus verschwanden. Lisbeth kam uns entgegen, und plötzlich sah ich doch zu Boden. Dann, als Lisbeth mich nicht weiter beachtete, sondern sich ganz und gar um ihren Mann kümmerte – ein wenig zu eifrig, schien mir –, sah ich hilfesuchend nach Hannes. Der aber versperrte seinen Blick vor mir, nicht böse, nur als wollte er sagen: Das besorg du allein. Jedenfalls soviel davon dich betrifft. Für meines komm ich selber auf, wie immer.

»Ich weiß schon«, sagte Lisbeth nach ein paar Tagen, »aber es hat wohl einmal sein müssen.« Mehr sagte sie dazu nicht.

So war das also, Markus. Du weißt es jetzt, und es kann sein, du bist außer Lisbeth, wenn sie lebt, das einzige Wesen außer mir, das es je wußte – und Martenius natürlich.

Thomas? Nein, Thomas hat es nicht erfahren.

Es war ja auch nicht so wichtig. –

»So also willst du das haben«, sagt Markus und trommelt einen unsauberen Rhythmus auf den Tisch. »Einen hübschen Schlußeffekt und jetzt kann's kommen, das glorreiche fünfundzwanziger Jahr, in dem wir alle unsre Haare ließen. Jetzt hast du deinen Kram ins reine gebracht, meinst du, und nun aber los. Von hier ab spielt Frau Ottilie mit Resultaten. Wenn's denn um ein Spielchen geht, streichen wir doch die letzten Monate und streifen wir hinein nach Mühlhausen Zwo. Da hast du dich dann doch, nichtsdestotrotz und Hannes hin und Thomas her, wohl gefühlt.«

»Und auch in deiner Gegenwart, Markus, vergiß das nicht.«

»Und als Martenius dann die Leute nicht herausrückte, die Thomas wollte, warum hat er sich eigentlich geweigert, wenn er nichts wußte, wie du sagst.«

»Weil der Rat seines Dorfes nicht wollte wie er, sonst gab es keinen Grund, Herr Richter.«

»Würde auch nicht passen für Heldenlieder.«

Es gibt keine Heldenlieder. Es gibt Bauernlieder, die man noch verstohlen hinterm Schuppen singt. Aber damals zogen wir wirklich davon, als gelte es, den Sieg schon im Gehen mitzunehmen. Wir alle, Markus, es gab keinen, der zweifelte, es galt nur: Hast du Angst oder hast du keine. Wenn du keine hast, komm mit oder sei dagegen. Eine Zeit der Strudel, sagst du. Aber im Strudel gibt es ein Zentrum, und in diesem Zentrum herrscht vollkommene Ruhe. Wir waren dieses Zentrum.

»Bescheiden bist du eben nicht, Ottilie.«

Warum sollte ich bescheiden sein. Warum ich. Was ich war, bin ich gewesen. Niemand sage: aus Versehen. Also warum bescheiden.

»Ganz schön überheblich geworden.«

Warum. Was sie mit uns am Ende machten, ist doch Beweis genug, Markus.

Heldenlieder. Man wird sie singen, und vor den Qualen der Zweifel am Lied werden die Ohren genau und scharf. Du hörst so gut, daß du am Ende nur noch Mißtöne hörst. Du hast schon solche Ohren, Markus. Ich noch nicht, und ich hoffe, ich bleib in der Mitte. Sollen die Schreiber die Strudel einsammeln. Es war alles gedacht, alles geplant und bereitet, es mußte nur noch geschehen.

Das Jahr war noch jung, als Thomas wiederkam. Ich wollte ihn nicht spüren lassen, wie sehr er zu früh kam, aber er fragte mich am Abend nach der Ankunft, warum ich denn so fremd täte. Ich zuckte zusammen und suchte nach einer Antwort.

»Ich hatte Zeit für mich«, sagte ich endlich.

»Und ich war überflüssig.« Ich erwiderte nichts. Wir gingen ins Bett wie Geschwister, und am Morgen gab es großen Bericht in der Diele. Da saßen nicht nur Hannes und Lisbeth und Marie, nein, diesmal schien es, als sei das ganze Dorf versammelt. Und etwas abseits saß sogar ein Schreiber vor seinem Pult.

Als Martenius mit Thomas eintrat, erhoben sie sich, ich ging hinterdrein und setzte mich möglichst weit hinten.

»Alle anwesend bis auf die Wachen«, meldete ein junger Mann. »Dann werden wir hören und reden«, antwortete Martenius, und ich begriff, daß das Teil eines Rituals war.

»Rede – wir werden hören.« Auch dies anscheinend Teil desselben Rituals.

»Ich habe euch gesagt, daß unser Bruder Thomas uns besuchen wird. Er ist hier, und er wird zu euch reden. Ich habe euch aber auch gesagt, daß wir ihm helfen werden, seine Sache zu vollenden. Ich habe gesagt: Wenn er kommt, so wird er nicht vergebens kommen. Ihr werdet aber selbst entscheiden, ob meine Worte noch gelten wie damals, als ich sie zu euch sprach.«

Welch eine seltsame zeremoniöse Redeweise, Wunder,

daß Martenius sich nicht die Zunge verrenkte, dachte ich. Aber der Spott verging mir.

Thomas stand auf. Er ging nach vorn, wo ein Tisch für ihn allein aufgestellt war, wie ein Altar, aber ohne Kreuz und ohne Bibel. Nur Leuchter sah ich und ein weißes Tuch. Ich erwartete, Thomas würde zögern, würde dann wenigstens eine Bibel verlangen, aber der zögerte keinen Augenblick. Hinter dem altarähnlichen Tisch stand ein hochlehniger Stuhl, er ging um den Tisch herum, setzte sich, ordnete die Leuchter links und rechts, daß sie ihn nicht blendeten, zog ein Papier aus dem Ärmel und begann zu reden – zu lesen. Ich kannte den Text. Dann aber legte er das Papier auf den Tisch und sah in die Runde. Er sah sie an, als kenne er alle und jeden – und doch sah er auch und zugleich an ihnen vorbei, durch sie hindurch. Jetzt stand er auf und kam vor den Tisch, stand da in seinem dunklen Mantel, als wolle er gleich anfangen zu predigen. Hier aber war doch keine Kirche, war doch keine Gemeinde, dachte ich. Dann aber fiel mir etwas ein, von dem Hannes erzählt hatte, als er noch in Allstedt war. Man könnte doch, hatte er gesagt, wenn man nur einen genug verwilderten Haufen fände, der sich um Ketzerei oder Rechtgläubigkeit aus den handfestesten Gründen nicht mehr kümmere, es versuchen, solch einen Nachfolger der alten Gemeinschaften zu erziehen. Also vielleicht, unter diesen Beutelschneidern und Wegelagerern, doch Gemeinde, fiel mir gerade noch ein. Gerade noch rechtzeitig, denn Thomas schien das Spiel von Anfang an verstanden zu haben. Auch, daß eine Predigt in diesem Sinne nicht eine erbauliche Rede sein durfte.

»Es mag auch zu euch gedrungen sein«, begann er, »was die Bauern in Thüringen getan, wofür sie streben und streiten. Ihr mögt nicht erleiden, was sie erleiden müssen – aber zu leiden habt auch ihr.« Gemurmel von Zustimmung unterbrach ihn.

»Wenn es denn so ist und es euch so bekannt geworden, so kann ich zu euch reden wie zu Brüdern von derselben Sache, der auch ihr euch einst verschrieben. Ich habe euch damals nichts geraten noch raten können, ihr habt gehandelt aus eurer Not – und das bedenkt, wenn sie euch sagen werden, ich hätte euch verführt, wie sie es überall im Lande umschreien. Und eure Not, sie war geringer nicht als die der Thüringer und der Sachsen, sie ist auch geringer nicht als die der Schweizer und Schwaben, der Franken und Bayern. Ich habe die Dörfer gesehen, die verbrannt sind, ich habe die verwüstete Saat geschaut, und ich sah auch die fette Erde, von der euch keine Frucht kommen soll. Ihr baut den Acker nicht mehr. Die Furcht, man würde ihn euch wieder nehmen, hat euch ein anderes Handwerk gelehrt, ich nenne es nicht gut, dieses Handwerk, meine Brüder, aber ich nenne die Zeit einen Wegelagerer, die es schuf. Ich sehe, daß euer Dorf auferstand – und ich komme zu euch als ein Bote all der wüsten Dörfer, daß ihr sagt und helft, sie zu errichten, wie sie waren, schön und bunt und inmitten reicher Äcker und Weiden – aber für sich selbst wollen sie die Weide haben, für sich selbst das Korn. Ihr habt Neues begonnnen, wo man andernorts erst das Alte mühevoll besiegt. Und kommt die Zeit, so werdet ihr auch wieder den Acker bauen, das Vieh treiben und melken wie ihr's zuvor getan – denn noch lastet die Furcht auf euch, bald aber soll sie euch genommen werden. Wie sehr, wenn ich eure Gesichter schaue, wünsche ich, daß meine Brüder im fernen Land solche Gesichter sehen sollten, die wieder gelernt haben zu lachen, zu feiern – und die lernten zu siegen. Ich sah euch nicht, als Hunger und Angst euch fraßen, aber ich wünsche, daß man solche Gesichter niemals mehr kenne bei euch.

Wie aber soll man's verhindern, da doch die Feinde draußen noch stark sind? Meint ihr, ihr werdet hinterm Walde ewig vergessen sein? Schon einmal hat man sich eurer erinnert, und ihr seid gestorben. Daß es nicht wieder geschieht, schützt euch nicht der Raub, den ihr treibt, er jagt euch eher, wenn die Gerechtigkeit uns nicht siegt, erneut in die Spieße und Flammen. Es schützt euch also nicht das Vergessen, es schützt euch nicht der Schrecken, den ihr jenen bereitet, welche die Straßen ziehen – es nützt euch nur, daß ihr stark seid und brüderlich mit den andern auf eurem Wege.« Ich beobachtete sie von hinten, wie sie einander beäugten, und ich sah, wie wenig sie im Grunde daran dachten, sich mit Dingen zu befassen, die nicht unmittelbar ihr Dorf bedrohten. Ich wunderte mich, warum Thomas nichts spürte.

»Die draußen leben, leben nicht nur draußen, sie sind hier bei euch«, fuhr er fort, »sie brauchen euch – wie ihr sie braucht, jedes Dorf braucht das andere, jeder Haufen den andern, das ist das Geheimnis unseres Sieges. Nein, ihr sollt euer Brot nicht teilen. Auch sie können Brot haben. Aber ihr könnt ihnen beistehen mit eurem Wissen und eurer Kraft, mit dem, was ihr euch schon geschaffen habt und was für sie erst erscheinen soll. Was ihr hier besitzt, für sie ist es schon und noch ein Stück Künftiges. Dafür können sie für euch siegen, denn sie sind viele, und sie haben einen großen Zorn, sie ziehen zu Haufen und sammeln sich und werden euch den Acker wieder befreien – oder gefällt's euch schon, auf Raub zu leben?«

Sie schwiegen. Wir haben's geschafft, konnte das Schweigen bedeuten, aber wir können nicht alles schaffen. Und wir leben vom Raub, und wir werden so schnell keinen Acker bebauen, weil die Zeit noch nicht ist.

»Ich weiß«, Thomas tat, als wisse er wirklich, was das Schweigen bedeuten sollte, »daß ihr wartet, um mich zu fragen, was ich denn nun von euch wolle. Ihr habt recht, daß ihr zu wenige seid, um alle zu retten – aber in diesen Tagen wird auch das wenige viel, und das Unbedeutende kann bedeutsam werden, wenn es am rechten Orte steht.

Ich sehe auch, daß ihr nicht eine Mannschaft zum Haufen schicken könnt, wie andre es tun werden, die Schwaben, die Bayern, die Franken vor allem – aber ihr könnt Kundige senden, die uns lehren werden, daß die vielen, belehrt, den wenigen gleichen mögen.«

Einer der Alten richtete sich auf.

»Wir verstehen dich schon, Bruder Thomas. Und wir wären auch bereit, dir zu helfen, aber – was soll unser Bruder, den wir euch bestimmen würden, schon jetzt bei euch? Genügt es nicht, wenn er kommt, sobald ihr – nun, sagen wir einmal – gesiegt habt?«

Ich wenigstens verstand. Man wollte sich nicht »verheizen« lassen, wie man das hier nannte. Die andern sollten draußen siegen, dann würden die stolzen Waldsteiner kommen und alles richtig ordnen. Ich sah zu Martenius hinüber, aber der senkte die Stirn. So nicht, Hannes, auch nicht bei Moos und Kraut, so nie. Bring sie dazu, uns jetzt zu helfen, nicht irgendwann.

»Hannes«, nahm Thomas von vorn her wieder das Wort, »wie kommt es, daß deine Freunde hier nicht verstehen, was man ihnen sagt. Können sie kein Deutsch mehr?«

»Sag uns lieber, ehe du uns beschimpfst – was hast du in der Schweiz erreicht, wo die Haufen der Täufer und Propheten stehen?«

»Darüber reden wir, sobald ich weiß, ob ein Kontingent aus Waldstein mit mir aufbricht oder nicht.«

Die Worte flogen wie Steine über die Köpfe der Sitzenden weg, es fehlte nicht viel, und sie hätten sich geduckt.

»Meine Brüder sind nicht feige«, nahm Hannes wieder das Wort, »sie sind nur wenige, und sie haben viel zu verlieren. Zwanzig Jahre früher hättest du kommen sollen, Thomas, als das Dorf noch ein Schutthaufen war, jetzt hat es sich eingefahren und eingelaufen – und du wirst doch nicht im Ernst verlangen, wir sollten zum Beispiel die Mühlhäuser das Rauben und Weglagern lehren.«

»Gut – wenn ihr nicht wollt –, ihr seid auch nicht der Nabel der Welt. Aber ihr habt gesagt: nach dem Sieg. Ich will euch dazu was sagen. Ihr denkt, es ist ein Sieg, überall der gleiche. Das ist falsch. Es werden viele Siege sein, irgendwo beginnen sie, und sie ziehen fort durchs Land, manchmal auch kommen Zeiten, wo niemand siegt, auch Zeiten, da der alte Geier sich, verendend, wieder aufbäumt. Aber es wird nichts nachlassen, das Feuer wird brennen, unter und über der Glut, es wird glimmen oder lodern – und eines Tages wird das Feuer keine Nahrung mehr finden, und das dann wird der große Sieg sein. Viele Siege an vielen Orten wird es geben, kleine und große, auch kleine und große Schlappen werden wir hinnehmen müssen – aber hinter allem wird, während man vorn siegt, ein Neues wachsen, das noch keiner sah. Da wird man Menschen finden, die sich regen und schaffen, die ernten und formen, rechnen und malen, die sich gut kleiden und die gut essen und trinken und die sich lieben, wie immer sie wollen, wenn sie sich denn lieben wollten. Das Korn, das man nicht sät, wird auch dann nicht aufgehn, das Reich gehört nicht den Faulen und Trägen, es gehört den Fröhlichen, die hinter dem Leid stehen und es überwunden haben. Seht, das Leid ist wie ein großer Vorhang vor euren Augen, es verdeckt euch die Sonne – ist aber der Vorhang einmal gefallen, so seht ihr die ganze, weite Welt Gottes, und ihr seht sie frei von Bosheit und Arglist, denn das Böse und Arge hat seine Zeit verloren, und der Mensch lacht über die List und die Bosheit wie über einen Narren. Da wird man nicht in die Kirchen laufen und über die Sünden weinen, denn es wird keine Sünde mehr sein und jeder ein Priester, und Gott wird unter allen sein, in jeder Ähre, in jedem Zweig, unter jedem Stein. Er wird, wie die Offenbarung euch sagt, keinen Thron mehr haben in dieser Welt, denn alles, was da ist, ist sein Thron und alles, was dort entsteht, sein Lobgesang. Nicht ›Hosianna‹ werdet ihr singen, sondern eure Lieder zu Saat und Hochzeit, wie immer ihr sie gesungen, und der Tod? Ihr werdet den Tod eurer Körper sterben, ihr werdet zu Erde werden, wie vordem, das Neue bedeutet nicht Stillstand, sonst müßte es elend vergehen. Den Tod im Geist aber werdet ihr nicht mehr sterben, und es wird, zu sterben, nicht anders sein, als von einem Leben ins andre zu gehen, kein Schmerz wird sein und kein Abschied.« Thomas schöpfte Atem. »Es kann noch lange dauern, bis zu diesem Reich, es kann aber auch ausbrechen mit dem kommenden Tag – und ob und wann es erscheint, das wird euer Ja und Nein mitbestimmen – oder verachtet ihr eine solche Welt?«

»Das ist aber nicht das Paradies«, bemerkte der alte Mann, »da wird man ja arbeiten müssen.« Alles lachte. »Und was soll das: Tod im Geiste. Entweder ich bin tot, oder ich bin's nicht. Also – wenn man in deinem Paradies sogar sterben muß, Herr Pfarrer, dann behalt's mal für dich.«

»Es ist kein Paradies, Alter«, erwiderte Thomas ungewöhnlich sanft, »es ist die Erde und die Wirklichkeit. Es sind auch nicht eure Seelen, sondern ihr seid es selbst, so wie ihr hier sitzt. Es ist auch keine neue Erde – und das Paradies, Alter, das gibt es nicht. Überhaupt nicht, und das sag ich dir, der Pfarrer.«

»Also kommt nichts nach dem Tod?« Jetzt war der Alte doch erschrocken.

»Eine Menge kommt nach dem Tod, Alter. Aber kein Paradies und kein Fegefeuer und kein Gericht.«

»Na, dann paß mal lieber auf, Herr Pfarrer, daß dich der Luther nicht hört und auch nicht der Karlstadt und keiner sonst von der ganzen Blase – die könnten das gar nicht gut hören.«

»Unbesorgt, die kennen's schon, und ich lebe immer noch. Weil es auch solche Menschen gibt wie euch.«

Der Alte grinste. »Willst du uns Honig ums Maul

schmieren? Wir haben genug eigenen, wir brauchen deinen nicht.«

»Na, dann: Lektion zwei: Wie macht der Ritter Frieden?«

»Er brennt nieder.«

»Das kann er aber nicht zu oft machen, sonst hat er auch nichts mehr zu beißen. Also, was macht er dann?«

»Dann kommt er mit Verträgen.«

»Und dazu holt er alle Bauern aus allen Dörfern zusammen, und sie alle handeln einen großen Vertrag aus.«

»Nein, Herr Pfarrer. Man handelt einzeln aus, Dorf für Dorf.«

»Aber ihr wißt doch, was das Nachbardorf erreicht hat?«

»Nein, das wissen wir nicht.«

»Also kann euch der Ritter doch übers Ohr hauen.«

»Kann er.«

»Und warum laßt ihr euch das gefallen?«

»Weil's immer so war.«

»Das reicht mir aber nicht.«

»Es gibt nicht mehr zu sagen.«

»Also schließt ihr lieber Verträge und laßt euch übers Ohr hauen, statt mit uns um das neue Reich zu kämpfen.«

»Herr Pfarrer – wir haben satt zu essen.«

»Aber es können nicht alle handeln wie ihr, sonst habt auch ihr nichts zu essen, und man kann sich auch nicht jahrhundertelang von denselben Rittern und Herren übers Ohr hauen lassen. Man müßte also etwas erfinden, was weder Beutelschneiderei noch ewige Angst vor den Herren wäre – hab ich da so unrecht?«

»Das ja nicht, aber ...«

»Was: aber?«

»Es ist doch so. Wir sind einfach zu wenige, um Euch

helfen zu können. Vielleicht findet Ihr unterwegs noch andere Leute, es sind jetzt viele Bauern auf den Straßen. Vielleicht, Herr Pfarrer, kommen die mit Euch, ja, ganz sicher kommen die mit Euch – aber laßt uns aus.«

Thomas sah von dem Bauern – oder Räuber – zu Martenius hinüber, wollte wissen, wie der die Lage beurteilte. Und Hannes schüttelte nur traurig den Kopf. Nichts zu machen. Wenn sie nicht wollen, wollen sie eben nicht. Sie sind wie Kinder, wenn nicht wie Esel. Man hat ihnen keine Gelegenheit gegeben, anders zu werden, bis jetzt nicht. Ich hab ein wenig angefangen, aber du siehst, wie weit ich erst bin. Trag es ihnen nicht nach. Das alles mochte er gedacht haben, als Thomas ihn ansah.

Wenige Tage später nahmen wir voneinander Abschied.

»Und sei uns nicht allzu böse«, sagte Hannes noch in der Tür, »aber ein Reich, in dem sie arbeiten müssen, wollen sie nicht mehr. Hättest du sie belogen, sie wären mit dir gegangen.«

»Nur werd ich das nie tun, Hannes.«

»Und wirst daran kaputtgehen. Edel – und klug –, aber am Ende nicht mehr gut. Die etwas zu verlieren haben, wollen dein Reich nicht, Thomas. Und die nichts zu verlieren haben, werden keine guten Bürger deines Reiches sein. Und du wirst als ihr König auch nicht gut bleiben können.«

»Was wirst du machen, Hannes?« Thomas' Stimme klang nachdenklich, fast bekümmert.

»Meinen guten und schlechten Tag haben wie immer. Manchmal an euch denken, an dich und deine kluge Frau, auf die du manchmal hören solltest. Und vielleicht läßt du mich hören, wie du in Mühlhausen zurechtkommst – und ob du irgendwann einmal den Hannes brauchen könntest, wenn's möglich wäre, auch allein. Ich würde kommen.«

»Dann komm. Fahr mir nach. Wenn du etwas sicher haben willst: Im April bin ich auf jeden Fall dort. Und habe das Meine in der Hand.« Hannes' Miene hellte sich auf.

»Das ist doch ein Wort«, sagte er, »also gut, du rechnest mit mir.« Dann wandte er sich endgültig zum Abschied an uns, ließ von seiner Frau grüßen – dabei blieb sein Gesicht völlig ruhig, umarmte uns am Wagen, und ich kann nicht sagen, daß er mich fester umarmt hätte als seinen Freund. Der Wagen setzte sich – wieder einmal einer – in Bewegung. Nur diesmal nicht ins Ungewisse. Diesmal, wie wir beide fest glaubten, nach Hause.

IV

So vielen bist du so vieles gewesen, mein Mann. Dem einen ein bewundertes Vorbild, dem andern ein gefälliger Zureder, dem nächsten ein Dorn im Auge und noch einer Menge von Leuten geradezu der leibhaftige Satan – Bürger, Pfaffe, fremd, der Prophet im eigenen Land, Erlöser, Verderber – einer von jenen Verwandlern der Zeit, die kommen und die gehen müssen, wohin immer ihre Wege führen. Einmal und in eines Menschen Auge auch nur Mensch, Freund, fehlbar und auf Trost angewiesen wie jedermann. Hannes war der einzige, der dich weder vergötterte noch verriet. Ich – nein, auch ich lebe um den Preis eines Verrats. Ottilie von Gersen, nenne ich mich, nicht, wie ich sollte, Müntzerin. Und das Kind Hannes wird ebenso von Gersen heißen wie das Kind Grete. Und Markus, der so viel für mich und deine Kinder getan hat? Und der erst in Mühlhausen wieder den Mut fand, zu dir zu kommen. Und Pfeiffer, der neben dir auf dem Schafott starb? Und eigentlich nur König von Mühlhausen werden wollte. Und es ansonsten genoß, mit deinem Namen den Schlüssel zu vielen Türen zu besitzen. Der ein Mädchen aus Nürnberg mitbrachte, das er nicht liebte, der Mönch, der erst lernen sollte, was Liebe sei. Das Schlimme war nur, daß Marie ihn liebte. Sie saß auf unserm Wagen und hielt meinen Sohn, aber ihre Gedanken streiften über irgendeine unbekannte Landstraße einem Mann mit schütterem Haar und wachen Augen nach, der gerade lief oder fuhr wie wir, vielleicht sogar ritt. Ein künftiger König von Mühlhausen mußte schließlich seine Verbindungen aufbauen.

Und es sollten sich diese Verbindungen später sogar als wirklich nützlich erweisen – nur sollten sie nicht dazu dienen, dem Heinrich eine Krone zu verschaffen. Was der dann merkte und vergrimmt war. Und was wohl als der große Bruch zwischen den beiden Erzteufeln so manchen zum Handeln verlockt hat. Wenn zwei sich streiten ... du weißt, Markus, wie wir uns gerade bemüht haben, nicht solchen Streit zu führen. Sich streiten, daß man sich einige – ja. Aber nicht sich streiten, damit man sich trenne. Ratsherr Othera und sein Anhang hätten kaum Erfolg gehabt ohne Heinrichs Verbissenheit in seine kleinen Pläne.

Aber es war nicht nur das. Es war auch diese verfluchte Sucht zu träumen. Es war wie eine Seuche über die Leute gekommen. Sie lagen verzückten Auges herum, sahen über sich das Himmelreich schon hereingebrochen, sahen die gebratenen Tauben fliegen, sprachen von Angesicht zu Angesicht mit Gott und hörten den Heiligen Geist – aber die Huftritte hinter dem Busch, die hörten sie nicht. Sie lallten ihre Hallelujas und Avemarias, während sie, eben träumend, einen Ritter oder Krautjunker durch die Spieße jagten und sich wie im Halbschlaf die Bolzen durch die Rippen jagen ließen. Ein Jahrtausend lang hatten die Priester sie dies gelehrt, daß das künftige Reich da nicht von dieser Welt, auch in dieser Welt nicht sein dürfe. Nun, da es anzubrechen schien, konnte es doch nur das Reich der Verzückung, des halben oder des ganzen Todes sein, aber doch nicht wirklich und nüchtern, im hellen, harten Licht des Tages ...

Eigentlich trugen die Priester die Schuld an dem, was sie nun als das täppische und läppische Getue der Bauern verspotteten. Wer Himmel und trunkenen Taumel, wackeliges Flattern zusammengebracht, durfte sich nicht wundern, wenn der Himmel auf Erden dann Schwankende und Taumelnde schuf – wenn die jahrtausendlang Belogenen dann zu lauter Offenbarungen dieser Lügen wurden. Die Päpste und Priester hatten die Seuche gebracht, nicht die Prediger des reinen Wortes, wie Thomas einer war. Himmel – hieß Tod. Und Tod hieß, anders zu sein. Es gibt keinen Himmel, sagte Thomas. Und die Bauern verstanden ihn nicht mehr. Es gibt kein Paradies. Und die Bauern waren enttäuscht. Er hat es später nicht mehr so gesagt, er hat lieber geschwiegen als gelogen. Er hat gespürt, wie tief sie verdorben waren und daß noch nicht die Zeit wäre, ihnen die Verdorbenheit zu nehmen. Er hat später auch den Blick nicht mehr abgewandt, wenn sie wieder begannen, ihre Lügen vorzuführen, wenn sie wieder mit den Augen rollten und mit den Zungen drehten und taten, als käme gleich die Fallsucht über sie. Er hat ihnen nicht Beifall gegeben, aber er hat sie auch nicht mehr zurechtgewiesen. Er hat anerkannt, daß sie es nicht besser wußten, auch nicht besser verstehen konnten. Die Schwärmer waren das Ergebnis der Priesterlügen. Sie waren es, die Erde und Himmel getrennt, Reich und Welt unerreichbar voneinander entfernt hatten, entgegen dem Wissen, daß jeder, der darauf wartet, schon da wäre. Indem sie die Wahrheit zu verkünden vorgaben, haben sie die Menschen untauglich gemacht für diese Wahrheit, und Luther war nicht anders. Nein, darin war er nicht anders als die Papisten, die er so zu hassen meinte.

Hinter uns blieb Waldstein zurück, die Nebel verhüllten bald Straße und Berge, verhüllten die Erinnerung an Quellen und nasses Laub in der Nacht, an einen fremden und doch so vertrauten Körper und eine schöne, kluge Frau. Sie verbargen wieder die gut gefüllten Magazine und die Frauen, die ohne Angst vor dem Tod der Männer leben konnten, denn jedermann ernährte sie. Sie konnten aber die Erinnerung an einen Menschen nicht verbergen, der sich für seine nächsten Gefährten geschämt hatte und der Frau und Gefährten lassen würde, um dem Werk des Freundes zur Hand zu gehen. Martenius würden wir wiedersehen.

Vor uns tauchten nun immer häufiger Lagerstätten auf, Sammelplätze von Männern und Frauen, die aus einem unerfindlichen Grund alle den Winter im Freien verbrachten. Wenn wir wollten, konnten wir an den großen Feuern Halt machen, herankommen und uns wärmen, dem Kleinen Milch kochen oder eine Suppe mit den andern essen, auch, wenn es auf die Nacht ging, an den Feuern schlafen, gut bewacht von bäurischen Posten. Manchmal sagte Thomas, wer er wäre, aber manchmal auch nicht, selten erkannte ihn jemand – es war genug, wenn er als Prediger des reinen Wortes kam und als ein solcher blieb. An einigen der Feuer trafen wir auch andere Prediger, gleich uns und gleich den Haufen unterwegs, ziellos scheinbar und doch sehr zielbewußt. Grüße wurden uns mitgegeben für andere Haufen, die man noch auf unserm Weg nach Thüringen wußte – und manches Mal saß Thomas mit den Männern und Frauen bis in die tiefe Nacht am Feuer. Frauen – ja, es waren auch Frauen unterwegs, ich war längst nicht mehr die einzige, die den Mut aufgebracht, mit ihrem Mann zu gehen. Junge Frauen gingen und fuhren sicher und selbstbewußt neben ihren Männern, und ich dachte daran, wie wir in Allstedt beieinander gestanden hatten. Es ist nicht nur, daß wir so handeln und reden, dachte ich, die Zeit selbst ist für uns, es geht durch die Leute wie ein Wind, wie die Luft, die sie atmen. Und ich war wie benommen von der Kraft dieser Bewegung, die, das spürte ich immer mehr, um Thomas zu kreisen begann – nur er schien nichts zu spüren, er blieb ruhig und spöttisch, wach und voll Sicherheit, gab hier einen Rat und sah dort eine Protestschrift durch, fragte auch den oder jenen nach Lasten und Plänen, nach Gründen und Erfahrungen. Von Himmel und Erde, von Gott und von Wahrheit sprach er nie.

An einem dieser Feuer trafen wir auf einen Prediger.

Wir sahen erst nur seinen Rücken, er schien ziemlich breitschultrig, auch, obwohl er saß, nicht eben klein zu sein. Was er sagte, verstanden wir nicht, aber seine Stimme war tief und ein wenig rauh, ans Predigen gewöhnt, seine heftigen Gesten verrieten eine gewisse Reizbarkeit, denn die Gesichter seiner Nachbarn, sofern wir sie erkennen konnten, zogen sich das eine und andere Mal unzufrieden in die Länge.

»Das will ich doch genauer wissen, worum die zanken«, sagte Thomas und kam zum Feuer. Ich hielt mich dicht hinter ihm, Marie suchte meinen Schutz wie immer.

»Einen guten Abend wünsch ich den Leuten«, sagte er, hinter dem fremden Prediger stehend. Der wandte sich um, als habe ihn jemand zwischen die Schultern gehauen. Einen Augenblick starrten sie einander an, dann ging es los.

»Wer hat dich denn entwischen lassen?«

»Und wo hast du deinen Bauernkittel?«

»Warum haben sie dich eigentlich noch nicht gehängt?«

»Und warum haben sie dich noch nicht verbrannt, Bruder Andres?« Der fremde Prediger war aufgestanden und umarmte Thomas. Die Bauern saßen um die Szene und wußten nicht, was sie davon halten sollten – nun, nichts anderes, als sie sahen, dachte ich und wunderte mich über ihre Verwunderung. Nach einer Weile erst klärte Thomas die Situation.

»Das ist der Professor Karlstadt, Ottilie, wir kennen uns noch aus Wittenberg – und das, Professor, ist mein Weib.«

»Und das dahinten wohl gar schon deine Magd, und sag bloß noch, der Wagen gehört dir auch und das Kind da – auch deins?«

»Auch meins.« Thomas grinste.

»Aus meinem kleinen Thomas ist also ein Mann geworden – und nicht bloß ein leidlicher Predikant. Ja, siehst du, das hast du damals immer nicht begriffen, daß das alles zusammengehört – oh, am liebsten wärst du aus Bewunderung für den lieben Martin auch noch Mönch geworden.«

»Du übertreibst. Und spätestens in Zwickau hatte sich's dann mit den Mönchsgelüsten – o Gott, haben wir uns viel zu erzählen. Andres – sag mal, hast du überhaupt soviel Zeit?«

»Soviel du willst. Ich bin nur auf dem Weg nach Haus.«

»So wie ich.«

»Aber dich erwartet dort viel Arbeit.«

»Und dich nicht?«

»Nein, mich nicht, Thomas.«

»Sag mal, Andres – warum spielst du eigentlich nicht mehr Bauer? Oder – verzeih – muß ich jetzt vielleicht wieder Herr Professor sagen?«

»Mußt du nicht. Aber ich werd auch schon wieder Bauer spielen. Wenn ich nämlich zu Haus und auf meinem Acker bin. Du, ich hab's tatsächlich gelernt, das Säen und Pflügen. Es tut gut.«

»Und wie geht's deiner Köchin?« Karlstadts Gesicht verzog sich säuerlich.

»Du kannst's wohl nicht lassen.«

»Warum sollte ich es lassen? Ich wundere mich nur, warum du noch nicht geheiratet hast.«

»Bah – heiraten. Wer sich liebt, der liebt sich, wozu heiraten. Wir haben zwei liebe Söhne, die Vater und Mutter sagen, und wenn es sich lohnt, heiraten wir vielleicht auch noch irgendwann – aber eigentlich nötig ist es nicht.«

»Brrr – Gott hat schließlich die Ehe gestiftet.«

»Falsch – nur die Geschlechter.«

Die Bauern starrten.

»Ich weiß gar nicht, warum ihr so schaut«, fuhr der Professor fort, »da steht nur: Seid fruchtbar und mehret euch und füllet die Erde und machet sie euch untertan. Gott hat, da der Mensch es nun einmal, wie auch immer – ich glaub da nicht so recht an den Satan, der ist mir einfach zu menschlich und zu vernünftig –, herausgefunden hatte, was es mit den Sächelchen so auf sich hat, die Sache im nachhinein noch abgesegnet – und dann ... na ja, den Rest kennt man.«

»Aber er hat die Frau doch für den Mann gemacht.«

»Ja und – was hat das mit Ehe zu tun?«

»Und er hat die beiden aus dem Paradies verstoßen.«

»Na, das haben wohl eher die Priester gemacht, die's hinterher aufschrieben.«

»Dann stimmt es also auch nicht mit der Sünde und so?«

»Also – wenn du jemanden liebst, ist das erst mal keine Sünde. Und wenn du mit ihm ... na ja ... dann ist das auch keine Sünde, wenn ihr's beide wollt. Aber Sünde gibt's natürlich trotzdem, nämlich, wenn man etwas falsch macht, obwohl man genau weiß, wie es richtig sein müßte – zum Beispiel wie die Herren mit euch verfahren, das ist eine Sünde.«

Karlstadts Hände fanden wieder ein wenig Ruhe. Sie fuhren nämlich, wenn er redete, ununterbrochen in der Luft umher.

»Bruder Andres«, nahm Thomas wieder das Wort, »wie steht's denn eigentlich mit deiner Kirche an der Saale?«

»Gut, warum soll es auch nicht, da mir keiner mehr dreinredet.«

»Und – müssen deine Schäfchen immer noch so brav Bäh machen, Andres?« Karlstadts Gesicht wurde bitter.

»Na – weil du hier große Töne über die freie Liebe schwingst und deine Köchin nicht heiratest, aber bei deinen Leuten läßt du nicht mal ein Kruzifix durchgehen und läßt ihnen den Schmuck von den Kleidern reißen.«

»Das wär dann erstens meine Sache ...« – »Falsch«, unterbrach ihn Thomas, aber Karlstadt meinte nur erbost, er solle ihn gefälligst ausreden lassen, »zweitens steht es wohl in der Schrift, wenn ich nicht irre, daß der Mensch sich kein Bildnis machen solle noch irgendein Gleichnis – und daß man sich nicht aufputzen solle, das steht wohl, wenn ich mich recht erinnere, beim Apostel. Oder bist du anderer Meinung?«

»Also, deine Sache ist es einmal nicht. Aber du kannst es so machen – wenn du es sonst auch so machst. Du kannst dich nur nicht auf der einen Seite aus dem Gesetz davonstehlen, und auf der andern forderst du eben seine strikte Befolgung – als wären deine Schäfchen Juden...«

»Nachfahren Israels dürften sie ja wohl sein, oder...«

Thomas zuckte mit den Schultern. Kein Durchkommen, hieß das, ich wär bereit aufzugeben. Aber Karlstadt wollte nun ganz und gar nicht mehr aufgeben.

»Und wenn sie Nachfahren Israels sind, Bruder Thomas, dann gilt auch das Gesetz Israels für sie, und sagt nicht Jesus selbst, er sei nicht gekommen, das Gesetz des Mose aufzuheben? Du darfst die Schrift nicht lesen, wie sie dir paßt, Bruder Thomas, du mußt lesen, was da steht. Und wenn ich drei Frauen haben wollte, so könnte ich drei haben, das wär nicht gegen das Gesetz – aber mir ein Bild zu machen oder zu prunken und zu prassen, das wäre wider das Gesetz und wider die Propheten und die Apostel außerdem.«

»Ich weiß, ich weiß, Herr Professor. Aber was ist besser: sie für ihr Glück, für ihren besseren Tag zu rüsten, oder ist es besser, sie die Paragraphen abzufragen, Bruder Andres. Was entscheidet, Bruder Andres: der richtige Glaube oder die richtige Tat. Geht's um die Taufe, oder geht's um das Leben, Herr Pastor? Machen's die Buchstaben oder macht es der Geist, zählt das Glaubensbekenntnis oder zählt, ob einer einfach Mensch sein will?«

»Das ändert nichts daran, daß man Gott in allem so gehorchen muß, wie er es will. Und das steht eben im Gesetz. Und das wird auch belohnt.«

»Du warst schon besser im Reden, Andres, das Bauerspielen ist dir nicht so gut bekommen, wie du sagst, denk ich, du redest etwas abgehackt, scheint mir, aber sei's drum – da es den Herren und Schindern ja augenscheinlich wohl geht, muß, was sie wollen, ja auch von Gott gewollt sein. Warum aber, wenn du das glaubst, bist du dann hier?«

»Zufall vielleicht, in der Tat, vielleicht bin ich auch ein Agent des Luther . . .« Karlstadts Stimme bekam eine zynische Färbung.

»Streiten wir morgen weiter«, wehrte Thomas ab. Aber aus dem Streit am nächsten Tag wurde nichts mehr. Der Professor, ob nun in Wut über uns oder auch einfach nur willens zu gehen, fuhr noch in derselben Nacht davon. Ich habe ihn nicht wiedergesehen, ich erfuhr lediglich, er sei gesund in seiner thüringischen Gemeinde angekommen und verfahre dort wie eh und je.

Da waren wir schon auf dem Weg nach Fulda, und von dort würde es bis Mühlhausen nicht mehr allzu weit sein. Wir hörten auch unterwegs, daß Pfeiffer sich bereits mit den Mühlhäusern verständigen und Vorarbeit leisten würde – und Thomas brannte darauf, endlich in der Stadt zu sein. Ich hatte oft das Empfinden, die Pferde liefen ihm schon lange nicht mehr rasch genug, und die notwendige Rast in den Nächten schuf ihm immer mehr Unbehagen. Das Treiben auf den Straßen, das immer dichter wurde, je näher wir dem Thüringischen kamen, erschien ihm wie ein zäher Brei, der ihn festhielt. Um ihn abzulenken, fragte ich ihn nach dem Sinn der letzten Debatte mit jenem älteren Prediger.

»Sag mal, stimmt es nicht, daß man das Wort so lesen muß, wie es eben da steht, und auch so befolgen?«

Thomas schaute überrascht zur Seite.

»Das beschäftigt dich? Na schön, wenn du dich denn in den Streit der Ausleger mischen willst: Die einen sagen, man müsse alles wörtlich nehmen und wörtlich befolgen, was in der Schrift stehe, und die andern meinen, es sei eben nicht alles wörtlich gemeint, sondern es gäbe auch Bilder und Anspielungen – die müsse man erst entschlüsseln.«

»Nach einem solchen Streit zwischen Schulen sah euer Zwist aber nicht aus.«

»Es war auch ein bißchen mehr – aber laß es jetzt, ich ändre den Karlstadt nicht und er mich ebensowenig.«

»Ist er deshalb so schnell abgefahren?«

»Was weiß ich . . . denk nicht mehr dran, es führt zu nichts.«

Unter solcher Unruhe kamen wir dann endlich doch nach Fulda. Und auch gleich mitten hinein in den dicksten Aufruhr. Am Stadttor, wo man uns peinlich genau kontrollierte, taten noch alle, als sei alles in bester Ordnung. Die Herren Stadtwächter wollten uns schon passieren lassen, obgleich es sie wunderte, daß wir keine Waffen bei uns führten – und uns wunderte, was Stadtwächter daran seltsam finden mochten. Aus irgendwelchen Gründen schienen sie hier ganz wild auf Waffen zu sein – aus welchen, sollten wir bald sehen.

Am Tor also herrschte noch so etwas wie Ordnung, wenn auch eine fragwürdige. Aber sobald wir in die Stadt einfuhren, befanden wir uns mitten in einem nervösen Karneval. Fackeln streiften durch die Luft, niemand kümmerte es, wenn sie ihr Pech auf nackte Schultern tropften, und alle Leute, die da herumstanden und -gingen, schienen auf eine sehr vordergründige Weise nicht ganz bei Troste zu sein. Sie grölten und taumelten, als hätten sie drei Tage lang gesoffen, fuchtelten mit Messern und Spießen, Fleischerbeilen und allem sonst irgend als Waffe möglichen Zeug herum, bedrohten scheinbar alles und jeden – in Wahrheit aber wohl niemanden, denn es war doch eine Stadt, in der man sich kannte.

Fremde aber blieben in einer solchen Stadt besser aufmerksam. Und so brach das Unheil auch los, als Thomas jemanden nach einer Herberge fragte.

»Schert euch weg, wir brauchen keine Pfaffen«, war die höfliche Antwort. Thomas allerdings schien, entgegen seiner sonst eher allegorischen Auslegungsweise, diesen Satz ganz wörtlich nehmen zu wollen, jedenfalls war er mit einem Satz wieder auf dem Kutschbock, im gleichen Moment aber faßte der Höfliche nach seiner Wange.

»Das nennt sich Rebellion – das ist ein Saustall. Habt ihr sonst keine Sorgen?« Thomas wollte die Pferde wieder antreiben, aber der höfliche Bursche schien auf das letzte Wort sehr bedacht, er warf sich in Positur, stellte, sehr originell, ein Beinchen hinter sich, so daß es aussah, als müsse er jeden Augenblick zu Boden fallen, kippte das kleine Kinn affektiert nach hinten und säuselte maliziös: »Ach, der Herr Pfaff will uns lehren, wie man's richtig macht, der Herr Pfaff, und seine Hur und sein Bankert haben's auch gleich mit?«

Mit einem Satz war Thomas vom Bock herunter, ein Hagel von Fausthieben ging auf Kopf und Schultern des Jüngelchen nieder, bevor ihn ein kräftiger Hieb gegen das Kinn mitten in die Gosse warf. Thomas holte noch einmal Atem und wollte zu mir zurückkehren – aber die kleine Szene hatte bereits ihre Beobachter gefunden, und auch die wollten anscheinend nicht untätig bleiben. Sie rückten zum Wagen und umstellten uns. Das Jüngelchen mühte sich noch vergeblich, wieder auf die Beine zu kommen, obwohl es nicht ernstlich verletzt war – es war in diesem Fall wohl nur eine Frage der Unerfahrenheit mit den zu erwartenden Reaktionen auf solcherart Anpöbeleien.

»Bringt erst mal den da zu Vernunft«, wandte sich Thomas an die Umstehenden, »und dann könnt ihr mich mal zu eurem Anführer bringen.«

Die hoffnungsvollen jungen Leute rührten sich nicht. Nach einer Weile entschloß sich einer, mokant zu grinsen.

»Und wenn wir gerade das nicht vorhaben, Pfaffe?«

»Könntet ihr ein bißchen mehr Ärger kriegen, als ich euch hier machen kann.«

Die Jungen musterten Thomas' Miene und schienen sich darüber zu wundern, daß er seine Worte ernst nahm. Als begriffe er nicht.

»Ihr benehmt euch aber gar nicht wie ein Pfaffe. Die sind nämlich sonst feige.«

»Wie viele kennst du denn?«

»Och – viele, sehr viele ...«, die Umstehenden lachten.

»Bist du eigentlich wirklich ein Pfaffe?«

»Doch, ich bin wirklich einer.«

Er nahm die Kappe ab und schüttelte sich. Der Jüngling kam inzwischen wieder auf seine Beine, wollte auch sofort auf Thomas los – aber jetzt hinderten ihn die eigenen Kumpane.

Hinten am Wagen machte man sich zu schaffen. Ich hörte die scharrenden Griffe und sah schon unser Hab und Gut in der Dunkelheit verschwinden, neigte mich nach hinten, um mich wenigstens zu überzeugen, daß Marie noch dasaß – und erblickte im ungewissen Licht der Fakkeln ein bekanntes Gesicht, eine Hand, die mit einem Degen zwischen die schattenhaften Hände fuhr. Im Flakkerlicht sah ich ein Gesicht, das ich zu kennen glaubte, Markus, dachte ich – aber es ging alles zu schnell, und vorn war auch noch nichts entschieden, meine Aufmerksamkeit mußte sich teilen und so vermindern. Ich sah nur noch, wie sich die Schattenhände verzogen, als der Gewinn nicht mehr leicht zu haben schien.

»Was ist denn hier los?« hörte ich eine weiche, dunkle Stimme.

»Einen von uns hat er zusammengeschlagen, der Pfaffe. Und frech ist er außerdem geworden.«

Aber die Hände hielten sie jetzt ruhig.

»Er wird wohl seine Gründe gehabt haben, wenn ich

euch so anseh«, sagte die Stimme aus dem Dunkel, und dann sagte sie noch: »Was haben die Euch getan, Bruder Müntzer?«

»Nichts. Erlaßt ihnen, was sie wollten. Sie haben auch noch zu lernen.«

»Ich denke, sie haben dennoch schon viel gelernt. Was haltet Ihr denn von dem allem?«

»Wollt Ihr das wirklich wissen?« Die Stimme bestätigte, ja, das wolle sie.

»Wenn ihr wirklich was erreichen wollt, reicht 'ne Weiberfastnacht wohl nicht aus. Wollt ihr so siegen, Himmelherrgott noch mal? Plündernd die einen, besoffen die andern?« Die »Stimme« mochte nun enttäuscht sein, aber ich hatte eine andere Entdeckung gemacht – daß Thomas tatsächlich fluchen und keifen konnte. Wie der Luther.

»Ich geb's ja zu, daß noch die Übung fehlt«, entgegnete der Anführer beleidigt. »Aber woher hätten sie solche Übung nehmen sollen?«

»Sie hätten nur mit Vernunft handeln sollen und die Augen offenhalten. Ein Aufstand ist kein Räuberspiel.«

Die Tatsache, daß ihr Anführer den Pfaffen kannte, besänftigte die Gemüter ungemein. Einige mochten auch den Namen verstanden haben, den er nannte, sie wichen beiseite, gaben unserm Wagen wieder Platz. Niemand hielt uns mehr auf, als wir einer uns als gut bezeichneten Herberge entgegenzogen.

Wir packten aus, trugen die Bündel ins Haus. Der Wirt erkundigte sich verängstigt, ob wir etwa länger zu bleiben gedächten. Das nicht. Warum wir dann alles ins Haus schafften? Es sei sicherer so. Der Anführer, der uns hierhergeleitet hatte, wurde wieder unruhig.

»Ich muß in den Rat«, sagte er und beschrieb Thomas, wie er dorthin kommen könne.

»Ich geh hin«, sagte Thomas zu mir, als wir allein im

Zimmer standen. »Ich muß sehen, ob ich ihnen nicht insgeheim etwas mehr Vernunft beibringen kann. Und du rührst dich nicht aus dem Haus, am besten gar nicht aus dem Zimmer – unter keinen Umständen, hörst du.«

»Ich hab Angst genug.«

»Aber nicht die Angst von Allstedt, Ottilchen. Bitte nicht, es wär nicht gut für dich und den Kleinen.«

Dann war er auch fort.

Ich saß in einem gut geheizten Zimmer zwischen meinen Bündeln und Kasten, im Nebenzimmer schlief das Kind sicher schon und Marie daneben. Und ich hatte wieder einmal zu warten. Ich hatte oft gewartet, und ich liebte das Warten nicht mehr. Ich sah den Widerschein der Fakkeln an der Decke entlangfahren, hörte, durch das Fensterglas gedämpft, die Rufe, das Aufschlagen der Knüppel an den Toren. Und ich fragte mich, wie es sein könne, daß schon wenige Meilen weiter im Lande nachts mehr zu spüren sei von Fackeln und Waffen.

Spät in der Nacht kam dann Thomas zurück. Ich lehnte mich an ihn, wie ich es lange nicht getan, seine Nähe suchend, die vielleicht überhaupt nicht mehr zu finden war. Er ließ mich gewähren, aber ich hätte auch eine Schnitzfigur so berühren können. Und er schlief neben mir ein, als sei ich nicht an seiner Seite.

Am nächsten Tag sprachen wir über Kleinigkeiten. Er spielte mit dem Kleinen – das geschah jetzt selten genug –, überflog dazwischen ein paar eilig hingeworfene Zeilen und wurde noch vor Mittag ins Rathaus geholt.

Der Tag war etwas ruhiger, und ich überlegte, ob ich mir nicht die Stadt ansehen sollte. Zu Spaziergängen war ich, bis auf die Wege mit Hannes, nur noch selten gekommen, ich vermißte sie, vermißte das bewegte Alleinsein mit den Dingen. Dann aber hörte ich aus einiger Entfernung Stimmen, die mich an die Nacht erinnerten. Ich blieb also im Zimmer. Thomas kam gegen Abend, aber er zog den Mantel nicht aus und ließ sich auch kein Bier kommen, wie er es sonst tat, wenn die Arbeit beendet war.

»Ich muß noch mal zurück«, sagte er, »ich wollte dir bloß Bescheid sagen, es gibt noch ein paar Schwierigkeiten.« Er griff sich ein paar Bögen und sein Neues Testament und verschwand wieder in der Nacht. Er hatte nicht gesagt, wann ich ihn erwarten dürfte, hatte das sicherlich auch nicht wissen können. Ich wartete, dies ungeliebte, angstvolle und doch auch gelähmte Warten. Er kam auch in der späten Nacht nicht wieder. Es wurde Morgen, es wurde Mittag – es kam kein Thomas, und es kam keine Nachricht. Ich lief im Zimmer auf und ab, flüchtete auch einmal in die Diele, beschäftigte mich mehr zerstreut als liebevoll mit meinem Sohn, was Marie bemerkte und mir mit vorwurfsvollen Blicken ankreidete – ich keifte sie dafür aus den nichtigsten Anlässen an. Die Unruhe wuchs. Endlich entschloß ich mich, den Wirt zu fragen. Der wußte natürlich nichts. Nur, daß ein anderer Herr, der kurz vorher angekommen, mit meinem Mann zusammen das Haus verlassen habe. Es wurde Abend. Auch jetzt kam kein Thomas, kam kein Bote. Es kam kein Brief, es gab nicht einmal ein Kratzen am Tor oder ein Flüstern am Fenster. Es hätte doch genügt, bat ich verzweifelt. Ich ging zu Bett und versuchte zu schlafen, schlief flach und schlecht, erwachte lang vor dem Morgengrauen. Wieder sollte ich warten, und ich hatte das Gefühl, schon nicht mehr ganz bei mir zu sein. Ich ging umher, und mir war, als schwebte ich in einer unerklärlichen Schwäche schon mehr, als ich ging. Ich mochte nicht essen, vor dem Wein, den der Wirt mir bringen ließ, graute mir. Marie schlich um mich herum, als sei ich ein Ungeheuer, das man unter keinen Umständen reizen dürfe. Ich spürte es, aber ich hatte keine Lust, sie zu ermuntern. Wenn sie es so wollte, mochte sie doch spielen, wenigstens einer, der sich die Zeit vertrieb.

Am Abend schob sich ein Mann ins Zimmer. Ich sah auf, ich erwartete einen Gruß, ein Wort, eine Geste des Bemerkens – aber der Mann blieb stumm und fremd, er legte einen gesiegelten Brief auf den Tisch und verschwand wie ein Gespenst. Ich kam näher und studierte das Siegel. Es war kein Privatsiegel. Ich erkannte ein Wappen, und ich erkannte eine Umschrift, in Eile in den Lack gedrückt, nicht ganz lesbar. Immerhin – es war eine Nachricht für Thomas, von einem, der wußte, wo er sich gerade befand. Das war bemerkenswert. Unseretwegen war man also unterwegs, es gab Leute, die unsere Aufenthalte irgendwohin meldeten, und es gab Leute, die ein offenes Interesse an uns hatten. Keine Spitzel, dachte ich, denn ein Spitzel weiß dann auch, wo er den Belangten findet, und muß nicht einen Brief in einer Herberge abgeben. Er hatte gewußt, wohin Thomas wollte, er hatte die Herberge gekannt – aber seinen augenblicklichen Aufenthaltsort kannte er so wenig wie ich. Oder er konnte dort nicht hingelangen. Wo aber konnte ein Bote nicht hingelangen? Ich wollte den Gedanken nicht zu Ende bringen. Ich wollte mir nicht sagen, was an seinem Ende stand.

Aber der Brief forderte sicherlich Antwort. Und wenn Thomas sie nicht mehr geben konnte, so mußte man wenigstens das erfahren. Ich nahm ihn auf und drehte ihn in den Händen. Ich prüfte die Schnüre und versuchte nun doch einmal, das Siegel zu entziffern. Ich meinte auch, es schon einmal irgendwo gesehen zu haben, flüchtig, aber doch gesehen. Es war ein richtiges Amtssiegel, groß und schwer – die eilig eingedrückte Umschrift – vielleicht zuvor auch, im weichen Material, mit Absicht verwischt …

Der Brief kam aus Mühlhausen.

Er kam, mochte sein, von Pfeiffer, aber er kam vor allem vom Rat. Ich holte Atem. Das forderte wirklich eine Antwort, und falls Thomas nicht zurückkehrte, mußte ich antworten. Mußte schreiben: Sucht euch einen andern Würdigen. Denn was der Brief enthielt, meinte ich nun zu wissen. Die Bestätigung alles dessen, was wir uns für unsere »Heimkehr« erhofft hatten. Pfeiffer hatte, wie es schien, fleißig gearbeitet und sicher auch klug.

Endlich, am nächsten Morgen, kam Thomas. Er sah nicht aus, als habe er ein bequemes Quartier genossen, er roch nach Schweiß, Schmutz und faulem Stroh. Ich gab ihm neue Sachen und sorgte für Waschwasser, ich fragte und sagte nichts. Dann setzte ich mich, während er sich wusch und umkleidete, ans Fenster. Der Brief blieb auf dem Tisch liegen.

Thomas mochte erwartet haben, ich würde ihn mit Fragen und Schilderungen meiner Ängste überfallen. Da das nicht geschah, fuhr er erst einmal nervös durch die Stube und äugte von Zeit zu Zeit einmal verstohlen nach mir hin.

»Wir waren eingelocht«, sagte er endlich.

»Ich hab's mir dann fast gedacht«, sagte ich.

»Nur gut, daß sie uns nicht erkannt haben.«

»Holla – ich dachte, das hätte uns gerettet?«

»Inzwischen würde es uns nicht mehr retten. Die Dinge haben sich ein wenig geändert, seit du hier in Klausur gingst. Sie müssen wirklich noch viel lernen, und derweil regiert der alte Rat besser als sie.« Endlich, nachdem die Lage geklärt war, nahm er auch von dem Brief Kenntnis. Er öffnete das Siegel, las.

»Von Pfeiffer«, bestätigte er meine Vermutung.

»Dacht ich mir auch – was steht denn drin?«

»Ich soll kommen. Sofort. Der alte Rat ist weg, und

jetzt soll ich den Rest machen – Ottilchen – «, seine Stimme bekam plötzlich eine schwebende Heiterkeit, »es geht los, es geht wirklich und wahrhaftig los. Ich hab meine Stadt, verstehst du ...«

Und ob ich verstand.

Wir holten den Rest unserer Möbel aus Gansaus Speicher, besser, wir ließen ihn holen, denn jetzt konnten wir Leute schicken, die uns die Arbeit taten. Wir kamen nicht mit dem Hut in der Hand, wir kamen nicht, abhängig von Gnade und Ungnade einer Obrigkeit – wir kamen, um Obrigkeit zu sein. Los von der alleinseligmachenden päpstlichen wie von der alleinseligmachenden lutherischen Kirche. Los von den Sachsen wie von den Hessen, von den Kurfürsten, von den Herzögen und auch von den Grafen. Ein kurzer Besuch noch bei einem gewissen Hut, der auch ein Prediger des reinen Wortes war – und der wohl noch lebt – und weiter ging es, nach Mühlhausen hinein.

Es war dennoch nicht der Einzug des Königs, so weit war man noch nicht. Man bemerkte uns, aber noch feierte man nicht.

Die alte Mutter Kirche hatte es sich einst nicht nehmen lassen, für ihre besonders nahen Kinder, die Pfarrer, gut zu sorgen. So hatte man, der Stellung des Marienpfarrers als des ersten der Stadt, einer freien Reichsstadt, entsprechend, auch das Haus aufgeführt. Es konnte neben und sogar ein wenig über den andern Häusern bestehen, ein geräumiges Viereck, um einen großen Hof gezogen, Raum zum Wohnen, für Gäste und Vorrat, für Vieh und, wenn man wollte, auch für einen Garten. Ein ganzes, großes Haus für uns allein, für Thomas, für den Kleinen, für Marie, die den Mund nicht wieder schließen mochte vor Staunen, und für mich, der all das viel zu groß erschien und die sich doch freute. An die Arbeit dachte ich in diesem Moment seltsamerweise überhaupt nicht, die es kosten würde, solch ein Haus zu erhalten.

Wir traten in die Diele, in die Stuben, die für uns selbst bestimmt waren. Und wir fanden sie nicht mehr leer. Pfeiffer hatte bereits für das Nötigste gesorgt, wir stellten das Unsere dazu – und fast im Handumdrehen war es ein Haushalt. Dennoch, im ganzen war und blieb es fremd. Eine Küche, in der zehn Leute hantieren konnten, ohne sie zu füllen, eine Diele wie eine Kapelle, ein Keller, aus dem sich ein ganzes Kloster versorgen mochte, unten fast fürstlich hohe und helle, oben immerhin mehr wohnliche Räume, aber überall Holzpaneel, geschnitzte Balken, Malereien an den Wänden, in den Fensternischen geschnitzte Bänkchen, ein kunstvoll geschmiedetes Gitter sperrte den Hof von der Straße, der gegenüber auch gleich der Turm von Sankt Marien in den Himmel stieg. Zur Kirche ging man nur eben über die schmale Straße. Lisbeth sollte hier sein, dachte ich in meiner freudig-ängstlichen Hilflosigkeit, die würde zupacken können. Und noch ein paar von den freundlichen Männern und Frauen und die Kinder ... dann wäre all das gewiß nicht mehr lange zu groß und zu einsam. Es würde ein Kommen und Gehen und Bleiben sein wie damals in Allstedt, nein, wir brauchten Lisbeth noch nicht. Kam sie einmal, wollte ich ihr nicht unterlegen sein.

Im Hof bemerkte ich einen kleinen Brunnen, noch war er still, aber einmal würde Wasser aus ihm aufsteigen und herunterplätschern, als regne es in der Sonne, und unser Sohn würde zwischen Blumen und Gras spielen, würde den Vögeln lauschen und den Bienen, und manchmal würde er die ganze Herrlichkeit auch mit seinen Spielgefährten teilen – wir wollten ihn nicht hindern. Im Herbst würden die Mauern im Rot des wilden Weins ertrinken, und im Winter würden die Kinder einander mit Schneebällen werfen, und kein Nachbar dürfte keifen. Und so würde es von nun an immer bleiben, für mich, für Thomas, für den kleinen Hannes, mehr Kinder würden kommen, sie alle würden hier spielen, dann würden sie lernen, würden das Haus verlassen, manchmal auch zurückkehren – und doch nie fortgehen, würden das Haus im Herzen tragen als eine Heimat, das mir jetzt so fremd und riesig schien. So fühlte es sich also an, wenn man in eine Heimat kam. Ich holte Atem, so tief ich es vermochte.

Thomas schlich sich an und umschlang mich von hinten, als wolle er mich zerbrechen.

»Na, wie gefällt dir das? Der Vagabund hat's denn doch zu was gebracht, siehst du!«

»Was soll das heißen?« Er ließ mich los.

»Ich denk doch, das war's, was du immer wolltest?«

»Du bist ein Idiot.«

»Ja – bin ich das?«

»Als du damals in Allstedt neben Haferitz standest – und all das nachher –, Thomas, was hast du eigentlich in all der Zeit von mir gedacht?«

»Na ja – aber was alles erträgt man nicht auch, wenn man sich was ausrechnet . . .«

»Und was rechnet man sich aus?« Er schwieg. Er wollte, daß ich sprach, mich bekannte oder nicht bekannte. Er wollte meine Antwort nicht finden. Ausgerechnet jetzt, wenn mich zum erstenmal das Gefühl der Beständigkeit, der Berechenbarkeit umfing. Einer so weiten, warmen Berechenbarkeit, die so wenig zu schaffen hatte mit dem kleinlichen Berechnen. Nun gut, ich wollte wenigstens den Versuch nicht schuldig bleiben.

»Leiterwagen, fremde Zimmer, feuchte Gasthöfe, kalte Straßen, frostige Nächte unter klammem Zeug – das bist du gewesen, Thomas, und das bin ich auch gewesen. Ein Kind, für das ich kaum Zeit habe – das werde ich auch noch ein Weilchen sein, bis meine Begier gestillt ist nach dem großen Leben und der Welt, die außerhalb der Zimmer ist. Ein Weilchen noch, bis ich begreife, daß nicht das andere das Bessere ist, sondern das, was ich habe. Daß ich daraus das Beste machen soll. Verstanden hab ich's schon, ich muß es aber noch begreifen, ganz drinnen, daß es zu mir selbst wird. Das alles war kein Übergang, Thomas, denn hier zu sein war nie sicher, und wer dich hat, muß wissen, was er nicht haben wird, die bleibende Statt. Nun hab ich's doch – warum soll ich mich nicht freuen? Solange ich's haben kann mit dir zusammen und Hannes, dem Kleinen, und all denen, die noch kommen sollen . . .«

»Magst recht haben«, knurrte Thomas. Dann richtete er sich unvermittelt auf und fragte von oben herab: »Was hast du eigentlich gegen die Marie, mein liebes Weib?«

Ich sah erstaunt zu ihm herauf.

»Ich dachte immer, sie hätte eher etwas gegen mich«, sagte ich. Er verzog den Mund, aber er antwortete nicht. Dazu wurde unser Alleinsein ohnehin schon beendet. Auf einmal gab es Leute in der Diele, offenbar hielt man es für selbstverständlich, daß jeder, wie er wollte, eintrat. Pfeiffer hielt sich noch im Hintergrund, dafür kamen, wenn man so wollte, Abordnungen die Menge, Tagelöhner, Gesellen, Bauern umliegender, zu Mühlhausen gehöriger Dörfer, aber auch reputierliche Herrschaften, und diesmal nicht, ihren Unwillen zu bekunden, sondern um zu fragen, was und wieviel wir von allem benötigten, Wein, Stoffen, Korn, Brot und Fleisch, Gemüse und Hausrat, Talgkerzen und Brennholz, ob wir selber brauen wollten oder Bier beziehen, ob wir buttern würden oder Butter geliefert wollten – ich kam mir vor wie auf dem Kirchmarkt, wenn die

Jahresmengen eingekauft werden. Gewürze, Kramwaren, Töpfe – man bot an, was irgend käuflich war, und man nannte keinen Preis. Und Thomas nahm keinen Anstoß, sondern bestellte, was ihm nötig und angenehm schien, fragte mich, ob es genug sei, bestellte mehr, wenn ich nickte. Dabei lachte er, warf den Kopf, gestikulierte wie ein jüdischer Kaufmann, nahm anscheinend nichts ganz ernst und doch eben alles.

So müßte Hannes dich sehen, dachte ich, aber dann riß es mir ins Gehirn, daß es ja Hannes war, den ich sah. Niemals sonst hätten die beiden sich so über alle Entfernungen, solche des Körpers und solche des Geistes, beieinanderhalten können, wenn nicht der eine immer in sich auch den andern trüge, bereit und willens, der andere auch zu sein. Mit nicht weniger Eindringlichkeit, als Thomas hier den neuen Haushalt ordnete, las jetzt vielleicht Hannes seinen Räuberbauern ein paar Sätzchen seines Freundes ins Gewissen, mit nicht weniger Sicherheit, als dieser hier die nötigen Mengen an dem und jenem überschlug, setzte jener seine Worte zu einem Kommentar zusammen, der an Deutlichkeit nichts zu wünschen übrigließ. Freundschaft, dachte ich, sei eigentlich ein viel zu verwaschenes Ding für solche Ströme – ein Name, der den Gefallen des Augenblicks gleichsetzte dem Anbruch von Ewigkeiten. Eine wirkliche Freundschaft, dachte ich, muß solch eine Ewigkeit sein, gnaden- und bedingungslos, aber auch unermeßlich in ihrem Reichtum, nie ganz geöffnet und nie ganz begriffen, ein Geheimnis unter aller Augen. So, dachte ich, wird die Freundschaft vielleicht jenem ähnlich, das den Menschen zu Gott und aus sich selbst hinauszieht, um ihn desto sicherer wieder zu sich zurückzuführen. All das, während Thomas sich um Scheffel und Kufen drehte – und lachte, als sei dies von allen Scherzen seines Lebens nun der größte und lustigste.

An diesem Abend, in dieser Nacht glaubte ich, daß der Riß, der seit jener Nacht in Waldstein, verborgen, aber mir doch fühlbar, sich geschlossen hätte für immer. Nun mochte Hannes kommen. Naumburg, dachte ich, und dies hier – jetzt mußte es anfangen. Jetzt würden wir es der Welt beweisen. Nicht mehr reden, dachte ich – handeln, sich bewegen, andre bewegen, die Dinge neu ordnen, hier würden, hier mußten wir anfangen. Einen anderen Ort würde man uns nicht mehr geben. Was war hinter dem Kreuz, Ottilie? Erinnere dich – es war das Leben. War es das Paradies, ein süßes, vergeßliches Nichts? Nein. War es ein starres Bewundern vorgegebener Harmonien? Auch das nicht. Sondern das Wissen um die Bewegung, Ottilie, das war es. Du lenkst sie, aber du bist sie auch selbst, du lenkst dich selbst, wenn du andre lenkst – das Geheimnis der Macht. Das Ganze ist mächtig – nie einer allein.

Ob die andern es begriffen, mußte sich zeigen.

Ich gewöhnte mich rascher an die neuen Umstände, als ich es zuerst für möglich gehalten. Marie stand mir, trotz gelegentlicher Seitenblicke, vom ersten Augenblick an mit Umsicht zur Seite, und noch andere Helfer stellten sich ein, so ein ehemaliger Famulus, ein junger Mann namens Jan, der sich einmal des Gartens und etwa zu versorgenden Viehzeugs annehmen wollte, uns jetzt aber erst einmal für Küchenholz und alle andern schweren Arbeiten zur Verfügung stand. Wovon sie alle lebten? Wir zahlten keinen Lohn, sie aßen mit uns, sie schliefen unter unserm Dach, und warf ihnen einer einen Groschen zu, Thomas und ich nahmen ihnen nichts ab. Selbst hatten wir zwar alles, was wir zum Leben brauchten, aber mit dem Geld stand es knapp – unter allen Ergebenheitsbeteuerungen hatten die wohlbegüterten Herren die Sache mit der Besoldung ein wenig aus dem Blick verloren. Thomas bemerkte es bald, lachte und meinte, so übers Ohr gehauen käme er sich gar nicht vor, man würde schon sehen, wer zuletzt lache. Da der Haushalt so wunderbar geregelt wurde, blieb mir auch immer noch Zeit, den Konventen beizuwohnen, die Thomas in seinem Amtszimmer im Erdgeschoß abhielt. Ihn brauchte ich um seine Erlaubnis hierfür nicht zu bitten – kam ich mehrere Male aus irgendwelchen Gründen nicht dazu, fragte er eher, warum ich denn fernbliebe. Und auch für meinen Sohn fand ich endlich mehr Zeit. Ich fütterte ihn, wusch ihn, brachte ihn zu Bett und aus demselben hinaus, ich spielte mehr mit ihm und versuchte, ihm die ersten Worte seines Lebens beizubringen. Als er das erstemal leidlich verständlich »Papa« zu sagen wagte, rief ich Marie herbei, um ihr das Wunder zu zeigen. Hannes machte dann auch, als er sich im Mittelpunkt der Ereignisse sah, anstandslos sein »Papa« noch einmal vor, er hätte es wohl, um die Lage zu genießen, noch ein dutzendmal getan – aber Marie sah zur Seite, als schmerze sie etwas. Ich konnte mir denken, was es sei – der Kleine, den sie in so vielen kalten Nächten behütet und gewärmt, den sie ernährt und saubergehalten hatte, wurde ihr nun entfremdet, die Mutter trat in ihre Rechte ein und den Rechten Maries in den Weg. Aber die Mutter wollte und durfte wohl Mutter sein, und so beschloß ich, Maries Laune nicht einfach hingehen zu lassen. Fand es sich dann, daß sie es nicht verstand, warum sie zurückzutreten hatte, nun, Mühlhausen war eine große Stadt und Marie eine fleißige Frau, die wir sicher nicht in eine schlechte Familie geben würden, dazu war sie uns zu viel und zu oft und zu leise eine Hilfe gewesen. Meine Güte, dachte ich, wär ich in Jena geblieben oder in Naumburg, wäre keine Marie je nötig gewesen, das muß sie doch gewußt haben ...

Ich beobachtete sie jetzt schärfer. Sie schwieg wie immer, aber ich sah nun, daß ihr Schweigen nicht stumpf war. Sie hörte zu, und sie hörte hin, sie kannte sich unter unsern Gästen aus und mochte auch dies oder das über ihre Aufgaben wissen. Vielleicht wußte sie sogar einiges darüber, wie Thomas diese Gefährten einschätzte; aber davon ließ sie sich nichts anmerken, es blieb nur diese Wachheit. Und es blieben die unbefragbaren Blicke, mit denen sie mich immer öfter bedachte.

Eines Tages stand, Thomas war gerade einmal aus dem Haus gegangen, ein neuer Gast in der Diele, schmal, verstaubt, mit zerrissenen Schuhen und lange nicht gewaschener Haut. Er stand da neben seinem Mantelsack, als wolle er gleich wieder verschwinden – aber das ließ ich dann doch nicht zu. Der da stand, hatte genug gebüßt und genug gutgemacht. Ich schickte Marie, warmes Wasser zu bereiten, und ging selbst, ein paar Sachen für Markus herauszusuchen. Wenn Thomas zurückkam, sollte ihn kein Landstreicher empfangen, sondern der Markus, der er zu sein verdiente. Mein Ärger war verraucht, und auch Thomas trug ihm nichts nach. Und jetzt, da er das alles lesen wird, wird er mir nur vorwerfen, daß ich doch ungerecht gewesen sei und mich von meiner Liebe zu Hannes habe leiten lassen, als ich seine Räubereien verurteilte. Niemand ist ohne Fehl, Markus. Und warum soll ich leugnen, daß uns die Taten derer, die wir lieben, in einem andern Licht erscheinen als die Taten derer, gegen die wir nur gerecht sein müssen? Ich will mich gegen deinen Vorwurf gar nicht wehren. Aber jetzt stehst du in Mühlhausen in unserer Diele, und du siehst mich an, als hätte ich noch etwas versäumt. Endlich begriff ich. Es war wegen der Geschichte in Fulda. Und schon war ich wieder ein wenig verärgert, denn, worauf er da Wert legte, kaum daß er Aussicht hatte, aus den Lumpen zu steigen, das konnte er gar nicht wissen. Ebensogut hätte ich ihn nicht erkannt haben können, damals, zwischen Fackeln und Dunkelheit. Aber Marie, die eben noch an der Küchentür stand, fing seinen Blick auf, deutete ihn auf ihre sehr eigene Weise und preßte ihre Lippen schmal aufeinander. Dann verschwand sie wie immer, und es hätte eher ein Stein sich aufgetan, als daß Marie eines ihrer Geheimnisse offenbarte.

»Danke«, sagte ich nur zu Markus, der da immer noch so unschlüssig und zugleich fordernd herumstand, »aber verlang jetzt bloß nicht, ich sollt auf die Knie fallen.« Woraufhin er sich endlich in Richtung der Küche bewegte – nicht sehr befriedigt, nahm ich an. Mochte er sich bei Marie beklagen. Von dort gelangte es wenigstens nie in meine Ohren. Der Schwamm Marie würde alles aufsaugen – bis er einmal, sicher an der unpassendsten aller möglichen Stellen, seinen Inhalt nicht mehr würde zurückhalten können, wie das eben mit Schwämmen so geht. Und um wenigstens den allerunpassendsten Ort vielleicht zu vermeiden, mußte ich nun doch einmal die Hand nach diesem Schwamm ausstrekken. Und vor allem – ich mußte die Sache mit Thomas klären, der weiß Gott anderes zu tun hatte, als sich um die Verquertheiten einer Magd zu kümmern. Zunächst also Marie, dachte ich und ging die Sache an.

Wir waren eben dabei, in einigen gerade verlassenen Gastzimmern wieder Ordnung zu machen, bevor die neuen Gäste einziehen würden. Ich ließ die Kissen einen Augenblick lang liegen, wo sie waren, und fragte Marie, warum sie uns denn nicht mehr möge. Sie schrak auf, aber sie senkte auch bockig den Kopf.

»Ich will eine Antwort, Marie«, beharrte ich.

Sie wischte verbissen an einer Fensterbank.

»Dann pack deine Sachen.«

Endlich sah sie auf, Angst im Gesicht.

»Aber das will ich doch nicht.«

Was sie dann wolle. In ihrer Stimme klang noch das lange Schweigen nach, ich kannte das von den asketischen Schwestern im Kloster, diese Unsicherheit im Ton.

»Ich weiß nicht, Frau Ottilie.«

»Du bist traurig wegen des Kleinen?«

»Ja, schon ...«

»Aber du wußtest doch, daß es nur für die Zeit der Reise sein konnte? Hier warten andere Aufgaben auf dich, das hast du doch gesehen. Du bist hier so was wie eine Schaffnerin im Kloster – du warst doch mal in einem Kloster, nicht wahr?«

»Ihr seid so gut, Frau Ottilie ... und ich ...«, sie schluchzte auf, und ich bekam einen Schreck. Was, um des Himmels willen, hatte sie angestellt?

»Ich ... ich bin doch bloß wegen dem Heinrich ...«

Manche andere Eröffnung hätte ich erwartet. Daß sie sich ein Gewissen daraus machte, nicht unsertwegen, sondern wegen dieses Pfeiffer mit uns gekommen zu sein – ich mußte mich arg beherrschen, um nicht loszulachen. Denn für Marie ging es nicht nur um eine Bagatelle – für sie ging es jetzt um Leben und Tod.

»Tja, Marie«, sagte ich, so ruhig ich konnte, »unsere Gründe mögen sein, wie sie wollen – aber wichtig ist doch, was wir machen – und du hast immer alles gut gemacht.«

»Dann werfen Sie mich also nicht raus, wenn ich jetzt mit dem Heinrich ...«

»Wer redet denn von Rauswerfen? Lieber richten wir euch noch hier die Hochzeit aus – und du kannst Schaffnerin bleiben, bis der Heinrich eine Anstellung hat.«

»Aber wenn er mich nun nicht heiraten will?« Marie wischte sich schon die Nase mit dem Schürzenzipfel, die Lage wurde also langsam bitterernst, die Offenbarung der Katastrophe stand bevor.

»Wird sich auch ein Weg finden«, sagte ich, etwas vorsichtiger, »ich werde darüber mal mit dem Pfarrer sprechen, sobald ich Zeit finde.« Erst wollte Marie abwehren, aber ich meinte, es würde so schlimm sicher nicht werden, weder für sie noch für mich, außerdem werde Thomas dem Heinrich ganz sicher nichts verraten – und so war sie endlich einverstanden.

Ich ging zu Thomas. Er stand eben vor seinem Tisch, betrachtete einige Druckbögen, schüttelte den Kopf, änderte, schüttelte wieder den Kopf.

»Schund«, sagte er, »flüchtig hingehauener Schund, man erkennt seine eigenen Worte nicht wieder – und da soll man sich wundern, wenn ein Luther von allen Kanzeln wettern läßt ... auch der kann ja nichts verstehen.«

Er warf mir einige der Bögen zu. »Da, sieh selber.« Verschmierte Buchstaben sah ich, ungelenke Ligaturen, das war, Thomas hatte recht, nicht nur die Eile – woher denn –, sondern das war die blanke Schluderei.

»Bring sie zurück«, sagte ich.

»Keine Zeit«, sagte er, »dazu hat sie der Drucker wohlweislich zu spät gebracht. Jetzt müssen sie raus, wie sie sind, das ist es ja eben.« Er setzte sich, als sei er erschöpft, auf einen der Hocker.

»Aber du kommst doch nicht bloß, um zu sehen, was ich mache«, sagte er.

»Stimmt – ich komm wegen der Marie.«

»Was ist denn?«

»Nichts, was in meinen Bereich fiele, das ist es ja. Das Problem heißt Heinrich Pfeiffer.«

»Du – ich kann ihn nicht zwingen, die Marie zu heiraten; falls er denn überhaupt jemals heiraten will.«

»Aber du kannst ihm zureden, daß er vielleicht einmal mit ihr über alles spricht.«

»Ob's viel hilft?«

»Man müßte es erst versucht haben.«

»Hast recht. Ich werd mal was andeuten, wenn ich ihn demnächst sehe. Mehr als schaden kann's nicht.«

Der Meinung war ich dann auch. Und ich erwartete mit Spannung das Ergebnis dieser Andeutungen.

Er ließ nicht lange auf sich warten. Und das gab mir die Gelegenheit, diesen Heinrich Pfeiffer einmal auf das genaueste kennenzulernen.

Er kam eines Abends, wie manchmal nach den Sitzungen im Amtszimmer, noch mit den andern vertrauteren Freunden in die Wohnstube, wo Marie und ich meist mit einem Essen und ein paar Humpen Bier oder einigen Kannen Wein auf sie warteten. Das Essen war von den hungrig Gewordenen bald vertilgt, die Humpen und Kannen bekamen zu tun. Ich saß, nach alter Allstedter Manier, auch hier wieder bei den Männern, obgleich ich zu den Mühlhäuser Frauen noch keine Verbindungen aufgenommen hatte. Ich trank ab und zu einen Schluck Wein, hörte zu, sagte viel seltener etwas als in Allstedt und wurde von den Versammelten geduldet – weil Thomas es so wollte und aus keinem andern Grund. Marie beschränkte sich demgegenüber völlig aufs Dienen, sie trug auf und ab, goß nach, holte aus dem Keller und verhielt sich im übrigen, als wäre sie nicht vorhanden. Auch nicht für ihren angebeteten Heinrich, der sie seinerseits so wenig beachtete wie alle andern. An diesem Abend jedoch wandte Thomas sich zu Marie um und forderte sie auf, auch am Tisch Platz zu nehmen. Sie wollte erst überrascht ablehnen, setzte sich aber dann doch zu uns, als wisse sie nicht recht, wie man auf einem Stuhl oder einer Bank sitzen sollte. Ich erwartete, daß Thomas auch das Wort an sie richten würde, aber er sah Pfeiffer an und fragte ihn, was er denn, so ganz im allgemeinen, vom Heiraten hielte. Er wisse ja nun, daß er, Thomas, sich dabei ganz wohl befinde –

dabei blinzelte er mir aus den Augenwinkeln zu –, aber Bodenstein verzichtete auf die Ehe und lebe doch mit einer Frau zusammen, andere wieder, wie der Luther, nähmen es zwar keinem Pfarrer übel, wenn er heirate, wollten selbst aber ehelos und auch frauenlos bleiben – welchen Stand habe er, Pfeiffer, sich nun gewählt?

Heinrich nahm keinen Anstand.

»Das käme darauf an«, meinte er, »ob und wen ich fände, um ihn zu lieben.«

»Im Augenblick wäre das also noch kein Thema.«

»Nein, im Augenblick noch nicht.«

Ich bemerkte, daß Thomas' Augen erstaunt funkelten.

»Jemanden lieben«, spann er das Thema weiter, »bedeutet für dich also nicht, gelegentlich mit jemandem zu schlafen, hab ich recht?«

»Könnte schon sein«, bestätigte Heinrich, »das eine ist eine Sache des Körpers – und das andere, die Liebe, ist eine Sache der Seele. Und wenn beides zusammenkommt, sollte man die Konsequenzen ziehen und heiraten.«

»Und – wenn es geschieht, daß der oder die, mit dem du geschlafen hast, die Sache anders ansieht?«

»Hat er Pech gehabt. Deshalb ändere ich meine Ansichten nicht. Versteh doch: Für mich muß eben mehr dahinterstehen, als nur ein bißchen Spaß gehabt zu haben – alles andere wäre auf die Dauer Lüge und Quälerei.«

»Und du würdest dich also nie dazu bereitfinden, dich an jemanden zu gewöhnen – so wie ich einst an meine Frau?«

»Ich hab's dir gesagt, es wär unehrlich und darum: nein.«

Ich sah, daß Marie nahe daran war, die Fassung zu verlieren. Ich stand auf und führte sie hinaus, bevor noch etwa Heinrich etwas bemerkte. Vor der Tür sagte ich zu der leise Schluchzenden: »Jetzt weißt du also, mit wem du es zu tun hattest – komm, schlaf dich aus und von mir aus wein die halbe Nacht – aber nicht dem hinterher, hörst du.«

»Er hat doch nicht gewußt, worum es ging«, versuchte Marie ihn und sich selbst zu entschuldigen.

»Doch, Marie, er hat es gewußt. Und er wird es immer wissen, er wird nie von seiner Meinung abgehen, und wenn du dich vor seinen Augen lebendig verbrennen wolltest. Er würde nur mit den Schultern zucken und Pech gehabt sagen. Und er hätte von seinem Standpunkt aus auch recht. Er kann nichts dafür, daß er die Liebe nicht kennt, wie Thomas und ich sie kennen. Aber er kann etwas dafür, wenn er sie nicht kennenlernen will, nein, Marie, für den bist du mir und allen zu schade.« Ich brachte die immer noch Schniefende in ihre Kammer, half ihr beim Auskleiden, setzte mich noch zu ihr auf den Bettrand und dachte daran, wie einst Rosie auf dem meinen gesessen war, um mir die Neuigkeiten um den Kaplan Müntzer zu verraten.

Aber nicht nur an Rosel mußte ich und sollte ich mich erinnern. Auch, was ich in Allstedt einst gelernt, wollte hier wiederum betrieben werden – und auch meine Klostererfahrungen sollten sich bewähren dürfen, denn, anders als in Allstedt, hatte ich in Mühlhausen das gesamte Umfeld einer großen Stadt zu überschauen und darin meine Arbeit zu suchen. Daß die Frauen aus der Umgebung zu mir kamen, war nun schon, wenige Wochen nach unserm Einzug, ein gewohntes Bild, denn so weit war Allstedt nicht entfernt, daß nicht das eine oder andre Wort die Leute erreicht hätte. Neu war, daß ich es hier eben auch mit den Frauen zu tun bekam, die das geworden waren, wovor ich am Ende doch gescheut hatte:

Nonnen eben, ganz und gar. Sie standen eines Morgens in der Diele, als ich eben in die Küche gehen und nachschauen wollte, ob Jan und Marie mit dem Frühstück für einen Haufen reisender Gäste fertig wurden oder ob ich ihnen zur Hand gehen sollte. Es waren zwei, eine ältere und eine, die kaum älter als ich sein konnte, ihre schwarze Umrandung aus Schleier und Skapulier über ihrer weißen Kutte machte sie Elstern ähnlich – ich erinnerte mich, daß die Dominikaner neben anderen auch diesen Spitznamen trugen. Ich fand ihn sehr zutreffend. Es waren Abgesandte des hiesigen Konvents, und sie wollten eigentlich, wie immer, zu Thomas, weil sie, auch wie immer, um den Bestand ihres Konvents fürchteten. Da aber nun die Dame des Hauses – und ich trug mich in Mühlhausen durchaus als solche – vorbeikam, war erst einmal auch sie eines Gesprächs würdig. Möglich immerhin, daß ich ein Wörtchen mitzureden hätte – der Müntzer sollte in dieser Beziehung ja so seine Besonderheiten haben. Die Begrüßungen waren kurz und auf beiden Seiten eher abwartend, so daß ich mich entschloß, die Sache noch vor der Küchentür zu klären.

»Sie kommen wegen des Schwesternkonvents?«

Die beiden nickten.

»Habt Ihr Klage zu führen? Bekommt Ihr irgend etwas nicht, das Ihr braucht?«

»Die Leute zinsen uns nicht, wenn sie nicht wissen, wie der Pfarrer Müntzer über uns denkt.«

»Ich werde mit ihm darüber sprechen.« Und über eine Menge anderer Sachen, dachte ich, der Tag würde kaum ausreichen. Zugleich fiel mir ein, man könne doch mit den frommen Damen eine Art Abkommen schließen – man ließ sie bestehen, dafür gaben sie den Mädchen der Stadt und der umliegenden Dörfer gratis Unterricht, und den Clarissen konnte man die Krankenpflege aufhalsen. Mit beidem lag es nämlich in der Stadt im argen. Außerdem, aber davon mußten die frommen Mädchen nichts wissen, hatte ich vor, der Näh- und Betkränzchenseligkeit ein vielleicht schmerzliches Ende zu bereiten, indem ich die Dorfgemeinschaften und ihre Zusammenkünfte nicht mehr nach Geschlechtern, allenfalls vielleicht noch nach Alter und Interesse teilte. Und eines Tages würden die frommen Frauen vielleicht einen Haufen tobender Jungen im Schulzimmer haben, und die Clarissen würden sich daran gewöhnen müssen, daß auch männliche Wesen letzten Endes nur kranke Menschen wären. Verzicht, dachte ich, darf nicht auf Unkenntnis beruhen.

Also gut, ich würde mit Thomas über all das sprechen, sobald sich einmal eine freie Minute ergäbe. Ich versicherte das den Damen, und sie verließen unsere Diele – plötzlich trugen drei Männer irgendwelchen Hausrat herein, der ganz sicher nicht mir gehörte. Ich öffnete nun doch die Küchentür und schrie nach Marie. Die kam dann auch, sah den Kram, setzte sich auf einen der vielen Körbe und fing an, jämmerlich zu heulen.

»Um Himmels willen, Marie, was soll denn das?«

»Das hat mir alles Heinrich besorgt und hat gesagt, er würde es demnächst schicken – es ist von seinen Verwandten, hat er gesagt, damit ich einmal nicht betteln muß – aber er hat gebettelt, Frau Pfarrer, er hat doch gebettelt.«

»Sicher nicht so sehr, wie du es hättest tun müssen, Marie.« Die Verwandten, dachte ich, werden wohl Othera und Mainack heißen, Heinrichs beste Freunde im Rat, jedenfalls taten sie so. Und all das vor dem Frühstück, dachte ich noch, dann wurde mir plötzlich schwindlig, der Raum verschwamm vor meinen Augen, etwas wollte mich zu Boden ziehen, ich widerstand, ich blieb, gegen die Tür gelehnt, stehen, Marie brüllte nach Hilfe, das schönste Durcheinander, dachte ich, durch meinen Zustand hindurch. Als Thomas die Stiege hinunterstürzte, ging es mir schon besser.

»Ich bin nicht krank«, sagte ich. Und als Thomas mich von der Seite her ansah, meinte ich nur, er solle nicht so blöde glotzen, das wäre doch nun wirklich nichts Neues.

»Vielleicht doch«, sagte Thomas, dann jagte er Marie in die Küche zurück.

»Wann kommt's denn?«

»Irgendwann im August, kann sein.«

»Oder später?«

»Oder auch später. Auch im September.«

Ja, es kann deines sein, Thomas, es kann aber auch Hannes der Vater sein, dachte ich. Was macht das schon. Was kann das unter euch schon ausmachen.

»Es wird ein Zuhause haben.«

Aber sicher. Hier in diesem Haus. Und bei dir, verstand ich, ob es nun deins wäre oder – es war wirklich nicht im geringsten von Bedeutung. Kinder sind Kinder, wir haben für sie zu sorgen – aber wenn wir anfangen, nach mein und dein zu fragen, können wir genausogut die ganze Welt zu Sklaven machen. Kein Mensch gehört einem andern. Nur daß ein Mensch eben einen andern liebt und einen zweiten nicht, vielleicht nur deshalb nicht, weil man sich nie begegnet, das ist der ganze Unterschied.

– Du hast die Feindschaft vergessen. –

– Wessen Feind ich nicht sein will, dessen bin ich es nicht, Markus. –

– Und wer immer dein Feind sein will – es geht nicht immer nur um Worte, Ottilie. –

– Und die Dummheit hat keine untere Grenze. Wer immer so dumm ist, Feind sein zu wollen. Ich finde es einfach zu anstrengend, Haß festzuhalten, wo Verstehen viel wohler tut und viel leichter ist – leichter auszuhalten. Wir leben doch nicht, um uns aneinander aufzureiben. –

– Das sagst du und bist von Feinden umgeben? –

– Was kann ich für die Dummheiten erwachsener Leute. –

– Du machst es dir einfach. –

– Es ist einfach, Markus. Es ist viel zu einfach, deshalb trauen die Leute ihm nicht. –

Margaretchens Zukunft hätte so aussehen sollen. Mit dem Bruder im Hof und im Garten spielen, dann, beschützt vom großen Hannes, in die Schule zu den vielleicht nicht mehr ganz so frommen, aber sehr nützlichen Schwestern, dem Vater über die Schulter sehen und bei der Mutter kochen und waschen lernen, Fragen stellen können nach Bibel und dem endlich übersetzten und neu gemachten Evangelium, mit vielen Gästen reden dürfen, fremde Sprachen lernen und üben, fremde Dialekte und den eigenen verstehen. Vor dem Spiegel stehen und Ohrringe ausprobieren, die erste Schminke – warum nicht auch die Tochter eines Pfarrers; mit deinem braunen Haar spielen, es in immer anderen Figuren zusammenlegen, rot werden, wenn dich dann irgendwann ein junger Mann anspricht ... was alles kann davon noch wahr werden, Gretchen? Bis auf das Neue, das nun nie mehr kommen kann, eigentlich alles. Ich werde dich schon das wenige lehren, das ich von dem Neuen weiß. Auch wenn Markus, der ja unbedingt dein Stiefvater sein will, das für unnütz und gefährlich hält. Oder ich geh nach Münster, wie er sagt. Und ich geh ums Verrecken nicht nach Münster. Ich will nicht dabeisein müssen, wenn unser wunderbarer Plan im hysterischen Geschrei einer bigotten Menge verdirbt. Man wird vielleicht nicht alle erschlagen, aber was übrigbleibt, wird immer bigotter, immer heuchlerischer und selbstgefälliger werden, es wird immer mehr nach Gesetzen und Gesichtern fragen, und endlich wird ihnen der kurze Rock verderblicher erscheinen als die verleumderische Rede. Und endlich werden sie sagen, daß Gott, dessen Reich ja unter uns ist, weil es so ist, die, die ihm wohlgefallen, auch schon in dieser Welt belohnt. Und sie werden von jedem, der Erfolg hat, sagen, daß er von Gott sei, werden ihm Tote und Betrogene verzeihen, wenn er nur erreicht, was er wollte – so wird und kann es auch enden, Markus, ich fürchte mich davor. Der Mensch, sagt Thomas, muß durch Trübsal, durch Leiden gehen – sie aber werden mit Fingern auf jedermann zeigen, der etwa noch lacht. Daß das Leid nur verbunden ist mit der Überwindung unserer Trägheit, die nicht freiwillig Abschied nimmt, daß es einfach nur weh tut, auch falsche Gewohnheiten zu lassen – daß es schlimm ist, wenn man auf nichts mehr bauen kann als auf den Willen durchzukommen – das werden sie vergessen haben, wenn sie uns noch nicht vergaßen. Markus, schon die sich jetzt im Fälischen sammeln, haben das vergessen. Wir, Markus, wir konnten noch lachen.

Familie Müntzer aber, sonntags andächtig und vollzählig unter der Marienkanzel, von allen gegrüßt und von allen geachtet – das bleibt ein Traum. Margaretchens Zuhause wird nicht das Pfarrhaus von Sankt Marien sein, gegenüber der hoch aufragenden Kirche mit ihren seltsamen Figuren, oben auf dem Sporn, von dem aus man nach Kiliani hinuntersieht und auf der andern Seite nach Blasien hinüber. Sie wird nicht die wenigen Schritte zum Kornmarkt hin gehen, über den Bach und am Rathaus vorüber, das über dem Bach steht, weil man sich einst nicht einigen konnte, ob man es nun in der Alt- oder in der Neustadt errichten sollte. Sie wird die seltsamen Reste der Johanniterkomturei nicht sehen, und die Kornmarktkirche nie betreten, in der ihr Vater seine Geschütze gießen lassen wollte. Auch die kleine Kirche gleich am Ortseingang, wenn man von Langensalza herkommt, wird sie nicht kennen – und überhaupt, das Meer und ein breiter Fluß werden ihr Heimat sein, nicht die sanften Hügel und weiten, flachen Täler der Gegend um Mühlhausen. Die Zeit ist ein Ungeheuer, aber eines mit Samtpfoten.

»Woran denkst du?« fragte Thomas, als ich am Abend mich von meinem Platz nicht trennen konnte und einfach vor mich hinstarrte.

»An das, was wird. Und an das, was wir vielleicht nicht schaffen.«

»Und ich denke immer öfter an Allstedt. Wir haben es damals gut gemacht. Hier ist es andes, aber man kann viel von damals auch hier anwenden.«

»Es war leichter als hier?«

»Ja und nein, Ottilchen. Es war schwerer, weil es das erstemal war. Aber es war auch leichter, denn es war alles überschaubarer.«

»Du meinst, es gab keinen Rat, der sich nicht erklärte, was er denn nun eigentlich wollte, wie hier. Die paar sogenannten Ratsleute taten Zeiß den Willen. Und damit eben dir. Man müßte etwas Ähnliches hier wieder haben.«

»Ottilie – du meinst doch nicht etwa ...«

Ich grinste. »Doch, ich meine genau das. Wenn es anders nicht geht ...«

So kam es, daß sich in den nächsten Tagen noch öfter die verschiedensten Leute in Thomas' Arbeitszimmer trafen, und daß die Anwesenheit der Ratsherren immer seltener wurde. Und einmal zog Thomas mich an eines der Fenster, zeigte auf die vormittäglich ruhige Straße und sagte: »Ich weiß nicht, wie lange das noch so bleibt.«

»Was habt ihr beschlossen?« fragte ich. Aber er schwieg.

Boten kamen und Boten gingen, Flugblätter wurden verschnürt und Rechnungen präsentiert, das Kommen und Gehen im Hause fand nur spät in der Nacht und für wenige Stunden Unterbrechung. Lange vor Sonnenaufgang mußten die ersten über Land sein, lange nachher konnten erst die letzten kommen, solche aus Mansfeld vornehmlich, der Graf und sein Bruder, sonst wie Hund und Katze, hielten gegen uns zusammen wie Zwillinge. Marie, Jan und ich, dazu noch eine Verwandte Heinrichs, hatten wirklich mehr zu schaffen und zu sorgen, als der Tag Stunden haben mochte – aber endlich fand ich mich doch in der Lage, einmal mit Thomas über die Dinge zu reden, die mir besonders wichtig schienen.

»Die Damen vom heiligen Dominikus sollen Schule halten, na, dann laß sie doch Schule halten. Und die Fräulein vom heiligen Franz willst du ins Spital stecken, na, dann steck sie doch ins Spital. Ich hab andre Sorgen.«

»Und was wird mit dem Geld?«

»Hat doch keiner gesagt, sie sollten's umsonst tun. Wer arbeitet, soll auch essen, steht doch wohl so in der Bibel, oder?« Womit die Sache als erledigt zu gelten hatte, und ich für die weiteren Maßnahmen verantwortlich war. Also würde Ottilie zu den Ratsherren gehen müssen und zur Mutter Oberin beider Klöster, würde mit Bitten und Drohen erreichen müssen, was der Herren Sache im Augenblick nicht war. Und ich ging. Ich seufzte nicht einmal mehr. Es hatte keinen Sinn, zu seufzen.

»Alles erledigt«, sagte ich dann, irgendwann einmal, zu Thomas, und der nickte kaum. »Und wie geht's bei dir?«

»Gut geht's. Deine Idee war richtig, aber ich hab noch ein bißchen mehr draus gemacht – na, du wirst ja sehen – übrigens – der Martenius kommt.«

Ich konnte nicht verhindern, daß ich starr wurde.

»Allein?«

»Nein. Aber freu dich nicht zu sehr, wenn er kommt, kannst du mir wenigstens das versprechen?«

»Warum – ist etwas passiert?«

»Wie du willst. Waldstein steht wohl noch – aber meine Worte dort hatten späte Folgen. Sie wollten dann nicht mehr räubern – aber Martenius wollte nicht ackern. Und so kommt er mit jenen, die auch nicht mehr ackern wollten.«

»Nun, Mühlhausen ist etwas anderes als Waldstein«, sagte ich, es sollte leichthin klingen, »sie werden beweisen können, was sie wirklich wollen.«

»Du hast recht«, sagte Thomas, »es ist etwas so anderes, daß man sich in Sekunden den Hals brechen kann. Ich hab's bisher noch vermeiden können, weil ich's immer noch schaffe, daß Heinrich zu mir hält. Aber ich weiß nicht, was geschieht, wenn der Draufgänger Hannes in die Sache hineinplatzt.«

»Laß ihn doch erst mal dasein«, sagte ich, und ich meinte es nicht beschwichtigend.

Ein paar Tage später zog das Waldsteiner Kontingent in Mühlhausen ein. Und wenn ich erwartet hatte, abgerissene, müde Flüchtlinge zu sehen, und ich hatte ähnliches eben erwartet, mußte ich rasch umlernen. Da kamen blitzende Beutepanzer, kostbare Paradewaffen, ganz offensichtlich hatten sie sich für den Einzug schön gemacht. Die Herren vom Rat und einige andere wohlbetuchte Bürger zogen saure Gesichter.

Martenius wohnte selbstverständlich bei uns. Marie und ich gaben uns alle Mühe, ihm wenigstens in einer Hinsicht seine Lisbeth zu ersetzen. Und so kam ich erst einmal kaum dazu, drei Worte mit ihm zu wechseln. Gegen Abend ging er, auch das selbstverständlich, mit Thomas hinüber ins Rathaus, der nächste Tag verging mit Reden und Planen für ihn, mit Kochen, Putzen und Waschen für uns – erst am Abend dann fand sich eine Gelegenheit, wieder in der Stube zu sitzen, auch Heinrich und Markus saßen dabei und noch Leute, deren Gesichter ich von Waldstein her kannte. In einer Ecke des Zimmers aber saß jemand, der hier noch nie gesessen, er saß still, sah ab und zu aus dem Fenster in den dunklen Himmel und schien mir nicht sehr aufmerksam. Ich bemerkte, wie sich Marie unverwandt mit Hannes' zugegeben interessant ergrauten Schläfen beschäftigte, und scheuchte sie in den Keller, noch einige Kannen Bier zu holen. Sie schrak zusammen und verschwand.

»Sei ihr mal nicht zu böse«, bemerkte Hannes, »sie hat eben noch keinen großen Mann gesehen.«

»Ich mein doch wohl eher: noch keinen so langen«, versuchte Heinrich witzig zu sein.

»Na, na, Herr Pfarrer – verdirb es dir lieber nicht gleich am ersten Tag mit mir.« Heinrich grinste. Und ich wollte jetzt mitspielen.

»Hannes, ich mein, du solltest es nicht mit dem Heinrich verderben. Schließlich willst du noch ein bißchen in Mühlhausen bleiben, aber wenn unser Heinrich hier seinen Freunden im Rathaus Bescheid sagt, wie böse der Herr Martenius zu ihm ist, dann wird's wohl nichts mit dem langen Aufenthalt.«

»Och, und ich dachte, dein Thomas hätte hier das Sagen.«

»Noch nicht, Hannes – noch nicht.«

Heinrich brummelte etwas wie »was denn die Weiber hier mitzureden hätten« in seinen Mantel, woraufhin ihn ein scharfer Blick von Thomas streifte, der im übrigen völlig unbeteiligt blieb.

»Du siehst also, Herr Pfarrer Pfeiffer, die Weiber, wie du sie so schön nennst, haben hier sehr wohl mitzureden. Und es ist recht interessant, was sie sagen. Über dich also geht die Verbindung zum Rat.«

Pfeiffer blieb nichts übrig, als zu nicken.

»Und was hast du bisher für uns getan?« wollte Martenius nun wissen.

»Nun – zuerst mal, daß ihr hier seid«, antwortete Heinrich ohne Verlegenheit.

»Und was dafür, daß wir hier bleiben?« Martenius ließ sich nicht so rasch abschütteln, ich wußte das ja, aber Heinrich ...

»Also nichts oder doch nicht viel«, konstatierte Martenius. »Und was gedenkst du in Zukunft zu tun?«

»Ich – ich ...«

»Ja?« Martenius' Stimme wurde scharf.

»Ich weiß nicht – es ist jetzt ziemlich schwer ...«

»Es war nicht schwer, Thomas in die Stadt zu holen. Es war nicht schwer, ihn auszustatten und zu besolden. Es war auch nicht schwer, für den Druck seiner Schriften weiter zu sorgen. Es war nicht einmal schwer, ihm hier und da ein Mitspracherecht im Rat zu schaffen, wie ich gesehen habe. Nämlich in allem, was in Mühlhausen mit Dingen der Kirche und des Glaubens zu tun hat. Es war auch nicht schwer, zu dulden, daß er sich der Armen und Schwachen annimmt. Es ist allerdings auch nicht schwer zu sehen, daß die Herren vom hohen Rat sehr mißtrauisch sind, seit klar ist, wer alles hinter Thomas steht und zu ihm hält – nicht zuletzt seit gestern dürften einige hellsichtiger geworden sein. Und ich will jetzt wissen, Heinrich, wo in alldem nun genau dein Platz ist. Mißversteh mich nicht, ich habe nichts gegen Vermittlung – aber Vermittlung kann immer auch Verfälschung sein, und der Vermittler sollte derjenige sein, dessen Haltung am festesten ist. Es mag ja sein, Heinrich, daß ich dir jetzt unrecht tue, in meinen Gedanken – aber du hast nie, in Nürnberg nicht und auch nicht unterwegs nach Basel, darüber sprechen wollen. Hier ist niemand, der dir Böses will – also sprich endlich.«

Pfeiffer schielte nach dem Unbekannten am Fenster.

»Der?« Hannes begann zu lachen, »das ist der Hans Römer, und wenn einer zu uns hält, dann der.«

»Und warum tut er dann so geheimnisvoll?«

»Weil ihn deine Geschichten anstinken, Heinrich.«

»Gut also – ich hab Thomas hergeholt, ich hab ihn wieder

hergeholt, wie du vielleicht bemerkt hast, ich hab für ihn den halben Rat bezirzt, und jetzt meine ich, müssen wir erst einmal dafür sorgen, daß es der ganze wird. Und das geht nicht von heute auf morgen und schon gar nicht mit Gewalt.«

Hannes schwieg, Thomas hörte gespannt zu. Es mochte sein, daß auch er hier zum erstenmal etwas von Pfeiffers Plänen vernahm. Römer rührte sich nicht. Markus sah vor sich hin ins Glas und vermied ängstlich, einen Blick zu heben, der vielleicht Martenius hätte treffen können.

»Und wie lange soll das dauern – ohne Gewalt?«

»Ich weiß nicht. So lang es eben dauern muß.«

»Aber wenn wir nun«, Martenius machte eine Pause, »in der Lage wären, mit ein bißchen Gewalt alles zu erreichen, was wir wollen, nur mit einem ganzen bißchen Gewalt, nicht einmal genug für ein paar Platzwunden – was hieltest du davon?«

Heinrich schwieg.

»Ich seh schon. Du hältst nicht viel davon. Aber auf deine Art sind schon andere Vorhaben gescheitert – weil sie nämlich verschleppt wurden. Da, frag Römer, der wird dir erzählen, was alles gut begann und schlimm endete.«

»Ich dachte, ihr wolltet hier in Mühlhausen etwas aufbauen ...«

»Wollen wir auch, Heinrich. Aber wir wollen auch dafür sorgen, daß man es uns so schnell nicht wieder nehmen kann.«

»Wenn es wirklich besser ist, wird man es euch nicht nehmen.«

»Ach du Unschuld. Laßt nur eure Glorie strahlen, dann wird schon alles gut. Weißt du, wie du mir vorkommst: wie einer dieser überschlauen Pfaffen, die einen Klostersturm mit Datum und Adresse von der Kanzel ankündigen – und sich dann wundern, beim Kloster reichlich Soldaten zu finden.«

»Es geht also nicht nur um das Gute ...«

»Es kann nicht nur um die Tauben gehen, Heinrich, und es geht doch auch dir nicht drum. Sei ehrlich, du willst deine Ecke in dieser Stadt und in der neuen Ordnung genauso haben, wie du sie in der alten genommen hättest – hätt man sie dir nur gegeben. Die Zeiten sind auch nicht so, daß man einen Klostersturm von der Kanzel verabreden kann. Man muß dafür sorgen, daß er möglich wird, nicht dafür, daß die andern Zeit finden, ihn zu vereiteln. Man muß klug und still – aber man muß auch laut und vor allem muß man schnell sein können, denn die andern sind stärker. Unsere Stärke liegt allein in unserer Wendigkeit, in unserer Schläue. Wenigstens erst einmal. Zu den Argumenten können wir dann später kommen. Mit der Sicherheit, daß niemand enttäuscht sein muß. Das Gute schon, Heinrich – aber nicht auf die dumme Weise, die sich offenen Hauptes hinstellt und auf den Streich des Henkers wartet. Wir wollen nicht nur irgendwo überleben, mit unserer Rechtschaffenheit und unserm Wissen um die Dinge, wir wollen auch, diesem Wissen gemäß, Einfluß nehmen auf den Lauf der Welt. Wenn wir das nicht tun, ist all unser Wissen und Fühlen, ist all unser Sinn für Gerechtigkeit und Menschlichkeit vertan. Es nützt nichts, Heinrich, wenn wir die Menschen nur lieben. Wir müssen auch bereit sein, unsere Hände zu rühren – auch wenn sie schmutzig werden sollten.«

»Wem sagst du das.«

»Dir.« Martenius war nun endgültig in Rage. »Weil du dich nicht einmal wehrst, wenn man dir unterstellt, du suchtest auch bloß deine trockene Ecke.«

»Auf der Grundlage red ich nicht mit dir.«

»Und ich nicht mit dir, Heinrich. Meinetwegen, such deine trockene Ecke. Aber sieh zu, daß du deswegen nicht uns alle in den Regen stellst.«

»Ich soll also zulassen, daß ihr hier Aufruhr macht.«

»Das liegt nicht bei dir. Du sollst nur deinen Freunden gegenüber das Maul halten. Da dir das vielleicht schwerfällt, sag ich's dir noch mal ausdrücklich. Deine Freunde werden dir nämlich das ganze Gegenteil empfehlen.«

»Die werden sich auch so vorsehen. Die haben euch doch gestern gesehen, blitzend und prunkend und ausgeruht. Aber von mir aus – ich halt den Mund. Ich bin nämlich genauso neugierig wie alle hier, was der Thomas denn nun eigentlich vorhat.«

»Thomas«, fragte ich nachher, als wir in unsern Betten lagen, »wird's Tote geben?«

»Möglich«, sagte Thomas, »aber du solltest dich nicht fürchten. Ich werd's nicht sein.«

Es gab keine Toten. Damals noch nicht. Wir wußten aber alle, daß sie kommen würden. Weder die jesustrunkenen frommen Frauen noch die gut rechnenden Kaufherren täuschten sich noch darüber. Es ging nur darum, ihre Zahl in Grenzen zu halten. Wenigstens künftig nicht mehr Leichen zu schaffen, als in der Vergangenheit schon vermoderten. Wenigstens nicht schlimmer zu sein als die Herren Soldaten. Niemanden ohne zwingende Notwendigkeit in Gefahr zu schicken. Es konnte nur noch darum gehen. Manche der Jesusbesoffenen und Himmelreichträumenden hatten ihren Schäfchen gesagt, das Reich werde eben so kommen von lauter Frommsein und Sichwiegen im Takt der Entrückungen. In Mühlhausen und Umgebung dachte niemand mehr so, denn wo wir etwas in dieser Weise hörten, waren die Prediger nicht mehr lange im Amt, respektive die Wanderapostel nicht mehr lange in der Gegend. Aber wir mußten auch die Hitzköpfe im Zaum halten, die sich von einer blutenden Herrennase mehr versprachen als von einer zu gewinnenden Schlacht. Mehr als einmal mußte Thomas solche Übergriffe tadeln, den Rat beschwichtigen – hier war dann Pfeiffer in seinem Element –

und den Dummköpfen klarmachen, daß sie ihre Kräfte lieber für lohnende Aktionen sparen sollten.

Überall in den Dörfern hatte Martenius seine Leute verteilt, sie lehrten die Bauern, wie man focht, wie man ein Geschütz bediente – wenigstens an einem Modell –, wie man sich verbarg und auch wie man entfloh. In Mühlhausen waren nur wenige zurückgeblieben. Um so mehr wunderte ich mich, daß der Rat uns zwar nicht besonders entgegenkam – aber uns immerhin gewähren ließ.

Dennoch, wir hatten unsere täglichen Kleinkriege. Es gab immer irgendwelche reichen Männer, die da meinten, wenn sie uns schon duldeten, müßten sie wenigstens besonders zuvorkommend behandelt werden. Thomas war in solchen Unterredungen meist mit Bedacht zerstreut, es gab viel »Wie bitte« und »Was belieben zu meinen« – sicher nicht zur Freude der so vermögenden Herren.

Die großen Kämpfe, fragte Markus, was denn mit denen gewesen sei. Die kennt er doch besser, denk ich, ich sag's ihm, und er ist verstimmt. Wir wußten, was die Mühlhäuser gewollt hatten, als sie sich den Müntzer holten wie ein Huhn, um ihn bei sich in den Käfig zu sperren. Sie wollten auch Geschichte machen, endlich mehr sein als bloß eine von jenen Städten, über die man nicht sprach. Die erste und letzte Möglichkeit, als freie Reichsstadt nun auch ins Gerede zu kommen, nachdem Augsburg und Nürnberg und Basel und Köln längst drin waren, ja sogar solch ein Nest wie Wittenberg war sich einst nicht zu schlecht gewesen. Nürnberg hatte seinen Kaiser, falls der mal zufällig dort weilte, Augsburg hatte das Geld, Basel die Gelehrsamkeit, Wittenberg gar war der Hort der nun wieder einzig rechten Lehre, das Neue Rom, wie man schon sagte – und man meinte es nicht immer freundlich –, und Mühlhausens Ruhm würde nun sein, es mit dem »Erzteufel« und »Antichrist« zu probieren. Natürlich gab es auch jene, auf die wir uns wirklich verlassen konnten, die Gesellen und Taglöhner, die entlaufenen Mönche und die ehemaligen Nonnen, die freien, nicht zünftigen Handwerker, die vom Wohlwollen der Herrschaften lebten – aber die konnten uns ernstlich nicht helfen, falls man beschließen sollte, uns wieder zu verjagen. Ich hatte in jenen Tagen, als Hannes' Kontingent sich auf den Dörfern nützlich machte, oft Angst, die Herren könnten die Gunst der Stunde nutzen – aber ich hatte nur Angst, weil ich die Zukunft eben genauer kannte als sie. Da Heinrich Pfeiffer sich für die Vorstellungen des Pfarrers Müntzer eigentlich kaum interessierte, hatte er auch seinen Freunden im Rat nur sehr unklaren Bescheid darüber geben können – zu unserem Glück diesmal.

Markus fragt mich, wie ich denn seinen Part in dem Spiel beurteile. Ich muß sagen, ich kenne ihn zuwenig, er war bei uns und unter uns, aber ich weiß nicht, was er in den Wochen und Monaten eigentlich tat und trieb. Er kam und ging, wie viele kamen und gingen. Mit mir sprach er kaum einmal. Die Wand von Jena war nicht einzureißen. Da ich sie nicht aufgerichtet hatte ...

Jetzt ist er hier. Er hat meine Kinder aufgenommen, er hat für meine bürgerliche Freiheit gesorgt, er muntert mich auf, wenn ich verzweifeln will, er sucht meine Müdigkeit zu verscheuchen. Er sagt: Gib nicht auf. Und er legt mir einen Brief von Thomas auf den Tisch, den ich ansehe, als sähe ich in eine ferne Welt.

»Damit du klarer siehst«, sagt er.

Ich sehe nicht klarer. Ich bin nur erschüttert. Es geht um Frankenhausen in dem Brief. Und um ihn und alles, was auf dem Spiele stand. Und zum erstenmal sehe ich, wie er sah. Damals, als ihn schon Folter und Tod bedrohten. Damals, als ich ihm schon sehr fern war.

»Die Schlappe«, steht da wirklich, »diese Schlappe von Frankenhausen.« Es geht dann noch weiter, aber das ist nicht mehr so wichtig. Es sollte weitergehen. Wir sollten uns nicht zerstreuen wie die Herde, deren Hirte fiel. Wir sollten weitermachen, auch ohne ihn. Lernen und weitermachen. Wir haben nicht weitergemacht, wir sind auseinandergelaufen. Sie haben uns alle einzeln erlegt und verscheucht wie Hasen und Rehe.

»Kanntet ihr diesen Brief?«

»Jeder kannte ihn, Ottilie. Und jeder hat ihn vergessen, so rasch er konnte. Um nicht weitermachen zu müssen.«

»Nun, Markus – das ist dann Verrat.«

Es war doch nicht Thomas' Privatreich, um das es ging. Wie konntet ihr euch verkriechen ... als wär es seins gewesen. Als wärt ihr nur seinetwegen aufgestanden ...

»Du bist auch gelaufen, Ottilie.«

»Gelaufen bin ich – aber ich kam zurück, wieder und wieder, man kannte mich, mein Herr Vetter konnte mich nicht überall schützen. Ich hab die Bibliothek, ich hab seine Hinterlassenschaft auch nicht retten können, Markus, das ist wahr. Aber ich hab es wenigstens versucht.«

»Und jetzt sträubst du dich, nach Münster zu gehen.«

»Ich würde mich nicht sträuben, wäre es Thomas' Geist, der dort weht, aber es ist ein Geist von Pharisäern und Philistern, die, wenn sie erst gesiegt haben, kleiner und kleinlicher sein werden als die alten Papisten, denn man wird sich nicht mehr nur einfach loskaufen dürfen von den Sünden, man wird was weiß ich alles anstellen müssen, um Verzeihung zu erhalten, wenn man sie überhaupt erhält. Zucht ist ein schreckliches Wort, Markus, aber christliche Zucht ist eine Hyäne.«

Aber Thomas war doch sehr für Anstand und Zucht.«

»Aber nicht für Sünde, Markus.«

»Ich denke, doch.«

»Dann hast du nichts verstanden.«

»Mag ja sein.« Jetzt ist er verbittert, verletzt. Er, und sollte Thomas nicht verstanden haben.

»Markus – was ist die Sünde wider den Geist?«

»Na?« Er will die Antwort also von mir.

»Zu wissen, wie man's macht, und es doch verkehrt zu machen.«

»So dumm ist doch keiner.«

»So dumm waren schon viele. Und so dumm werden noch viele sein, glaub mir.«

»Ich auch?«

Jetzt ist es an mir, vorsichtig zu sein.

»Kommt immer auf dich an«, sage ich. Eine böse Antwort hat er nicht verdient.

In einer der letzten noch kühlen Frühlingsnächte geschah es dann. Sie fanden sich bei uns zusammen, unsere Freunde, bekannte und unbekannte, und die Herren vom Rat. Thomas schüttelte den Kopf, als ich den Gästen wenigstens etwas zu essen holen wollte, und meinte, ich solle mich hinsetzen und zuhören.

In der Tür stand, die Versammelten fixierend, Martenius. Thomas bemerkte ihn, flüsterte mit ihm und führte ihn dann in die Mitte des Raumes.

»Das also ist der Martenius aus dem Schwarzwald, und was er uns mitgebracht hat, habt ihr ja alle gesehen. Nicht schlecht, meine Herren vom Rat, nicht wahr, sehr anders als Eure Knechte, die wohl Schwierigkeiten haben, ihre Hosen über ihre Unterbüxe zu kriegen.« Die Herren nahmen dies dann auch zum Anlaß, sich kräftig zu räuspern. »Da hilft auch kein Husten«, sagte Thomas, »aber zum Glück ist Martenius statt ihrer fleißig gewesen, so daß man in den Dörfern rundum gerüstet und auf unsrer Seite ist, meine Herren – oder wäre, auf unserer Seite zu sein, nicht ganz das Ihre?«

Jetzt gerieten die Gesichter der Herrschaften, die da unsere besten Stühle okkupierten, doch etwas in Unordnung. Aber nun ließ Thomas ihnen keine Zeit mehr zu Widerreden und Beschwichtigungen. Jetzt kam es hageldicht über sie von neuer Ordnung und nötiger Bewaffnung, von der Bereitschaft der Bauern und der Bürger, dann kam Martenius dran und entwarf, trocken und berstend von Zynismus, einen Aktionsplan, der die ganze Gegend, von hier bis Erfurt und im Westen bis Fulda wenigstens, in unsere Hand bringen sollte – und alle andern, Ratsherren oder nicht, hörten gebannt zu, wie hier über das neue Reich nach einem Generalsplan verhandelt wurde. Nicht mehr in blumigen oder auch flammenden Predigten. Die Worte »Gott« und »christlich« schienen aus dem Vokabular gestrichen. Und wenn man alles gewonnen hat, was wird dann, Herr ehemaliger Bürgermeister von Stollberg? Was wird dann, Herr Doktor beider Rechte? Was macht man dann mit der Freiheit, Herr Räuberhauptmann, halten zu Gnaden? Es war schon in Waldstein gesagt worden, und Martenius sagte es wieder: Gewöhnt euch die Träume vom Schlaraffenland ab. Und wieder gab es lange Gesichter – aber freundlicher wurden die Mienen der hohen Herren ob dieser Botschaft, es würden also weiter Dinge gekauft und verkauft werden, ja doch, aber jeder sollte nur haben, was ihm nötig sei, und es dürfe niemand meinen, er habe Dinge zu eigen wie seinen Leib – und schon gar nicht Menschen. Die Steuern sollten in eine Kasse des Rates gehen – na, da werden wir doch sehen, wie wir das hinbekommen ...

Aber, aber, wer hat denn an euch gedacht? Meint ihr, wir lassen euch so mir nichts, dir nichts weitermachen? Verhungern lassen wir euch auch nicht, aber, meine Herren, da habt ihr uns ein bißchen unterschätzt.

»Aber was wollt ihr denn machen ohne unser Geld?«

»Sag mal, Thomas«, hörte ich auf einmal meine eigene Stimme, »wie ist denn das nun mit den Reichen und Gott, kannst du ihnen das mal sagen?«

Alles fuhr herum. Schon deshalb, weil ich ein Weib war, aber dann hatte ich meinen Eheherrn auch noch frech und öffentlich mit Du angesprochen. Und der verwies es mir nicht einmal, wie er hätte sollen, sondern schickte sich an zu antworten. Alles hing plötzlich an seinem Mund – und mich beschlich eine Gänsehaut bei dem Gedanken, wer er hier unter Umständen schon war.

»Gott macht den Reichtum nicht, er macht auch nicht die Armen. Das eine ist nicht Gottes Wille, das andere nicht sein Zorn. Wir sind es, die uns unsre Freuden schaffen wie unsere Höllen. Holen wir uns nicht selbst heraus, wird kein Gott uns herauszuholen kommen – holen wir uns aber aus solch einer Hölle, so geschieht das Wunder, daß wir es vermögen. So geschieht es, zum Beispiel, daß wir eine gute Zeit bekommen. Jetzt haben wir solch eine gute Zeit. Der Kaiser kämpft in Italien, das Regiment in Mainz ist schwach, die Fürsten um des Luther willen uneins. Wenn wir diese Zeit aber nicht nutzen, wird sie auf Nimmerwiedersehen verschwinden, und wir werden in der Hölle unserer Fehler schmoren wie zuvor. Wir aber wollen, da wir das erkannt haben, nicht mehr zurückkehren, sondern die Zeit beim Hals packen und reiten, und wenn wir dabei sterben, ja, was tut's, wenn nur der Tod nicht kommt, wenn wir versagen. Gott, wenn er uns hilft zu handeln, handelt nicht für uns. Er macht es uns nicht leicht, denn er will unsern Ernst sehen und ob wir stark genug sind, auch die Zukunft zu ertragen, in der alles neu und schwer für unsern Kopf sein wird, so wie es jetzt schwer für unsre Hände ist und unsern Mut. Denn wir werden jetzt über unsere Herren siegen, die uns mißhandelt haben – danach aber werden wir über uns selbst siegen, über unsere Illusionen, unsere Verdrehtheiten unsern Dünkel und unsere Hochnäsigkeit, meine Herren. Und auch über unsere Gleichgültigkeit und unsere Stumpfheit, meine Brüder. Und auch über unsern Zorn, der uns doch bis hierher gebracht, werden wir siegen müssen. Innen in uns werden wir uns freikämpfen müssen, damit wir die Freiheit in unserm Leben miteinander bewahren. Damit nicht wieder Hader und Lüge, Gewinnsucht und Machtgier über uns kommen, damit nicht wieder der eine stiehlt und der andre mordet. Wenn euch das zu anstrengend ist – bitte sehr, die alte Fron mag manchem lieber sein, dann kommt aber nicht mehr und klagt. Wenn ihr aber frei sein wollt, außen und innen, dann ist da ein Weg, den ich euch führen will – wer will mitkommen?«

Keine frenetische Zustimmung. Kein Beifallsrauschen, keine Heilschreie. Betretenheit, Unsicherheit, jetzt soll man also auf dem Fleck entscheiden, was man noch nicht zu denken wagte. Bisher wollte man nur immer alles los sein. Jetzt soll man sagen, was man haben will. Schweigen. Leere im Kopf.

»Was sollen wir zuerst tun?«

»Einen neuen Rat bestellen.«

»Wir haben aber einen Vertrag.« Seltsam klein und gefährdet stand Heinrichs Stimme nach denen der beiden im Raum.

»Der nicht gehalten wird.«

»Sehr richtig, Jan. Und – was sollen wir deiner Meinung nach nun machen?«

»Die Achtmänner austauschen.« Gefuchtel bei den Ratsherren.

»Ihr werdet dem doch wohl nicht zustimmen«, meinte einer und sah zu Pfeiffer. Der mochte wohl nicht so direkt angesehen werden.

»Ich bin für Jans Vorschlag.« Alles stand stumm und starr. Der eine Ratsherr murmelte etwas von einem Prior, und Heinrich wurde blaß. Aber Thomas war schon bei ihm.

»Laß den zischen«, sagte er, »morgen im Rat wird's ihm vergehen.«

Heinrich setzte sich, und Thomas legte den Arm um ihn. Die Herren indes hatten genug gesehen und gehört, sie gingen. Und sie ließen ihre Gesichter nicht mehr sehen.

»Da gehn sie hin und singen nicht«, bemerkte Hannes.

»Werden noch so laut singen, diese Nacht, daß man's bis Mansfeld hören soll.«

»Mach dir nichts draus«, sagte Thomas, »die denken, wir schaffen's nicht, und deshalb werden sie sich nicht beeilen. Wir schaffen's aber doch.« Thomas trat zum Tisch, öffnete die Lade und zog eine Liste heraus. »Da«, sagte er, »das Verzeichnis der eingeschriebenen und zu benachrichtigenden Mannschaften. Mansfeld-Sangerhausen, Werragegend, Unstruttal, Sachsen-Allstedt sowieso, dann noch Bayern, die dürften schon unterwegs sein, kommen die Mühlhäuser und die Eichsfelder Dörfer und Städtchen dazu – wird eine Menge Volk zusammenlaufen.«

»Und – können die Krieg führen?«

»Na, das denk ich doch«, meinte Hannes.

»Das denk ich nicht«, meinte Pfeiffer.

»Weil du nicht dabei warst, als ich sie mir angesehen habe. Die können hauen, und die können stechen, glaub mir.«

»Pfarrer Müntzer?«

»Ja, was ist denn, Jörgen?« Die Übermüdung war dem Jungen anzusehen.

»Ihr sitzt hier in eurer warmen Stube. Und ihr redet über uns, ihr sagt, was wir können oder nicht. Ich aber sitze hier, und mir brennt der Hintern, weil zu Haus die Saat verdirbt und der Herr mir mein Weib bedroht. Wir wollen losziehen, solange die Ernte noch auf dem Halm steht, und wir müssen gesiegt haben, bevor sie reif wird. Das ist es doch auch, und nicht nur der Kaiser.«

»Ich weiß, wie es euch geht. Und wenn es euch immer weiter so gehn soll, dann habt es zu eilig oder geht zur Ernte nach Hause.«

»Gut – du bist ja satt, Pfarrer ...«

»Jörgen – was du noch sagen wolltest, sagst du entweder nicht oder morgen auf dem Rathaus.«

»Wird keiner auf mich hören, meint Ihr.«

»Wird mancher dieselben Sorgen haben wie du, meine ich.«

»Thomas – wer wird und soll denn den neuen Rat leiten?«

»Werden wir morgen sehen, Hannes.«

»Warum erst morgen?«

»Eben morgen. Im Rathaus.«

»Und wenn wir nicht wollen? Und wenn wir alle hier dich benennen?«

»Wäre das ein Bündnis von der alten Sorte. Und Aufstand.«

»Aufstand haben wir. Und Bündnis wär nicht schlecht«, ließ Hannes sich aus der Ecke vernehmen.

»Hannes!!!«

»Mach schon hin. Kannst doch am besten predigen.«

Der stand im sirrenden Schweigen aufrecht und reglos. Als erwartete er etwas, das jetzt kam und nie wieder. Als wäre er eine der Figuren, drüben, an der Kirche.

Der alte Mann, der hinter Baltzer gesessen, stand auf und strich seinen nicht eben ordentlichen Bart.

»Wir – die Bauern von Mansfeld und Mühlhausen – sind auch der Meinung.«

Thomas sah den Alten an, einige Minuten verstrichen unter diesem Blick. Wir andern hatten das Gefühl, wir müßten uns zusammenkauern.

»Ist das eure freie Entscheidung, eure freie Wahl, reiflich überlegt, sie zu verantworten vor Gott und Menschen zu dieser und zu jeder Zeit?«

Nicht einmal am österlichen Altar hatte ich Thomas so reden hören. Er sprach nicht – er zelebrierte. Entsetzlich feierlich – und, wie mir schien, auch entsetzlich fragwürdig. Eben erfunden und scheint uralt. Und ist es auch.

»So ist es.« Der Alte spielte wohl nur zu gern mit. Aber neben Thomas standen nun Jörgen und Markus, Martenius und Pfeiffer, andere kamen hinzu – sie standen da, als wollten sie gemalt werden. Jan legte Thomas' Hände in seine. Markus und Jörgen legten ihre darüber, Pfeiffer und Hannes zögerten, aber die Augen, in denen sie vielleicht Spott suchten, waren hart und klar, sie befahlen, sie baten nicht mehr.

Es ist das letzte Ritual, begriff ich. Der Abschied an Ruhe und Bedachtsamkeit.Die Berührung unserer Hände steht am Anfang, und sie steht am Ziel. Ich erschrak vor diesen Augen, die auf einmal den Tod so genau kannten.

»Sei uns willkommen, Bruder, so du annimmst. Und sei geschont und entschuldigt, nennst du uns Bessere.«

Sie machen Könige, sprechen Recht ... mochte es sein. Sie schoben mich in den Vordergrund. Keine Humanisten, keine Bürger, nicht die Knechte, nicht die Maler. Sondern die kein Hemd und kein Haus besaßen. »Du wirst nicht die Edlen finden, und auch du wirst nicht gut sein können«, klang es in meinen Ohren.

Markus stand vor Thomas.

Dann hörte ich ihn, einen kurzen, dunklen Satz.

»Ich nehme an.«

Und im Augenblick lag sich alles in den Armen. Jemand sagte: »Jetzt hab ich aber Bierdurst.«

Wenig später unterhielten wir uns über Familiensorgen und Familienpläne. Dann ging ich zu Bett, während die Männer und Thomas noch wach blieben.

Am andern Morgen überraschte mich Thomas mit der Nachricht, daß die Sache mit Marie geklärt wäre, Jan würde sie heiraten wollen. Und Heinrich würde liebend gern den Brautvater abgeben, das sei wenigstens mal eine unverdächtige Rolle.

»Bist du jetzt klar mit Heinrich?«

»Ich denke, doch.«

»Und du wärest der Herr in Mühlhausen.«

»So?«

»Gestern sah es ganz so aus.«

»Willst du 'ne schöne Antwort oder 'ne wahre?«

»Kann die schöne nicht wahr sein oder die wahre nicht schön?«

»Hilfe – mein Weib geht unter die Sophisten.«

»Wieso – du spielst den Kaiser in Mühlhausen doch sehr gut.«

Schweigen, vernageltes, waches und böses Schweigen. Dabei weiß ich doch alles, warum spotte ich? Ich weiß, daß es nicht um die Stadt geht. Aber wer von den andern, Hut, Rinck, Geyer und wie sie alle heißen, hat schon eine Stadt? Was gäbe Bulgenbach drum, könnte er stante pede Erfurt besetzen, was Geyer, übergäbe man ihm Köln? Und wenn's über das eigne Leben hinausgeht, es muß zu machen sein, sagt er. Gerechtigkeit, Barmherzigkeit, Duldsamkeit und Gelassenheit sind keine Engelstugenden. Ich weiß das. Und ich spotte. Thomas geht hinunter. Ich kann hinterhergehen und um Verzeihung bitten.

»Sie werden kommen und ihn holen.« Ich erschrecke, ich hatte vergessen, daß es sie noch gibt. Aber Marie wollte nicht vor den Feinden warnen. Zum erstenmal gilt es den Freunden. Wir werden mit den Feinden leben, denke ich, Haus an Haus und Straße an Straße. Und sie können nichts tun. Feinde, die nicht mehr mächtig sind.

»Was meinst du zu alldem, Marie?«

»So feierlich hab ich den Herrn Pfarrer aber noch nie gesehen.«

»Vielleicht hatte er bloß keine Gelegenheit.«

Thomas – keine Feierlichkeit, kein Kult macht den verlegen. Aus der Hand schafft er neue Liturgien und zerstört sie wieder mit einem Lachen. Spielen mit Worten und Spielen mit Leuten ... ist es besser, wenn die Weisen mit den Menschen spielen statt, wie sonst, die Trottel? Ist es das Spiel, das die Menschen bewegt? Ist es der Tanz, und sei es der Totentanz?

»Sie sagen, wir sollten fliehen.«

Auf alles war ich gefaßt, nur nicht darauf. Ich sah Thomas an, ich verbarg keine Angst mehr, keine Enttäuschung und keine Reue.

»So einfach geht's diesmal nicht. Sie müssen mich diesmal schon persönlich bitten.«

»Und ...« Er lächelte.

»Mir tun sie nichts mehr. Dafür sorgen Hannes und all die Leute, die du gestern gesehen hast. Sie werden sogar noch mehr versuchen, es wird nur alles nichts helfen. Ich kenne die Herren sehr genau, die hier gegen mich arbeiten. Es wird ihnen nur nicht bekommen. Solange die alle noch in der Stadt sind, die gestern hier waren, ist mit meinem Kopf kein Staat zu machen. Bin ich es nicht, ist es Hannes – oder jetzt sogar Heinrich.«

»Was soll ich machen?«

»Packen, wenn du willst. Aber wir werden nicht fahren.«

Es dauerte keine Stunde, bis die Herren vom Rat kamen. Ich brachte sie in Thomas' Arbeitszimmer, und ich sah, daß es leergeräumt war. Feder und Tintenfaß standen da, als schämten sie sich ihrer Nutzlosigkeit. Die Herrn vom Rat standen davor, musterten die gelangweilt Parade stehenden Buchrükken im Schrank, musterten einander, und der eine nahm einen Bogen Papier aus einer der Laden.

»Gib's her.«

Und der Mann gehorcht. Der kam, um fortzujagen, gibt das Blatt zurück. Dafür zieht der andre ein Ratspapier aus dem Ärmel. Thomas nimmt es wortlos, liest. Der andere Ratsherr hat sich wieder in der Gewalt, er sieht zu Boden, wartet.

»So, die Herren wünschen, wir sollten unsern Wohnort wechseln.« Thomas' Stimme war eisig. »Nun – wir wünschen das aber gar nicht.«

»Das ist kein Angebot, Müntzer.«

»So – was ist es dann? Ein Befehl etwa? Ich hab aber keine Lust mehr, mir was befehlen zu lassen.«

»Das ist Befehl des Rates, und Ihr habt zu gehorchen.«

»Beschriebenem Papier? Sag ihnen, ich gehorche nicht mal der Bibel, wenn sie mir jetzt querkommt.«

»Mehrheitsbeschluß«, wagt der Herr noch ein Argument.«

»Mit welcher Mehrheit? Mit den Achtmännern?«

Schweigen.

»Also ohne sie. Ich mache den Herren auch einen Vorschlag: Wenn die Acht sich dem Beschluß anschließen, und zwar einstimmig, geh ich.«

Kaum zu glauben, aber die beiden nehmen an. Wissen sie nichts von der Aussichtslosigkeit eines solchen Versuchs? Wissen sie nicht, wem ihre Stadtknechte mittlerweile gehören?

Sie stapfen davon, man kann ihnen noch nachrufen, warum sie denn so zornig schieden. Außerdem wäre man vorsichtiger, wenn man die Lage nicht kennt, auch das kann man sagen. Und die beiden bleiben stehen.

»Bleibt lieber hier. Wenn die Acht erfahren, daß Ihr den Müntzer hinterrücks aus der Stadt lotsen wolltet, gibt's statt des zu vermeidenden eben ein Riesenaufsehen. Und ihren Segen bekommt ihr nie und nimmer.«

»Aber was sollen wir denn nun machen ...«, wirkliche Ratlosigkeit.

Mit einer aufgeregten Menge ist auch in Mühlhausen nicht zu spaßen. Vor allem weiß niemand, wie aufgeregt sie nun tatsächlich ist. Und wer alles noch dazu gehört, von dem man es nicht ahnt.

»Geht aufs Rathaus, macht eine Klausel, daß ich eben über Land fahre und wiederkomme, wann immer ich mag, daß Haus und Stelle mir erhalten bleiben und meiner Frau all ihre Lieferungen, dazu meine sämtlichen Rats- und Ehrenämter. Ein bißchen Urlaub, meine Herren, ich kann ihn brauchen.«

Sie gingen, und sie kamen mit dem Verlangten wieder – die Schikane wurde zur Komödie. Thomas wollte sie doch nicht etwa den ganzen Tag so umherschicken?

»So – wenn ich euch aber befehlen kann, wie ihr seht – warum soll ich dann gehen?«

Die Herren gingen endgültig. Spottverse flogen durch die Stadt. »Der Bürgermeister wollt' den Thomas fressen, jetzt muß er dafür sein Stuhl vergessen« und dergleichen. Und dieser: Sie wollten einen Pfaffen fangen und blieben wie die Laffen hangen.

Kein schöner Rückweg war das für die zwei. Und eigentlich war ich gar nicht so schadenfroh.

Die Szene auf dem Rathaus habe ich nicht miterlebt. Ich saß daheim und wartete, zum erstenmal ganz ohne Angst. Es war ganz ungewohnt, dies Sich-nicht-fürchten-Müssen.

Schweigend und zitternd hatte ich gewartet, hilflos und ohnmächtig. Diesmal ging es nicht um seinen Kopf, sondern, wenn überhaupt, dann um den der Ratsherren. Ich spielte mit Hannes, bis er wieder müde wurde, dann fing ich an zu sticken. Vor wenigen Monaten noch ein unerreichbarer Luxus, jetzt eine liebe Gewohnheit aus Klostertagen. Wieder anfangen können zu spielen ...

Dieser Frühling war so freundlich, daß ich nicht glauben konnte, was doch auch geschehen war: daß draußen vor der Stadt und im ganzen Land Burgen und Klöster brannten, daß Städte belagert wurden, einmal von den Bauern – ein andermal von Fürstenheeren. Derselbe Frühling, der auf mein Glück schien, leuchtete anderswo, vielleicht nur wenige Meilen vor der Stadt, auf Blut, auf Trauer und auf Trümmer.

Ich würde schöne Kleider haben, und ich würde mit Hannes auf den Ratsbällen tanzen. Thomas tanzte nicht gern und auch nicht gut. Oder soll die Frau Pfarrer am besten nicht tanzen ...

Einen Schwatz mit den Nachbarinnen halten, die Kinder austauschen, zu Haus zusammen sitzen, all die harmlosen und geistlosen Spielchen wiederhaben, die das Leben warm machen ... auf all das wartete ich nun.

Sie kamen bald. Und als sie kamen, wollte jeder der erste sein, mir zu berichten. Martenius auf seinen langen Beinen überholte sie alle.

»Pack wieder aus.«

»Wo ist Thomas?«

»Noch drüben. Es gibt viel zu tun.«

Die Abordnung machte auf dem Hacken kehrt, es zog sie

ganz sichtlich ins Weinhaus. Oder ins Bad, auf jeden Fall zu feiern. Ich hatte überhaupt nichts gepackt.

Neue Gäste kamen, Bauern, manche kannte ich nun schon besser, andere sah ich zum erstenmal, aber sie alle begegneten mir mit einem ungeheuren Respekt – ich wehrte dem, so gut ich konnte. Marie versorgte sie, und ich sah, daß sie gern erzählt hätten, woher sie kamen und was sie erlebt hatten. Ich aber war jetzt nicht begierig zu hören. Aber Frauen kamen, Mädchen, und alle wollten sie bleiben, mit mir warten. Nicht draußen auf dem Platz oder in der schmalen Straße zwischen dem Haus und der Kirche, sondern hier bei mir. Aber draußen standen sie auch, ich hörte das Stimmengewirr. Jetzt schwoll es an – und dann wurde alles ganz still. Jetzt würde Thomas gleich hiersein.

Ich stand in der Diele, und vor mir stand Thomas, und er gehörte mir so gut wie den allen hier, ich aber sollte ihn willkommen heißen wie einen Fremden. Nein, so nicht. Ich senkte nur die Augen.

»Kommt alle mit«, sagte er, »kommt alle mit zur Kirche.«

Die Menschen in Sankt Marien standen so eng beieinander, daß sie fast übereinander standen. Wer das Glück hatte, einen der spärlichen Sitze zu ergattern, wurde von den Umstehenden beinahe erstickt. Die Menschen waren wie ein zweites, lebendiges Pflaster, über dem sich die roten Gewölbe hoch und steil ausspannten wie Kronen von Bäumen, und aus der Menge wuchsen die Pfeiler hervor wie Buchenstämme aus dem Unterholz.

Dennoch hatten wir, Thomas, Pfeiffer, Markus, Martenius samt meiner unwichtigen Person sowie einem gewissen Rüdiger, keine Mühe, durch die Menge zu kommen. Man trat überall beiseite, ließ uns durch, bis wir vor dem Altar standen. Thomas wandte sich um und bedeutete uns, im Gestühl Platz zu nehmen. So hatte ich die Menge und den Altar zugleich in meinem Blick.

Vorn, bis etwa zur zehnten Reihe, kommen mir die Gesichter bekannt vor. Vielleicht nur, weil ich in den letzten Tagen so viele davon sah.

Thomas ist auf einmal verschwunden. Und Pfeiffer auch.

Am Altar hantiert plötzlich Martenius mit Feder und Tintenfaß. Und Römer legt ein Heft aufs Evangelienpult. Keine Bibel. Dann brennen auch die Kerzen. Die Orgel spielt, wir dürfen singen. Also ist es Pfeiffer, der die Sache macht, nicht Thomas. Aber er macht's gnädig. Vielleicht auch nur, weil alles so schnell ging. Gebetet wird aber. Und etwas Frommes liest man auch vor. Ich hör nicht hin.

Noch ein Liedchen bitte. Nein, niemand ist hier pingelig, und das hier pfeifen neuerdings sogar eingefleischte Antimartinianer vor sich hin, meinen wenigstens, es wäre schmissig. Meinen wohl vor allem die Melodie. Vom Text mögen sie anderes halten. Aber mir eben gefällt der.

Harte, stolze Worte. Als schwinge ein Stück von unserm Stolz darin. Sicher hat der Martin daran, an uns, nicht gedacht. Aber hier und jetzt, in Marien und in Mühlhausen, wird es so gedacht, und er kann sich nicht wehren, sein verfluchtes Sendschreiben hilft ihm hier nichts. Wir nehmen, was wir brauchen. Und wir hoffen, daß er nicht nur das hier nicht wird verhindern können.

»Nehmen sie den Leib/Gut, Ehr, Kind und Weib/laß fahren dahin/ sie haben's kein Gewinn/ das Reich muß uns doch bleiben.«

Daran kann man sich schon halten.

Ich schiele nach Martenius. Der singt mit, als gewönne er damit eine Schlacht. Und nach der Schlacht wird er seine Frau nachkommen lassen. Wird bei uns wohnen, in der neuen Stadt. »Gut, Ehr, Kind und Weib« – na schön, aber was ist mit dem Leib? Den auch? Man denkt ans Sterben nicht, ehe man nicht stirbt. Soll auch so bleiben.

Das Reich soll uns doch bleiben – wir werden sehen, wem es bleibt. Da bleibt immer ein Rest zwischen denen und Thomas, wir wissen es, und die spüren es – manchmal. Schon wegen des Frommseins. In deinem Gottesstaat, Thomas, kann man den lieben Gott abwählen wie einen Bürgermeister. Das werden viele nicht begreifen wollen.

Thomas redet. Er erzählt einfach, was in der Nacht und am Morgen geschehen ist, den alten Rat gab es also einmal, ganze zwei Jahre alt und schon gewesen. Wir haben einen neuen, einen aus Bürgern, Bauern, sogar Taglöhner sind dabei, Handwerker auch und Kaufleute. Ob jemand die Stadt deswegen verlassen will? Wer gehen will, kann gehen, er wird nicht behindert. Wir, von uns aus, verbannen niemanden. Wir wollen keine Unzufriedenen, die von fernher gegen uns hetzen, sondern wir wollen, daß die, welche meinen, ihnen geschähe Unrecht, uns verstehen lernen. Denn wir müssen einig sein. Noch stärker auch als die städtischen Kanonen, die jetzt auch Thomas gehören.

Wer macht nun was? Den Vorsitz, wie anders, hat Thomas. Römer schreibt sehr schnell mit, aber er muß Thomas um ein Innehalten bitten. Zweiter wird Heinrich. Die Kaufleute können aufatmen. Versorgung und Nachrichtendienste: Hans Römer. Wenn er so schnell handeln kann, wie er schreibt – und Schriftführer des Rates, warum denn auch nicht. Die Sprecher der Dörfer haben gleiche Stimme im Rat wie die Stadtbürger. Namen, die mir nichts sagen.

Schulwesen: Hans Denck. Immerhin eine Überraschung, ich denke, der ist in Nürnberg? Und ein paar Ratsleute auch wieder dabei, noch brauchen wir ja ihr Geld. Gerichtsbeauftragte: Thomas, Heinrich, dieser Bartel, den ich nicht kenne, der aber sicher für das Bauernrecht zuständig sein wird, und – Martenius. Nicht der zweite, nicht der dritte, aber er hat, und er bleibt. Kriegt noch die Rüstkammer dazu. Brief und Siegel drauf, das gute alte Mühlhäuser, mit dem guten, alten Zeichen, ein paar Unterschriften – wir können wirklich und wahrhaftig anfangen, wir sind die Herren. Der Kurfürst ist ein alter Mann, der Kaiser hockt vor Pavia, und wir haben Mühlhausen, bald vielleicht auch Erfurt oder, das wär zum Lachen, Mansfeld.

Nichts Besonderes eigentlich, nur ein Gottesdienst zum Ratswechsel. Das gibt's hier alle Jahre mal, das ist kein Grund für Tumulte. Man bleibt ordentlich und still, wie man es gewöhnt ist. Alles, was unordentlich ist, sind unsere Ansprüche an die Welt.

Vor der Kirche empfing uns die Stadtgarde in Paradeuniform, dann Hannes' Leute, rasiert und parfümiert sogar, ich mußte lachen.

»Lach nicht, Ottilchen – das hier sind schon keine Räuber mehr.« Ach, ich weiß doch.

Thomas zog mit den andern ins Rathaus und blieb dort sozusagen wohnen. Ich ertrug's leicht, denn ich hatte alle Hände voll zu tun, die Frauen kamen, jetzt kamen sie in Menge, sie klagten, bettelten oder schwatzten, Gelächter und Tränen manchmal, wenn Thomas seine Politik trieb. Unterricht gab es und Stickstube, Spinnstube und eine Sammelstelle für überflüssigen Hausrat, wir legten die ersten Münzen in eine eigene Kasse, man besprach, was man tun wird, wenn Frau Soundso niederkommt – es war wie in Allstedt, nur hektischer. Marie wurde in der Stickstube wieder zu einem jungen Mädchen – nein, so jung würde ich nicht mehr werden, dachte ich, es ist zuviel geschehen, es geschieht zuviel, und ich sehe es zu sehr, das macht alt. Aber dann kam es, mitten aus dem Geschwätz: »Der Geyer hat ein' schwarze Fahn' – der Bulgenbach ein' weiße Fahn' – und wir hier haben gar kein' Fahn'.«

»Wozu braucht's uns Fahn'.«

»Zum Greifen. Zum Anschaun.«

»Seht einander ins Gesicht.«

»Unsre Männer woll'n ein' Fahn'.«

»Nicht die Männer. Ihr wollt eine.«

»Ist nicht wahr. Sind doch die Männer. Was soll's geben, wohin drehen – denn die Schlachten kommen doch.«

»Sorgt für Kinder, nicht für Fahnen.«

»Krieg wird's geben, so auch Fahn' ...«

»Sag ich ihm, wenn einmal Zeit ist.«

»Können's ihm auch selber sagen.«

»Warum fragt ihr denn noch mich?«

Und so fragte ich Thomas, was er von einer Fahne hielte.

»Nichts. Aber ich werde nicht umhinkommen.«

»Sie werden sich dranmachen. Was sollen sie sticken?«

»Sollen sich was einfallen lassen.«

So also kamen wir zu unserer Fahne. Und man wird denken, wie klug hat der Müntzer doch sein Programm auf einen Satz gebracht. Aber diesmal war's nicht er. Nun gut – man kann es nicht mehr nachprüfen, die Zeugen sind knapp geworden. Jedenfalls ist alles ungeheuer sinnvoll. Angefangen von dem versöhnenden Regenbogen bis zu dem klugen Spruch, daß Gottes Wort in Ewigkeit zu bleiben habe. Es war die Bibel, und es waren auch wir. Das waren die Predigten über Daniel und Jeremia, aber das waren auch jene Bücher, die er manchmal las und die er rasch schloß, wenn jemand hinzukam.

Stellt euch mal vor, ihr lieben Leute, nicht nur die Reichen tun schlimme Dinge. Und wenn ihr reich wäret – würdet ihr ganz sicher anders sein als die, denen ihr einst den Reichtum genommen? Betrügt ihr niemals? Und wenn ihr ein Amt bekommt, seid ihr sicher, daß ihr nicht zuerst an eure Familien und Verwandtschaften denkt? Wenn ihr zu befehlen habt, seid ihr gewiß, daß eure Befehle frei von Willkür und von Eigennutz sind? Werden die Gesetze, die ihr macht, auch für euch gelten, wenn ihr mächtig wäret, sie nicht halten zu müssen? Wenn all das sicher ist, dann laßt uns das neue Reich schaffen. Wenn nicht, wartet noch ein bißchen. Warum soll nicht auch ein Reicher in den Himmel kommen? Wenn er sich anständig benimmt? Was meint ihr? Oder ist euch das Reich zu weit? Hast du zu viele Wohnungen gesehen, du Gott Israels? Der Regenbogen ist für alle und auch des Herrn Wort, und die Ewigkeit, die ist auch für alle.

Wir stellten ein prächtiges Exemplar der Fahne unten aus, und es gab viel feierliche Bewunderung. Daran, daß auch der alte Rat unter diese Fahne gepaßt hätte, wer wollte daran denken.

Zumal der neue Rat eine fieberhafte Tätigkeit entfaltete. In der Gießerei am Kornmarkt rauchte es aus eben erst trockenen Kaminen der Minoritenkirche, Kanonen und Kugeln fielen aus ihren Gußformen, dicht dabei kam der Drucker nicht zur Ruhe, und aus dem Tor schossen, Wespen und Hornissen gleich, die Reiter, summten, den Hummeln ähnlich, die Wanderer. Heinrich und die andern kamen sicher ebenso selten ins Bett wie Thomas. Mühlhausen begann, aus seinen Nähten zu platzen. Wir hatten nicht mehr für jeden, der kam, Arbeit, und es kamen immer mehr, die glaubten, hier begänne das Schlaraffenland. Und die furchtbar enttäuscht waren, wenn wir sie zum Schanzen vor die Wälle schickten oder zum Ackern auf irgendein Dorf in der Nähe. Des Martenius Kontingent wurde vom Rat gedrängt, Züge zu unternehmen, am liebsten in alle vier Himmelsrichtungen zur gleichen Zeit. Niemand verstand, warum die neuen Dinge nicht einfach über Nacht da waren und warum die alten nicht einfielen wie einst die Mauern von Jericho. Dennoch argwöhnte ich, daß es einigen immer noch viel zu schnell ging.

Nicht unbedingt unsern alten Ratsherren – die hatten sich erst einmal abgefunden und suchten nach dem Ihren. Aber unserm Kronprinz Heinrich. Der seine Kronprinzenrolle eben nicht so auskosten konnte, wie er sich das dachte; der, in Thomas' Schatten, viel zu viel mit Anforderungen bedacht wurde, deren Erfüllung man für selbstverständlich hielt, aber Heinrich wollte vielleicht gelobt werden. In den ersten Tagen glaubten wir, er habe sich ganz und gar zu uns bekannt. Und geradezu verraten hat er uns auch nie. Eine Krone hat er vielleicht gewollt – jetzt aber liegt sein Schädel irgendwo an der Mühlhäuser Mauer oder besser an dem, was davon vielleicht noch übrig ist, dem meines Thomas nicht fern. Und sie sind beide kahl. Nein, verraten hat er nicht, er hat nur den Verrat nicht verhindert. Oder hat er wirklich nichts verstanden?

Mag es so sein. Der Tod neben Thomas, auf dieselbe grausame Weise vorbereitet, macht vieles glatt. Und was in meinem Gedächtnis bleibt, soll nicht in ein anderes eingeschrieben sein. Über mich hinaus wird nichts bleiben, dafür sorgt irgendwann Markus, der Kluge, Vorsichtige, der meine Erinnerungen in einem Bleisarg hüten wird.

So wird es niemals mehr herauskommen, ob nun Heinrich es war, der den Rat beschwatzte, daß sie Thomas hinausschicken ins Eichsfeld, oder ob Othera und Hintermänner sich seiner bedienten und einige andere mitmachten, die besser dagegengehalten hätten – aber denen wiederum regnete es die erwarteten Siege nicht schnell genug.

Thomas war gerade dabei, das Netz zwischen den einzelnen Bauernhaufen enger und enger zu ziehen, sie alle in seiner Nähe zu sammeln. Bis in die Schweiz zogen seine Kuriere auf sicheren Wegen, um dort zu werben und alles, was sie unterwegs antrafen, herzuschicken. Nicht um hier zu arbeiten diesmal.

Im letzten Drittel des April zeigten die Bäume schon ihr ganzes Grün. Die Straßen lagen in einer tagelangen Trokkenheit staubig, dreckig und stickig. Ich versuchte, im Hof einige Beete einzurichten, wie ich es, als wir einzogen, geplant. Unkraut, das es gewagt hatte, auf dem harten Boden zu wachsen, warf ich im hohen Bogen in jene Umhegung, die wir hatten bauen müssen, als ein Bauer es sich nicht nehmen ließ, uns seine liebsten Legehennen zu vermachen. Marie, die sich immer noch nicht hatte entschließen können, dem Drängen des kleinen Jan nachzugeben, putzte oben die Fenster. Ich mußte mich nun schon öfter aufrichten und strecken, das Kind machte sich bemerkbar. Ich hörte, daß die Haustür hart zugeschlagen wurde, ließ die Hacke stehen und wollte ins Haus gehen – Martenius kam mir entgegen.

Wo Thomas wäre.

»Ich denk, auf dem Rathaus.«

Da wäre er nicht mehr. Auch nicht bei Pfeiffer. Der wüßte auch nichts, er war schon da.

»Und überall zur falschen Zeit, Hannes«, sagte Thomas in seinem Rücken, »ich war überall da, wo du mich gesucht hast – nur du warst nicht dort, als ich dort war, so ein Geheimnis aber auch.«

Er, Thomas, habe also auch Martenius gesucht?

»Aber sicher; es geht nämlich los.« Was denn losginge.

»Wir ziehen fort. Zuerst mal nach Vacha.«

»Und dann?« Ich riß das Verhör an mich, es war mir zu wichtig.

»Gehn wir, der Hannes und ich, nach Volkenroda rüber, da ist ein Kloster, und viele Bauern lungern da herum, die hol ich mir.«

»Und wer bleibt hier?« Natürlich der Heinrich. So schnell würde der schon nichts verderben können. Außerdem sollten Hut, Römer und Denck den Heinrich ein bißchen »beschützen«. Das Weitere hörte sich dann an wie eine Generalstabsberatung. Wer nach Allstedt ginge und wer nach Mansfeld ... die kamen also doch nicht von allein. Weil der Graf ihnen gedroht hatte, er werde ihre Weiber und Kinder erschlagen, wenn jemand nach Mühlhausen zöge.

»Der Idiot, wer soll ihm denn dann die Ernten einbringen.«

»Aber da wär er der erste Fürst, der daran dächte, Hannes, nein, das wär nun doch zuviel verlangt. Es braucht also Mut, und jemand muß ihnen den machen. Ihre Frauen und Kinder könnten wir zwar aufnehmen, aber wie sollen sie mit ihnen durch den Sperriegel kommen.«

»Wenn die Mansfelder kommen, bleib ich mit den Stadtknechten lieber hier. Volkenroda kriegst du auch mit Reden, Thomas.«

»Alles läßt mich im Stich«, maulte Thomas, aber das war keine echte Verzweiflung. Hannes war, falls es dem Herrn von Mansfeld einfallen sollte, seinen zweifelsohne durchbrechenden Landeskindern hinterherzurennen, wirklich hier vonnöten. Und in Volkenroda schien man auf den Wundermann zu warten, sonst nichts. Man wollte nur sehen, bevor man sich entschloß.

»Thomas – der Pfeiffer will ins Eichsfeld.«

»Und warum? Das schafft Markus bequem allein, die Soldaten kann er sparen. Alles offen, jeder Schuß Pulver wäre Verschwendung.«

»Heinrich ist nicht sicher.«

»Nichts da. Du bleibst hier und mit dir alle noch in der Stadt befindlichen Kontingente. Wir können Mühlhausen gerade jetzt nicht entblößen.«

»Ich weiß. Aber, Thomas, ich weiß auch, was ihn treibt. Er braucht seinen eigenen Erfolg.«

»Sieht seinen Weizen immer da blühen, wo's ihn nichts kostet, ihn zu schneiden. Das war schon am Anfang so; als ihm der Boden zu heiß wurde, schob er mich – und pro forma sich – erst einmal über die Straßen. Und jetzt wird ihm der Boden wieder mal zu heiß, denk ich.«

»Aber jetzt ist er heiß, ob es ihm so scheint oder nicht. Und der Rat hätte ihn auch lieber aus der Stadt, den Heinrich.«

Thomas tat erstaunt. »Och – ich dachte, der sei mit denen so gut zu Fuß, wenigstens mit seinen alten Freunden dort.«

»Eben mit denen nicht mehr, sobald auch nur von fern zum Beispiel Mansfelder Truppen in Sicht sind. Daß du weggehst, ist ihnen auch recht.«

»Schön – wir kommen aber wieder. Und dann wird man sehen.«

Wenig später zog das Waldsteiner Kontingent mit Hannes an der Spitze sehr feldmäßig und sehr fröhlich aus der Stadt. Und ein paar Tage danach, nicht minder fröhlich, zog ihm Thomas mit ein paar Bauern hinterher. Ich stand zwar, wie es sich gehörte, abschiednehmend in der Tür, aber ich sah ihm nicht mit Abschiedsschmerzen nach. Es war jetzt nicht Zeit für das Sterben, nicht bei uns. Draußen mochte gestorben werden, hier aber war die Mitte des Strudels.

Und Thomas hatte die Stadt kaum verlassen, als sich die erste der Torheiten des Strudels bei mir sehen ließ: Heinrich Pfeiffer.

Daß mich nicht gerade die Freude übermannte, kannst du dir denken, Markus. Und seine ersten Worte waren leider auch nicht geeignet, Freude zu bringen.

Er sagte: »Ihr verkennt mich, Frau Ottilie.«

So und nicht anders mußte er ja auch auftreten, um mich zu überzeugen – meinte er. Und ich würde von seinem Talent hingerissen sein – armer Heinrich. Ich putzte mein Gemüse weiter. Und fragte ihn, ob er vielleicht zu Marie wollte. Natürlich wollte er das nicht. Nur mich wollte er sprechen. Heinrich hatte doch nicht etwa Geheimnisse vor Thomas – aber keine vor mir, seltsam war das.

Was er dann wolle. Seine Mienen spielten in einer widerlichen Anbiederung. So nicht, Heinrich. Wenn du nicht jedem sagen kannst, was du jetzt sagen willst, geh besser wieder.

»Ihr seid eine große Frau geworden. Dem Herrn Gemahl ebenbürtig.«

»Und du bist neidisch auf uns beide, Heinrich. Warum?«

Besser den Stier zu packen, als von ihm gepackt zu werden.

»Thomas verzettelt und verwirrt sich.«

Was für Neuigkeiten! Die Welt aus Heinrichs Augenwinkeln, welch ein Anblick! Und Ottilie würde jetzt nicht den Fehler machen, sich das entgehen zu lassen.

»Ja, er verzettelt sich. Er träumt von seinem Reich – aber es gibt keinen, der es mit ihm erbauen will. In ganz Deutschland nicht. Und weil er zuviel will, wird er gar nichts haben.«

»So?«

»Ja, Frau Ottilie. Aber nicht nur das. Seht Euch doch dieses Kroppzeug an, mit dem er es schaffen will, Leute, die knapp erkennen, ob es gerade regnet oder schneit ...«

»Und?«

»Vielleicht gibt es auch andre, bessere.« Die gab es eben nicht, dachte ich, aber was geht das dich an. Du verstehst unsere Träume nicht, du mußt auch nichts von unsern Niederlagen wissen.

»Wir alle müssen nehmen, was da ist, Heinrich.«

»Aber er hat es doch vor der Tür, warum sucht er es in den Gossen?«

»Weil er dem vor der Tür vielleicht nicht traut ...«

Heinrich schluckte.

»Und vielleicht besonders nicht einem gescheiten Herrn namens Pfeiffer«, fuhr ich fort.

Sollte er sich ungerecht behandelt fühlen. Aber sollte er auch denken, er habe die Ottilie unterschätzt. Markus war also nur der erste von denen. Und sie hatten so viele Gesichter. Ein Karneval der Mißverständnisse.

»Ich will hier nichts als eine solide Basis.«

»Ich meine eher, du willst Mühlhausen für dich haben, sobald Thomas dir die Kastanien aus dem Feuer geholt hat.«

»Dann brauchen wir wohl nicht mehr miteinander zu sprechen, wenn Sie das meinen, Frau Ottilie.«

Mochte er beleidigt tun. Ich wußte zu gut, daß er sich in Wahrheit ertappt fühlte.

»Aber«, überwand sich Heinrich noch einmal, vermutlich, weil die Sache allzu wichtig schien, »wir müssen, was wir auch immer denken, Realisten bleiben. Wir bauen eben Mühlhausen aus, dann das Eichsfeld, dann igeln wir uns hier ein. Sollen sie dann doch kommen, falls sie noch wollen. Und wir können das, verstehn Sie, Frau Ottilie, weil die Mühlhäuser keinen Herrn über sich haben als den Kaiser. Wir haben den Anspruch des Gesetzes – mit einem tausendjährigen Reich wird kein Fürst verhandeln wollen, aber eine Reichsstadt ist immerhin ein seriöser Partner.«

»Und was geschieht mit dem Rest?«

»Was für einem Rest? Sollen die doch selbst zusehen, wie sie was für sich erreichen. Wir hätten gewonnen, und wir könnten aufbauen, was immer wir wollten. Wär das nichts?«

»Weniger, als wir wollten.«

»Eine neue Zeit – wenn ich das schon höre. Eine neue Form von Macht, das wär's, Frau Ottilie, das wird verstanden, das wird vielleicht sogar anerkannt unter den alten Formen. Aber nicht: eine neue Zeit.«

»Du meinst also, nicht Thomas sollte hier herrschen, sondern du, weil du es besser könntest.«

Heinrich stockte nun doch in seinem Gedanken- und Redefluß. So genau wollte er es anscheinend doch nicht hören.

»Ich weiß, wer regiert, wenn du an die Macht kommst.«

»Ihr verkennt mich wieder einmal, Frau Ottilie. Und ich bitte Euch, mich nicht weiter zu duzen. Ich bin nicht Euer Untergebener.«

»So? Ich dachte doch, da Thomas den Rat regiert – jedenfalls auf dem Papier, wie ich einräumen muß, denn in Wahrheit seid es ja ihr – du, und deine Freunde, der Othera und der Rest. Scher dich raus, oder ich laß dich rauswerfen.« Er lächelte schief.

»Versuch es, Ottilie. Die Stadt hab immer noch ich.«

Endlich ein wahres Wort, dachte ich. Und sagte es ihm. Aber statt betroffen zu sein, grinste er nur breit. Endlich hätte ich es also begriffen. Und alles Reden vorher sei nur, weil er höflich wäre. Im Gegensatz zu mir.

»Ich werde über alles mit Thomas und mit Hannes reden, sobald sie zurückkommen.«

Heinrich war nicht allein, das wußte jeder. Aber er hatte auch längst nicht die ganze Stadt, das wußte keiner besser als er. Thomas sollte kapitulieren, sollte ihm den Rest der Stadt überlassen, er sollte geschwächt, entmutigt, ermüdet werden, bis er aufgab. Und Mühlhausen würde als das bürgerliche Wittenberg unter Heinrich Pfeiffers Führung aufstrahlen und den Ruhm des Luther überschatten. Denn den mußte ja der Kurfürst halten, Mühlhausen aber hielt niemand. Also war im Augenblick der Loslösung Verstärkung willkommen – aber es mußte möglich bleiben, sie wieder aus der Stadt zu entfernen. Und dies war nicht möglich, solange Müntzer eben Sitz und Stimme in dieser Stadt hatte. Dennoch – keine Rede vom Davonjagen.

Und Thomas? Der brauchte im Augenblick nötiger als alles das Geld der Kaufleute, um Ausrüstungen zu beschaffen, die Leute zu ernähren, Rohstoffe zu kaufen – und er mußte denen, die ihm das Geld gaben, hohe Versicherungen leisten für ihre künftige Unbescholtenheit und Unantastbarkeit. Dennoch mißtrauten sie ihm, und die Mittel flossen spärlich und zäh. Erst und nur Erfolge würden andere Voraussetzungen schaffen – aber an denen lag ja den Pfeiffers nichts, die wollten nur die Sicherheit des Augenblicks.

So saßen wir, auf dem Feuer eines nur knapp noch beschwichtigten allgemeinen Aufbegehrens, zwischen dem Mißtrauen der einen und dem Überdruß der andern. Und langsam, während Thomas und Hannes draußen noch Siege feierten, wurde mir hier kalt.

Die Stadt bot ein normales, geschäftiges Bild. Man kaufte und arbeitete, man betrank sich und ging in die Bäder, man schlug und liebte sich wie überall. Wer wollte, saß fastend und betend in seiner Ecke, wer wollte, zog mit hübschen Zigeunerinnen durch die Gegend. Wie sich die Leute auf die neue Ordnung einrichten wollten, blieb ihnen überlassen. Auch zu Hause lief alles ruhig und leise weiter, die Frauen hatten bald eingesehen, daß es sich auch in ihren eigenen Stuben gut stikken und spinnen ließ. Während der Schulstunden am Vormittag gab es ein wenig Unruhe, aber wenn Denck seine Schützlinge nach Hause schickte, kehrte Stille ein. Manchmal strich Marie, auf leisen Sohlen wie immer, durchs Haus. Jetzt ging sie an den Nachmittagen schon manchmal fort. Und heute kam sie gegen Abend und mit heißen Wangen. Wollte an mir vorbeischleichen, aber da kam sie an die Falsche.

»War's schön?«

Marie wollte, obwohl das gut Zeit bis morgen hatte, unbedingt noch abwaschen.

»Na, was ist denn geschehen, Marie?«

»Der Heinrich ...« O Gott, schon wieder, dachte ich.

»Er hat mir einen Kranz gegeben und mich gefragt, ob ich die Maibraut sein wolle.«

»Und du Dummerchen hast strahlend ja gesagt.«

Wo die Liebe hinfällt, dachte ich, aber dann rief ich mich selbst zur Ordnung, so ging das auch nicht. Es gab nicht viel Hoffnung für Marie, das war richtig. Aber sie liebt, und wenn einer liebt, so soll man das achten, auch wenn es nicht viel Aussicht auf Erfüllung hat. Nur allzu klar, warum Heinrich es nun wieder mit Marie probierte. Aber das arme Kind war nun einmal nicht zu heilen. Wer immerhin selbst lieben kann – und unerfüllte Liebe, die bleibt, ist die selbstloseste, dauerhafteste unter ihren Formen –, der wird auch leichter geliebt werden können. Mir tat Marie nur leid, weil es nichts gab, das ihr solch ein Spielballdasein hätte ersparen können. Nichts, als daß sie selber sehen lernte, aber sie zog es vor, blind zu bleiben, sich treiben zu lassen, benutzt zu werden. Ich dachte nach – und ich dachte darüber nach, warum ich denn so anders war. Sie war im Kloster aufgewachsen wie ich, sie hatte einen Geistlichen getroffen wie ich, hatte ihn lieben gelernt wie ich – ja, aber er wollte nicht lieben lernen. Und ich wollte nie nur Treibholz auf dem Fluß der Dinge sein, ich wollte wissen, was und warum etwas geschah, mit andern und mit mir. Wir haben die Sprache, um Fragen zu stellen und Antworten zu geben, nicht um damit, geziert oder auch ungeziert, zu schweigen. Allzuviel kluges Reden ist eigentlich ein dummes Schweigen, dachte ich. Und ich wollte einfach nicht zu den dummen Schweigenden gehören. Das mit der Maibraut würde noch bitter enden. Selbstachtung und Erniedrigung waren Skylla und Charybdis in Maries Leben, dazwischen das schon lecke Schiff. Und kennt doch kaum das Meer, dachte ich.

Wie geht es dir jetzt, Marie? Vielleicht hast du schon alles Lehrgeld bezahlt, liegst irgendwo, deinem Heinrich gleich, im Tode. Oder du lebst irgendwo vor dich hin, still, stumm und qualvoll, wie ich dich kenne. Oder es hat dich jemand angerührt, der stark genug war, dich auch zu wecken. Das bleibt, Marie, das solltest du, wenn du kannst, in dein Grab mitnehmen: Wer sich nicht fragt nach sich selber, den fragt niemand. Wer sich nicht selbst öffnet, bleibt verschlossen und von den andern vergessen. Wir sind nur dann nicht allein, wenn wir die Augen der andern suchen. Wir müssen suchen gehen, sie kommen nicht zu uns. Lernst du das noch – oder ist es auch dafür zu spät?

Stimmen vor dem Haus, die lauter werden. Ich geh hinaus, das kann Gutes bedeuten und Schlechtes. Es kann mich angehen oder nicht, ich muß es wissen.

Ein Reitertrupp kommt von oben her, vom Tor, dahinter reitet einer allein, hat einen blitzenden, kostbaren Mantel um, darüber blitzt es von Ketten und Spangen – Karneval ist aber vorbei. Hinter ihm kommen Fahnen und Truhen, Bauern mit Sensenlanzen und Nagelkeulen. Sie schrein nicht, sie gehn schwer und selbstbewußt vorbei, eben Sieger. Die Stimmen gehören den aufgeregten Bürgern.

Thomas kommt, inmitten eines Haufens Lederbeschlagener, er winkt und lacht und hat für mich keinen Blick. Martenius und er hatten sich also gefunden und vereinigt, die Schätze sind aus Vacha, vermute ich, während die Bauern jene von Volkenroda sind, die Thomas holen wollte. Jetzt haben wir also Geld, brauchen das der Kaufleute nicht mehr, und viele Gleichgesinnte haben wir auch in der Stadt. Pfeiffer wird das aber gar nicht genehm sein, denke ich noch, aber ich muß auch schon darüber lachen. Thomas hat mich nun doch bemerkt, lacht, ruft etwas, ich verstehe ihn nicht, aber ich weiß, ich soll herkommen, hat er gesagt, zu ihm. Ich soll mitgehen, öffentlich an seiner Seite durch die ganze Stadt, Königin von Mühlhausen oder eben, mit des Luthers Worten, Erzteufelin. Und ich gehe hin und gehe mit. Ich genieße diesen frechen Vorgriff auf die andere Zeit, als könne die in Wahrheit niemals sein. Nimm den Augenblick, Ottilie, er ist unbezahlbar. Wir ziehen zum Rathaus, das sind nur ein paar Schritte links ab vom Weg.

Heinrich erwartet uns, neben ihm liegen Geschütze, neu und gut, auch Kugeln. Gleich wird er darauf deuten und sagen: Hier, alles für euch, wir haben unterdessen nicht geschlafen. Aber er zeigt nicht, und er sagt nichts. Er tut, als wären die Rohre und die Kugeln gar nicht da. Warum aber hat er sie dann hierherlegen lassen? Weil er zeigen will, daß er sie hat.

»Die Kanonen sind für dich«, sagt Pfeiffer nun aber doch, »wenn du damit für uns, aber mit deinen Bauern – nach dem Eichsfeld ziehst.«

»Blödsinn« ist alles, was Thomas dazu sagt.

Dafür wird Hannes lebendig. »In Heiligenstadt haben wir den Markus, das reicht. Die meisten Dörfer in der Umgegend sind entweder frei oder haben längst unser Recht, was also sollen wir da, Heinrich?«

»Also braucht ihr keine Kanonen?«

»Was wir brauchen, können wir uns nehmen.« Daraufhin gehen die Stadtknechte in Habacht. Hannes grinst.

»Also so weit ist es schon.«

»Gut denn«, sagt Thomas. Und Hannes entgegnet: »Du spinnst wohl endgültig.«

»Nachher«, wehrt Thomas ab, und wir gehen. Wir hören die fröhlichen Rufe nicht mehr, niemand mag mehr zurückwinken. Nur Hannes zwingt sich ab und zu zu einem Lächeln.

Zu Hause ist Hannes dann entsetzt, das Lächeln vergessen, während Thomas grient.

»Was sind die paar Tage wert«, sagt er, »dem Heinrich sicher mehr als uns. Und dann hab ich die Kanonen. Oder meinst du, der Heinrich kann sie mir dann wieder abnehmen?«

»Nein – bloß, du solltest gerade jetzt hierbleiben, wo sich alles um die Stadt zusammenzieht. Und eben davor hat der Heinrich Angst ...« – »Ich weiß, daß er Angst hat«, unterbricht Thomas, »aber der Tanz wird hier losgehen, ob er das nun um ein paar Tage hinausschiebt oder nicht.«

»Ich weiß nicht«, zweifelt Hannes, »an einer verschenkten Minute sind schon Schlachten gescheitert, die jeder für gewonnen hielt. Ich wäre vorsichtiger.«

»Ich kann es nicht sein, Hannes. Oder du bringst mir in vierundzwanzig Stunden Ersatz.« Hannes senkte den Kopf.

»Ich weiß doch«, beschwichtigte Thomas, »und weil ich weiß, wirst du mich hier vertreten. Mach's dem Heinrich so schwer wie möglich.«

Martenius blieb also, und Thomas zog aus. Nur die Hälfte

dessen, was Heinrich gefallen hätte. Denn wo Martenius blieb, blieben auch seine Gardisten. Aber Heinrich wahrte sein Gesicht vortrefflich. Er gab Thomas persönlich das Geleit zum Stadttor – vielleicht, witzelten manche schon, um sich zu vergewissern, daß er losfuhr. Die so witzelten, waren allerdings nicht Pfeiffers Freunde. Unter alldem fiel mir plötzlich auf, daß Marie seit zwei Tagen nicht mehr daheim gewesen war.

Hannes blieb im Pfarrhaus, als sei es ein Kloster. Wer etwas wollte, konnte zu ihm kommen, aber es kam kaum jemand. Es war, als habe man uns vergessen.

Zeit für Gespräche also. Warum Lisbeth nicht mitgekommen wäre, zum Beispiel. Und was sie überhaupt von alldem hielte. Nicht dasselbe wie ich, meinte Martenius. In vielem wären wir zwar ähnlich, aber doch auch ganz anders. Sie denke jedenfalls nicht, daß sie zu sein habe, wo ihr Mann sei.

»Das hab ich auch nicht gedacht. Ich war nur neugierig. Ich wollte nicht gleich wieder in ein neues Kloster.« Wir wiederholten unsere Begegnung im Wald nicht. Die Spannung, die unsere Bewegungen erfüllte, löste sich in den Gesprächen in einer flüchtigen, freundlichen Berührung, in Kleinigkeiten. Und ich glaube, der Grund war nicht der, daß die Schwangerschaft anfing, mich unstalt zu machen. Wenn man so liebt, wie Hannes liebte und wie ich es gelernt hatte zu lieben, dann ging es nicht um ein paar Stücken Haut. Aber wenn es nicht um Stücken Haut ging, dann konnte man miteinander schlafen oder nicht, nichts wurde davon anders. Ich blieb sittsam, aber ich bin nie sittsam gewesen in diesen drei oder vier Tagen.

Thomas kam, wie vorausgesehen, bald zurück, die Dinge im Eichsfeld hatten sich von selbst erledigt, er war heiter und ausgeruht und ging sofort zu Heinrich, um die versprochenen Soldaten und Kanonen sich verbriefen zu lassen, was eigentlich Sache von Hannes gewesen wäre, aber auf den kam man seltsamerweise von seiten des Rates nicht, man tat, als gäbe es keinen Herrn der Rüstkammer. Wenig später, als er zurückkam, erschraken wir vor seinem Gesicht.

»Der Heinrich will nichts versprochen haben.«

»Das hätt' ich dir sagen können. Es ist nichts mit der Stadt, solange der drin ist.«

»Spar dir die Reden. Ich wollte gleich weiter nach Mansfeld, wollte Heldrungen in die Zange nehmen, und das alles macht dieser Esel sich und mir kaputt.«

»Er will eben seine Stadt.«

»Und kriegt sie auf diese Weise nie, sondern tut nur den vier Herren aus den Geschlechtern, die wir auf ihr demütiges Bitten hin im Rat belassen haben, mustergültig den Willen. Und merkt's nicht einmal, das ist das Schlimmste.«

»Was machen wir also?«

»Nehmen, was wir haben, und gehen fort. Die Damen können derweil ja bleiben, hinausjagen wird sie niemand – selbst wenn uns etwas geschieht. Du nimmst deine Leute mit, Hannes, da werden sich die Herren freuen, und ich an Bauern, was mit will. Noch ist nicht Erntezeit, bis dahin sind sie wieder zu Hause. Also werden viele mitkommen.«

»Viele werden so kurz vor der Ernte lieber nicht aufmucken wollen. In den Haufen ziehen nur jene, die nicht gesät haben.«

»Also wieder Waldstein, Hannes?« Thomas seufzte.

»Scheint so. Aber ich meine auch, daß wir hier nichts mehr gewinnen. Daß wir eine größere Streitmacht haben müssen, um die Herren ganz zu Boden zu reißen. Daß es unwürdig ist, um jede Kugel feilschen zu müssen. Nehmen wir also die Garde und die Volkenrodaer, die sowieso hier nur herumlungern, nehmen wir die, die Markus aus dem Eichsfeld herführt – und ein paar Kanonen wird Heinrich uns auch geben müssen, wenn er nicht ganz und gar sein Gesicht verlieren will.«

Herrliche Tage. Ich freue mich für dich, Markus, daß du nicht alle miterleben mußtest. So richtig geeignet, den Glauben an unsere Pläne zu stärken. Eine Sache wie die, die wir im Kopf hatten, braucht an ein paar entscheidenden Stellen nämlich so etwas wie Erfolg. Dann hat man wieder auf lange Zeit hin Ruhe, aber zu bestimmten Zeiten muß man einfach was vorweisen können. Du hast Besseres gesehen, denke ich: Du warst mit in Frankenhausen. Oder gab es auch da der Pfeiffers die Menge, die alles lahmlegten, weil es nicht nach ihrem Willen ging? Gab es da auch solche kleinen Könige?

Heinrich wußte immer weniger, was er wollte, dafür wurde immer klarer, wer in der Stadt noch genau wußte, was Heinrich zu wollen hatte. Einmal, wenn wir allein waren, versprach er uns alles, was wir wollten, dann, auf dem Rathaus, wollte er es nicht gewesen sein. Ich glaube, Thomas hätte sich die verdammten Kanonen einfach nehmen sollen, das wäre für alle das Beste gewesen. Aber das wollte er aus einer blöden Anständigkeit gegen den Heinrich eben nicht. So ging das hin und her, bis die Nachricht kam, die Haufen seien vor Frankenhausen durch die vereinigten Truppen der herzoglichen und kurfürstlichen Sachsen, der Mansfelder Grafen und des hessischen Landgrafen aufgehalten und festgenagelt worden. Thomas war wütend, denn eben diese vier hätte er lieber einzeln angetroffen. Wieder Gänge zu Heinrich, und dann gab es acht Karrenbüchsen, mit denen man vielleicht auf zehn Schritt Entfernung ein Zelt in die Luft sprengen konnte, mehr nicht.

Zwar sah es nicht so aus, daß irgendwer Mühlhausen belagern konnte, auch gab es von hier aus keine lohnenden Züge mehr zu unternehmen – aber aus Gründen, die niemand verstand, meinte Heinrich, die Kanonen selbst zu brauchen.

»Ich hab versprochen, Geschütz mitzubringen«, sagte Thomas verzweifelt, »jetzt können die sich mit Fliegenklatschen gegen die hessischen Geschütze wehren.«

»Du gehst aber«, sagte ich, in der stillen Hoffnung, er werde unter diesen Umständen bleiben wollen.

»Wenn Hannes geht, kann ich ihn nicht allein lassen. Diesmal ist es kein kurzer Umzug, diesmal ...«, als wüßte ich nicht, was es diesmal war: Die Dinge standen so, wie sie von nun an immer öfter kommen sollten – bis es das letztemal war. Die erste Schlacht wurde uns angeboten. Man fing an, uns ernst zu nehmen.

»Ich habe Angst.«

»Von mir aus. Hab Angst, Ottilchen. Ich hab auch Angst. Daß es gleich beim erstenmal schiefgeht. Aber es darf nicht beim erstenmal schiefgehen, beim zweiten, dritten, meinetwegen, aber nicht beim erstenmal.«

»Es ist, als sei einer da, den ich nicht abweisen kann.«

»Laß ihn nicht herein.«

»Er tritt die Tür ein.«

»Laß – es wird ein Wunder geben.«

»Du bist so sicher ...«

»Und es ist nicht gut, wenn man auf ein Wunder warten muß, denkst du. Es ist gerade für uns nicht gut, denn wir wollten gerade das ja nicht. Nun – einmal für einen Gottbesoffenen gehalten werden, wenn's den Seelen der andern hilft, ist nicht schlimm. Nicht so schlimm, wie es zu sein.«

»Sagtest du nicht, man müsse erst alles verloren haben, bevor man das Reich begreifen könne – alles –, auch den Glauben, auch die Hoffnung, auch Gott? Dann haben wir aber noch sehr viel zu verlieren.«

»Ich hoffe, es kommt uns bald abhanden. Nur für diesmal brauch ich's noch.«

»Wann willst du gehen?«

Es war, als trennten uns auf einmal Meere. Er stand mitten im Zimmer, fremd, den Kopf schon voller Pläne und Befehle, nicht zu vergessen eine Predigt, die an schwärmerischem Eifer dem sabberndsten Propheten weit voraus sein würde. Und ich stand hier und durfte keine Angst haben.

»Gott wird ein Wunder tun, weil ich ein Wunder tue – und ich bin Gott.«

»Noch nicht Gott genug, Thomas. Noch nicht. Du willst es nämlich noch sein. Es ist nicht natürlich wie Atmen und Essen. Es ist nicht täglich, wie Waschen und Kleiden. Und so ist es nicht wahr.« Er tat, als verstünde er mich nicht. Statt dessen schnappte er sich Markus, der eben kam, um Bericht zu erstatten, und zog noch einmal in sein ungeliebtes Rathaus.

Was waren das für Stunden, bis der Trupp endlich die Stadt verließ und ich mich erschöpft zurücklehnte ... vorher kam noch Pfeiffer vorbei, und inzwischen hörte man auch, die Haufen von Hessen und Allstedt kämen nicht mehr durch, aber die von Hessen und Mansfeld wären nicht mehr weit von der Stadt. Man entfaltete eine schlimme Hast, den bösen Müntzer loszuwerden. Pfeiffer wurde wieder und wieder zum Überreden geschickt, zuletzt geschmackloserweise mit Marie, die vertraut und sehr aufgeräumt tat, fehlte bloß noch, daß sie Kuchen ausgepackt hätte – ich wandte mich ab.

»Es geht dir also gut, Marie.«

»Besser als der Königin von Mühlhausen geht es ihr, die hat ja schon ein paar Schrammen gefangen an ihrer Krone«, antwortete Pfeiffer an ihrer Statt.

»Gehst du morgen mit Thomas, Heinrich?« Ich zwang mich zur Ruhe.

»Aber nein. Das Leben soll doch weitergehen – meinst du nicht auch, Mariechen?« Die kicherte wie ein genotzüchtigtes Huhn. Vielleicht war sie eins.

»Also, zahl der Marie den Lohn für die Monate bei euch.«

»Ich geb einer durchgebrannten Magd nichts mit.«

»Gut – dann sprechen wir uns anderswo.«

»Du wirst langsam auch verrückt, Ottilchen.«

»Raus.« Ich hob die Stimme nicht.

»Trenn dich von Thomas – mit dir wär was anzufangen, du hast hier was auf die Beine gebracht, alle Achtung, in der kurzen Zeit ...«

»Raus.«

Ich wies nur mit dem Gesicht zur Tür. Und er ging, Marie zockelte hinter ihm drein. Der letzte Besuch an diesem Tag war aber ein Bote. Die letzte Nachricht hieß: Der Kurfürst ist tot.

Die letzte Nacht und die Tage danach, Schlaglichter, streifende Fackeln im Dunkel, eine Erinnerung, die sich selbst verweigert. Nebeneinander zu liegen, als hätte man noch fünfzig

Jahre Zeit, einander zu begegnen, es ist, als spürte man sich nicht mehr in der Welt. Dann der Morgen, die Arbeit in dem großen, leeren Haus, der Kleine suchte mich dabei zu hindern, ich stieg in die Kammer hinauf, richtete die Betten, die Fenster standen offen, im Hof sang ein Stieglitz, die Sonne schien.

Um diese Zeit warst du ganz gewiß noch am Leben.

Wahrscheinlich fühltest du dich unter dem freien Himmel sogar wohler, sogar endlich frei in einer Klarheit, die nicht vergiftet werden konnte vom Mühlhäuser Spiel um Punkte und Kugeln.

Deine Bücher lagen aufgeschlagen auf dem Tisch, als wolltest du gleich, wenn du heimkommst, weiterlesen. Ich wagte nicht, eines von ihnen zu schließen. Ich hätte Tatsachen geschaffen, vor denen mir graute. Wenn ihn schon Pfeiffer und sein Rat begruben, ich begrub ihn nicht. Ich würde ihn noch aus dem Grab hervorholen und neu beleben wie jene Göttin, von der uns mal einer erzählt hatte, wie hieß sie doch gleich, die ihren zerstückten Mann zusammenfügte, eine schöne Geschichte. Ich wußte nur den Namen nicht mehr.

Es schien alles, was vor dem heutigen Tag gelegen, unendlich vergangen zu sein. Die Tage hatten sich zu Jahren gedehnt, die Monate zu Jahrzehnten, Jahrhunderten gar, die Jahre waren nicht zu errechnen. Sicher bestand dies Reich schon tausend Jahre.

Ich aß etwas, jätete an den Beeten herum, legte Wäsche auf die Bleiche. Am Nachmittag kamen einige Frauen, wir schwatzten – ihre Männer waren daheim geblieben. Ich versuchte, ihre Zuversicht in die künftigen Zeiten zu genießen, es gelang mir nicht ganz. Ich ging auch noch hinüber zur Nachbarin. Wir verabredeten, daß wir in der nächsten Woche gemeinsam auf ihr Gütchen fahren wollten. Ich erstickte meine Zweifel, aß noch bei ihr zu Abend, ging nach Hause und schlief gut und leicht ein.

Um Mitternacht weckte mich ein heftiges Klopfen an der Tür. Ich warf mir einen von Thomas' Mänteln um und ging hinunter. Es war Melchior Rinck, und ich sollte um Himmels willen öffnen. Ich hätt's auch so getan. Aber als er hereinstürzte, sah ich, warum er mich beschworen hatte: Er war verletzt.

»Um Gottes willen, Frau Ottilie, keinen Arzt, bitte, gehen Sie lieber sofort hinauf und packen Sie ein, was Sie greifen können – Sie müssen fort von hier!«

Ich stand wie erstarrt.

»Und – was – was ist mit Thomas?«

»Weiß nicht, tot vielleicht, gefangen, ich weiß nicht. Los, los, Frau Ottilie, weg von hier, bevor der Rat auch weiß, was wir beide wissen.«

Es gab nichts mehr zu fragen. Ich griff ein paar Kleider, nahm, was an Geld im Hause war, weckte den Jungen, zog ihn an. Eine von Thomas' Bibeln nahm ich noch mit. Alles andre ließ ich liegen. Und ich sah nicht hinter mich, als ich den Schlüssel einsteckte.

Der Kleine war müde, weinte und sperrte sich gegen mich. Melchior, der sich mit bewunderungswürdiger Kraft aufrecht hielt, begleitete uns zum Stadttor. Im Schatten der Bögen, auf der andern Seite, sah ich jemanden stehen – eine unvernünftige Hoffnung begann in mir zu keimen ...

Es war nicht Thomas, auch nicht Hannes. Es war Denck, der aus dem Schatten in das ungewisse Flackern der Wachstube trat. Das Tor stand noch offen. Einer der Wächter kam aus der Stube und fragte, was wir um diese Zeit hier wollten. Melchior sagte, er sei von auswärts, er habe mich geholt, denn meine Mutter läge draußen vor der Stadt im Sterben. Er blieb im Schatten stehen.

»Laß sie doch durch, ist sowieso besser, wenn all das Kroppzeug wieder verschwindet.« Der Wachhabende schob sein Barett von einer Seite zur andern. Endlich gab er die Tür frei.

Wir standen jenseits der Mauern auf der Straße. Die Nacht war noch tief und hier, wo keine Fackeln wenigstens von Zeit zu Zeit ungewisse Lichter gaben, auch sehr finster, es war Neumond. Eine Kehre, und der Schatten Mühlhausens verschwand.

Der Kleine schlummerte auf Dencks Armen. Als der Morgen graute, standen wir mitten in den Feldern.

»Wo sind wir jetzt?«

»Wir sind durchs Görmartor raus – wir müßten jetzt irgendwo zwischen der Stadt und Windeberg sein.«

»Können wir da ausruhen?«

»Ich weiß nicht, Ottilie – wahrscheinlich können wir so bald nirgendwo mehr ausruhen.«

»Hans – weißt du was über Thomas?« Er schüttelte den Kopf.

»Ich war zu weit weg.«

Übermüdet und zitternd kamen wir in Windeberg an. Ich klopfte an eine Tür.

»Schon wieder Gesindel – schert euch doch!«

Dann sah sie das Kind, sah mich.

»Ach Gott, die junge Frau – flüchtig?« Ich nickte. »Vor den Reitern?« Ich nickte wieder. »Die waren schon hier. Die kommen nicht wieder.« Sie wies nach vorn auf die Straße. Da lagen dunkle Körper – Tote.

»Können wir ein bißchen schlafen?« Sie wies auf den Heuschober. »Da stört euch keiner.« Wir kletterten hinein. Ich versuchte, Melchiors Kopf zu verbinden.

Erst am Abend wurden wir wieder wach. Zuerst der Kleine, zuletzt Denck, der zuvor schon andere Strapazen ertragen haben mußte, über die er nicht sprach. Wir stiegen aus dem Heu und liefen ins Haus. Die Frau saß da, und bei ihr saß ein Mann. Sie wenigstens hatte ihren Mann wieder. Und wo war meiner?

Ob er etwas wisse.

Ja, er wußte. In Mühlhausen habe man wieder Ordnung gemacht, wie das so sei, der Pfeiffer jedenfalls wäre gefangen – ich holte Atem, aber es war, weil er mir zu stocken drohte – und soll wohl hingerichtet werden. Ich dachte an unser letztes Gespräch. Mir wurde übel.

»Und Frankenhausen?«

»Alles vorbei und erledigt. Nur noch Tote da herum und, in den Dörfern versteckt, wenn sie Glück hatten, ein paar Handvoll Flüchtige.«

»Und der Müntzer?«

»Gefangen und weggebracht.«

»Nach Mühlhausen?«

Aber nein. Nach Heldrungen, der Mansfelder interessierte sich sehr für ihn, und die andern wären mitgekommen. Zum Verhör also. So gut wie tot.

Ich fiel nicht in Ohnmacht, ich brach auch nicht weinend zusammen.

Denck trieb einen Wagen auf.

Melchior und er kutschierten abwechselnd, während ich meist vor mich hin oder in die Gegend starrte.

So also sah das jetzt aus.

So hatte das vielleicht immer ausgesehen, ich hatte es nur nicht sehen wollen, benebelt, wie ich war von unseren Hoffnungen. Zu seiten der Straßen standen sie überall, die hohen Galgen, und die daran hingen, hatte man nicht erst gestern gehenkt. Auch in den Gräben lagen welche, die Schuhe, die zerrissenen Lappen, die bloßen Füße voran. Einmal, als wir Rast machten, fand ich einen mitten in einem Weizenfeld, schon halb verwest. Einen von Tausenden, die das Brot dieses Sommers düngten. Bald erschrak ich nicht mehr.

Viele Dörfer bestanden nur noch aus rauchenden Trümmern, auch die Kirchen hatte man niedergebrannt, vielleicht samt den Bauern, denen ihr Gott nicht half. Und inzwischen blühende Bäume, es war Mai, die ersten Rosen öffneten sich an den Rainen, und die beiden Pferdchen freuten sich über das saftige Gras. Was Natur ist, denkt eben nicht. Und fühlt nicht, das ist wie ein Uhrwerk, mehr nicht.

Man darf sich davon nicht verrückt machen lassen.

Mit einem Wagen war es nicht allzu weit nach Nordhausen. Denck hatte es so vorgeschlagen, er meinte, dort könne er uns wenigstens sicher unterbringen.

Und er traf auch tatsächlich Leute, denen unser Name vertraut war – und, seltsamerweise, auch immer noch genehm. So traf ich Jan wieder. Und so erfuhr ich auch noch den Rest. Alles, was einer erleben konnte, der nicht mit im Kerker war, hatte er erlebt.

Sie wollten doch noch angreifen. Thomas hatte das geschafft, sie wollten sich nicht mehr ergeben, waren noch einmal zusammengerückt, und sogar das Wunder schien Wort zu halten: ein Sonnenring, so wunderbar anwendbar auf das Fahnenzeichen. Aber der Hesse ließ ihnen keine Zeit, sich neu zu formieren. Und vielleicht hätten sie auch besser erst nachher gebetet, aber einer wollte es eben, Thomas war's sicher nicht. Er feuerte und stürmte einfach los, drängte die Leute nach Frankenhausen hinein und fischte sich dann einzeln, was nicht schon draußen unter den Hufen seiner Reiter blieb.

Und Martenius?

Ein Armbrustbolzen wahrscheinlich, es ging ganz schnell, er fiel plötzlich hinter Thomas um und stand nicht mehr auf. Es kann nicht sehr weh getan haben. Er sah aus, als lächle er. Da war Thomas aber noch frei. Er war nur verletzt, nicht schlimm, wär in zwei Tagen verheilt. Er wollte sich auch verstecken, aber ich, sagte Jan, ich ging nicht mit, ich sah die Reiter kommen ... es war zu spät.

So also.

Jetzt ist er in Heldrungen, ich weiß schon, Jan.

Und Pfeiffer geht es nicht besser als ihm.

Und ich bin nur traurig, ich denk nicht, es geschieht ihm recht für seine Dummheit.

Und ich bin nur müde, alles schmerzt, ein heilloser, tränenloser Schmerz.

Jetzt ist er schon nicht mehr in Heldrungen. Jetzt ist er schon tot.

Am fünfundzwanzigsten, sagte Jan. Sie brachten ihn auf einem Karren, er sah schlimm aus, fiebrig, zerschlagen. Er war gefesselt. Sie lasen ihm das Urteil vor. Dann gingen sie. Heinrich ging voran, den mußten sie stützen. Aber ihn nicht. Er ging langsam, aber er ging allein. Und da vorn lag der Block. Nur ein Holzklotz. Und danach kam nichts mehr. Er ging nicht, als ginge er zum Tode. Er zögerte nicht, er sah aus, als horche er auf etwas, etwas hinter dem Block und hinter dem Beil.

Möglich, Jan.

Unterwegs ist Jan dann irgendwann entkommen.

Ob er noch jemanden gesehen habe, den ich kenne.

Ja, der Markus sei, glaube er, auch noch frei.

Ich fuhr mit einem Kaufmann weiter. Am liebsten wäre ich gleich nach Mühlhausen gefahren, aber der Mann riet mir ab. Erst ein bißchen in der Gegend herum. Aber dann fuhr er mich doch hin, unnütz, das wissen wir nun. Und wär ich nicht über einen vergessenen Vetter gestolpert, vielleicht nicht nur unnütz. Ich schrieb an meinen Vater. Ich konnte mir die Antwort denken, und so wurde sie auch. Er zeige mich nicht an, aber ich solle mich auch nicht blicken lassen. Außerdem sei auch seine Lage durch die ausgefallenen und die noch ausfallenden Ernten denkbar schlecht. Er wisse nicht, wie er mich und meinen Bankert – schrieb er – durchfüttern solle.

Dann kam ich, irgendwann im Juli, an einer Straße – die wievielte seither – an einen Menschen, der mich in seinen Wagen zog, bevor er sein Gesicht zeigte – das warst du, Markus, und du brachtest mich dahin, wohin ich nie mehr hatte zurückkehren wollen und was ich nun mit dir verlassen habe. Alles andere weißt du.

Wir werden vielleicht zueinander finden, wenn wir von einander wissen werden, was wir jeweils nicht sind. Wenn wir das sein wollen, was wir nun einmal sind.

Ich bin jetzt hier, in Hamburg, und nun, da dies hier fertig ist, wird das Schweigen über mich kommen. Und es wird mich doch nicht ersticken dürfen. Ich werde versuchen müssen, unter diesem Schweigen zu atmen. Zu leben.

Ich höre eben, der Martin in Wittenberg wolle heiraten. Eine entlaufene Nonne namens Katrin ...